复旦大学古籍所成立四十周年纪念学术丛书

中西语文学丛稿

苏杰 著

复旦大学出版社

出 版 说 明

　　1983年,作为教育部首批批准设立的古籍整理研究机构之一,复旦大学古籍整理研究所在已故杰出教授章培恒先生的主持下正式成立。自此以后,古籍所一直秉持科研项目与学科建设相结合、整理与研究并重的发展理念,积极开展科研教学,培养人才队伍,至今已走过整整四十个春秋。古语云"四十不惑",对人生而言,四十年是一个关键的节点,而对一所科研机构来说,从起步到成熟、发展,四十载同样是一段具有重要意义的历程。

　　在这四十年的探索进程中,复旦古籍所始终重视学科建设和人才培养,由建所之初的一个博士点、两个硕士点,发展为五个博士点、五个硕士点,已培养硕博士研究生四百余名,其中包括数十名日、韩、美、越等国的硕博士生和高级进修生,在读研究生由当初的十余名,发展至稳定在百余名的规模。

　　在这四十年的建设历程中,复旦古籍所搭建起由多个学科和研究方向组成的科研架构,并成为高校研究机构中的科研重镇。古籍所成立之初,以承担教育部全国高校古籍整理研究工作委员会重点项目《全明诗》的编纂为工作重心,开展一系列古籍整理与研究的相关工作,先后设有明代古籍整理研究室,目录、版本、校勘学研究室和哲学古籍整理研究室。经过全所同仁几十年的努力下，学科方向更加明确，研究特色更加鲜明，科研队伍不断优化，其中，中国古代文学、中国古典文献学、汉语言文字学三个专业的建设发展，形成文学、语言、文献诸领域彼此交叉的格局；由章培恒先生首倡设立的中国文学古今演变研究专业，作为新兴交叉学科，于2005年被教育部正式批准为二级自设学科；另有逻辑学专业，专门从事汉传佛教因明学的研究。

经过四十年的发展，复旦古籍所明确了长远的建设规划，确立了以古今贯通研究这一新的学术理念为主导、以文献实证为基础，古典研究诸学科彼此交叉、相辅相成的科研与教学格局。这一规划宗旨，既是回首来路的经验总结，凝结了老一辈学者的大量心血，也是瞻望前路的奋进方向，承载着全所同仁的共同目标。

为纪念复旦古籍所成立四十周年，展示本所研究人员的学术成果，我们特推出这套学术丛书，向学界同仁汇报并企望指正。借此机会，我们要感谢教育部全国高校古委会长期以来对本所建设发展的关心和帮助，感谢复旦大学出版社对丛书出版的大力支持。

陈广宏、郑利华

2023年10月10日

目　录

语文学的精神是什么？ …………………………………………… 1
西方文献学译介与中西文献学会通 …………………………… 17
中西校勘学比较刍论
　　——从胡适谈起 ………………………………………………… 30
写本书时代西方古典文献传播与校勘的历史回顾
　　——《抄工与学者：希腊、拉丁文献传播史》述论 ………… 53
日本学者对西方校勘学的学习与借鉴 ………………………… 95
校勘学中的"正确"与"忠实" …………………………………… 110
校勘名义中西谈 ………………………………………………… 115
从古文书学到古字体学 ………………………………………… 121
西方手稿研究窥管 ……………………………………………… 132
中西写本文献中用什么符号表示"删除" …………………… 148
康德说过这句话吗？ …………………………………………… 159
《释氏源流》与《救赎之镜》
　　——15世纪东西方插图印本书窥管 …………………… 164

《诗经》典故词语与《汉语大词典》订补 ……………………… 197

《歧路灯》校勘评议 …………………………………… 219
略论《歧路灯》文本流传过程中的窜改 ………………… 248
《歧路灯》与明清书籍文化 ……………………………… 263
朴学家亦未能免俗
　　——马瑞辰《毛诗传笺通释》对段玉裁的批驳与暗引 …… 287
老马识途，曲园功臣
　　——评王华宝《诸子平议》新校点本 ………………… 323
李慈铭的字 ……………………………………………… 338

《三重门》作者身份的语言学分析 ……………………… 342
理性与实证 ……………………………………………… 361
耕者让畔 ………………………………………………… 377
从秀才到学究 …………………………………………… 385

后记 ……………………………………………………… 391

语文学的精神是什么?

沈卫荣先生新近出版的《回归语文学》一书,收录了近些年他关于语文学的九篇文章,对西方关于"回归语文学"的讨论进行了综述评议,结合作者对藏传佛教文献的研究分享了语文学的经验体会,提出了几个饶有兴味的问题,引发了热烈的赞同和讨论。这里不揣谫陋,结合中国古典文献学,从中西比较的角度,也简单谈几点初步的理解。

一

《回归语文学》书中提出的一些问题引人深思。

比如前言提到,德国语文学大家恩斯特·施泰因克尔纳(Ernst Steinkellner)在 2008 年北京国际藏学讨论会开幕式上的报告《我们能从语文学学些什么? 有关方法论的几点意见》:"出人意料的是,Steinkellner 先生没有多谈语文学和他所从事的专业研究的关系,却大谈了一通语文学方法对于实现人类和平、和谐和幸福的意义。"[①]

[①] 沈卫荣《我们能从语文学学些什么?》,《回归语文学》,上海:上海古籍出版社,2019 年,第 1 页。

比如第二章说道:"语文学和哲学(或者思想、理论)本来是人类智识的两大组成部分,二者相辅相成,互相不可或缺。然而自现代人文科学于19世纪末形成以来,语文学和理论就成了一对天生的冤家,二者之间似乎有着解不开的瑜亮情结。"①

《文汇学人》2019年8月2日所刊李婵娜《从被遗忘的卡尔·拉赫曼谈起——我们为什么必须回归语文学?》,是一篇书评。文末说道:"期盼在该书的启发下,未来的中国研究,可以继承中国学术固有的'朴学'之传统,兼之以语文学之方法和精神。"

施泰因克尔纳为何要在北京国际藏学研讨会上大谈"语文学方法对于实现人类和平、和谐和幸福的意义"?语文学和理论如何"就成了一对天生的冤家"?中国的朴学传统与西方的语文学路径有何异同?"语文学的精神"究竟是什么?

二

什么是语文学?简单说来,语文学是穿过时空隔阂了解他者的一种方法。

比如西方人要了解中国,他们可以从自身的世界观出发,从其对外国、对东方的一般认识出发,通过思考,来达成自己的了解。这条路直捷好走,但在我们中国人看来,他们的了解往往肤浅隔膜,甚至不通。

另外有一条路相对迂曲难行:从学习中国的语言文字开始,

---

① 沈卫荣《回归语文学》,第70页。

学习中国文化,跟中国人相处,学习像中国人那样说话、行事、思考问题,长期周旋,最终达成自己的了解。对于这些几乎听不出口音的外国人,我们有一个称呼叫"中国通"。我们觉得,他们的了解,才是真了解。这条路,就是语文学之路。

穿过空间隔阂如此,穿过时间隔阂亦如此。东西方是不同的世界,古代和现代也是不同的世界。通过学习古代的语言文字以达成对古代的了解,就是语文学。西方所谓语文学,本来指的就是这个。穿过空间隔阂去了解其他民族的文化的所谓语文学路径,是近现代的引申用法。

语文学,英语是 philology,源自古希腊语,由"爱"(philo)和"语文"(logos)构成。可资比较者,哲学,philosophy,由"爱"(philo)和"智慧"(sophia)构成。

就穿过时空隔阂了解他者而言,"爱语文"和"爱智慧"是两条不同的路径。

关于爱智慧这条路径,《吕氏春秋·察今》有说:"有道之士,贵以近知远,以今知古,以所见知所不见。"①

"近"和"今",这借以知"远"、借以知"古"的东西,其实就是以观察者生活经验为中心的知识作为基础概括归纳出的统括性、一般性的认识。也就是人们常说的"理论"。

以近知远,以今知古,由所见推想所不见,其实是从一般到特

---

① 多种中学、大学教材如此,比如郭锡良等主编《古代汉语》,北京:北京出版社,1983 年,第 649 页。〔唐〕马总《意林》引《吕氏春秋》亦如此作。〔战国〕吕不韦撰,陈奇猷校释《吕氏春秋校释》作"以益所见,知所不见",上海:学林出版社,1984 年,第 935 页,今不取。

殊,就是理论的具体适用。在一定程度上,就是以己度人,以今例古。

三

中国和西方都有十分悠久的语文学传统,只不过在称名上纷然杂出,需略加疏解。

语文学在中国传统学问系统中或称"小学"。小学教育最重要的功能是教人识文断字,所以文字、音韵、训诂之学统称"小学"。语文学在西方学术史上或称"文法学"。这里的"文法"不是现代汉语所谓"语法",而是囊括了文字、词汇、音韵和语法所有关于古典语文的知识。中世纪欧洲有所谓"文法学校"(grammar school)教授古典语文即拉丁文,此名至今英国仍在沿用。教育机构与学问门类同名互指,东西对照,相映成趣。

语文学在现代学科体系中相当于文献学。"文献学"一词是近代日本开始向西方学习之时为对译 philology(语文学)一词而新造的词语。其中"文献"二字来自中国典籍。《论语·八佾》:"子曰:夏礼,吾能言之,杞不足征也;殷礼,吾能言之,宋不足征也。文献不足故也。足,则吾能征之矣。"[①]"文"是书面文本,"献"是口头记述。征文考献,以明古事,正是 philology 的要旨。杰罗姆·麦根《现代校勘学批判》提到,"全面语文学"(philologia perennis)是"古代学"(Alterthumswissenschaft/science of antiquity)的另一个名字[②],亦作如是观。

---

① 程树德《论语集释》,北京:中华书局,1990 年,第 160 页。
② 苏杰编译《西方校勘学论著选》,上海:上海人民出版社,2009 年,第 248 页。

5世纪初,古罗马作家马尔提亚努斯·凯佩拉(Martianus Capella)撰写了题为《墨丘利与菲洛勒吉娅的婚礼》(*De nuptiis Mercurii et Philologiae*)的寓言体学术论著。罗马神话中的墨丘利相当于希腊神话中的赫尔墨斯(Hermes),是信息和交流之神。"阐释学"(Hermeneutics)的语源就是"赫尔墨斯"(Hermes)。菲洛勒吉娅即 philology,"语文学"。在两者的婚礼上,文法、修辞、逻辑、算术、音乐、几何和天文,亦即所谓"自由七艺",作为伴娘出场。

揆其寓意:要想对古代文献进行正确阐释,首先需要熟悉作者所使用的语言文字,同时还要尽可能了解作者所知晓的以七艺为代表的所有知识。

这大致相当于张之洞《书目答问》所谓:"由小学入经学者,其经学可信。"[①]不过张之洞这句话,在强调语文学路径的同时,还隐含着另外一重意思:从理论入手的"以今知古"式路径值得怀疑。

四

关于典籍阐释,在中国学术史和西方学术史上,都曾有过理论与语文学的对立。语文学是从研究对象所使用的语言文字入手,着眼于研究对象的知识体系,体贴入微地理解研究对象的具体表述。理论则是从研究者的知识体系出发,将其一般性的认识适用于特殊的研究对象,从而达成理解。

---

① 〔清〕张之洞编撰,范希曾补正《书目答问补正》,北京:中华书局,2018 年,第 286 页。

中国经学史上的今古文之争，在相当大程度上就是理论与语文学的斗争。

今文经学用"大一统""天人合一"，以及阴阳五行等理论来解释经文文本中所谓"微言大义"，其实质是用当前理论对古代文本进行过度阐释。

古文经学因为其文本所用文字古奥，所以首先要"重训诂"，从经典文本语言文字在古代的本来含义出发来解释经文，也就是语文学的方法。

与中国经学史上的今古文之争差可比拟的是，西方学术史上有所谓寓意阐释（allegorical interpretation）和字面义阐释（literal interpretation）的对立。

寓意阐释，亦见于对西方古典文本的解释，但最典型的，集中表现在对《圣经》文本的解释中。在《圣经》解释的历史上，寓意解经曾盛行一时。解经者在经文字面意义之外，根据后世"预表论"等神学理论，阐发、构建其深层的寓意。这"寓意"与中国今文经学所谓"微言大义"差可比拟。

用理论阐发出来的"经义"，在中国和西方往往都发挥着指导生活的现实功用。汉代董仲舒主张以儒家经义作为司法裁判的依据，称作"经义决狱"。基督教以《圣经》作为指导信徒生活的最高准则，也曾致力于阐释经文字面意义之外的神学意义，以扩大生活指导的覆盖面。

对于古代文本的解读诠释，中国和西方都曾上演过"回归语文学"的故事。

《圣经》文本有些地方存在寓意，可以从寓意角度加以阐释。

历史上寓意解经的问题是无限扩大适用范围,从某种理论出发,生搬硬套,牵强附会。随着宗教改革和思想启蒙,寓意解经已经淡出,字面义阐释恢复了主导地位。

艾尔曼《从理学到朴学》(*From Philosophy to Philology*)讨论明清之际的学术转向:不再从"宋代新儒学力图建立的涵盖全部人类经验的理论框架"来解释古典,而是通过"训诂考证""还原古典原义"①。所转向的这个 philology(语文学),清初亦称"汉学"②。从宋学到汉学,显而易见,在朴学家看来,这个"语文学转向"(turn)是一种"回归"(return)。

五

1983 年,研究近现代文学的美国文学批评家保罗·德曼(1919—1983)也喊出了"回归语文学"的响亮口号,影响颇广。

面对近现代文本,没有时空隔阂,一般说来没有"通训诂"的必要,也就没有多少语文学的用武之地,应该是文学理论的一统天下了。事实上也的确如此。文学批评需要根据在人类经验和历史的宏大背景下形成的关于文学的总体认识,来评鉴具体作品的优劣得失。这关于文学的总体认识,是形形色色的理论,比如浪漫主义、现实主义、自然主义、存在主义、马克思主义、女性主义,等等,你方唱罢我登场。

---

① 〔美〕艾尔曼《从理学到朴学:中华帝国晚期思想与社会变化面面观》,赵刚译,南京:江苏人民出版社,2018 年,第 21 页。
② 〔清〕江藩《汉学师承记》,北京:中华书局,1983 年。

理论是一副眼镜,能让批评者从文本中看出特别的意义。但这眼镜是有色的,批评者在文本中所看到的东西,究竟在何种程度上来自文本,何种程度上来自眼镜,终究难免让人有所犹疑。

　　有鉴于此,耶鲁大学解构主义学派的保罗·德曼撰有一篇颇为著名的文章,题为《对理论的抵抗》。这个题目后来成为德曼相关论文集的书名。书中有一篇题曰《回归语文学》:在宣布抵抗的同时,指出了突围的方向。

　　德曼认为,对文学文本的研究不应该从历史学和美学出发,而是应该从语言学出发;研究者首先要讨论的,不是文本的意义和价值,而是这意义和价值具体是如何从文本中产生的、又是如何被接受的。只有做到这样,才真正称得起是文学理论(literary theory can be said to come into being)。

　　德曼提出的这个从语言学出发的理论,与此前的理论有本质不同。用德曼在《回归语文学》一文中的话来说:"此番走向理论,是回归语文学。"(the turn to theory is a return to philology)只有从理论与语文学相对立的格局出发,才能准确理解这一句的吊诡之处。而这"回归语文学"的"理论",骨子里仍然是"对理论的抵抗"。

　　德曼所回归的"语文学"其实是语言学,准确来讲,是语法学和修辞学。不过为了点题,德曼宁愿用古意盎然的"三科"(trivium)——即"七艺"中的文法、逻辑、修辞——来概括,同时将逻辑归入文法,故名三而实二。语法(包括词义)分析相对简单;构成难点的,是所谓"修辞解读"。德曼说:"修辞解读,对于它们所鼓吹的解读,同样抱持着回避和抵抗的态度。这种对理论的抵抗无可克服,因为这理论本身就是抵抗。"

德曼是文学理论家,始终都是。其所谓"语文学",与传统语文学有一定的距离,但是,其"回归语文学"的主张,仍然闪耀着语文学精神的光芒。

六

德曼《回归语文学》发表后二十年,爱德华·萨义德(1935—2003)发表了同题论文。

爱德华·萨义德,美国阿拉伯裔文学理论家,文学和文化批评家,也是在世界范围内影响巨大的公共知识分子。萨义德因《东方主义》(1978)一书而蜚声学界。所谓"东方主义"(或译"东方学"),是西方中心主义视角下对北非、中东和亚洲等地区的社会和文化的研究和认知。在萨义德看来,这些研究与帝国主义意识形态有着不可分割的联系,因而东方学的著作都有着浓厚的政治意味。

2003年,萨义德在罹患癌症去世之前,完成了《人文主义与民主批评》一书,其中核心篇目之一就是《回归语文学》。从书名不难看出,萨义德关于"回归语文学"的讨论与政治密切相关,与萨义德对"东方主义"的批判一脉相承。

萨义德和德曼都主张"回归语文学",但是他们对"语文学"的理解并不一致。萨义德对德曼将文本从其生成历史中剥离出来仅从语言学上加以分析的做法进行了批判,认为"语文学"是"对生活于历史之中的人的言语和修辞进行仔细、耐心的考察,念兹在兹,终身以之"。

如果说德曼的"回归语文学",是对文学理论的抵抗,那么萨义德的"回归语文学",可以说是对东方主义中的帝国主义意识形态的抵抗。说到根本上,这意识形态也是理论。

人类学对于各种文化的研究有两个基本观点:一个是普遍主义(universalism),聚焦于各种文化的相同点;另一个是相对主义(relativism),聚焦于各种文化的不同点。

研究其他文化,如果从普遍主义出发,就是将研究者的一般性认识适用于特殊对象,也就是通过理论来了解他者。而这理论,必然是以自身文化作为标准和中心,借以想象和概括其他文化。中国古代的"夷夏之辨"①,乃基于华夏中心论;萨义德所揭示的当代西方的"东方主义",乃基于欧洲中心论。二者虽有中西古今之异,但其内在逻辑无疑是一样的。

如果从相对主义出发,首先是学习该其他文化的语言文字,通过语文学来掌握对方知识体系的方方面面,最终达成全面的了解。简单来说,相对主义的宗旨是:"认真地将他者当作他者,而不是自我的一个异域风情的、低劣的,或者未达标准的版本。"②埃米尔·卡齐姆(Emere Kazim)于2018年发表了《萨义德的哲学遗产:相对主义和积极抵抗》③一文,这个题目反映了"萨义德主义"(Saidism)

---

① 《论语·八佾》:"夷狄之有君,不如诸夏之亡也。"程树德《论语集释》,第147页。
② Foley, W.A. *Anthropological Linguistics: An Introduction*, Blackwell Publishing, 1997, p.175.
③ Kazim, E. The Philosophical Legacy of Said: Relativism and Positive Resistance, *Maydan Politics & Society*, Dec. 4. 2018.

的关键词。尽管卡齐姆的态度不无保留,但是众多学者从相对主义的角度解读萨义德却是不争的事实。

德曼所做的,是举着解构主义旗帜的文学批评;萨义德所做的,是举着相对主义旗帜的文化批评,其间的差异显而易见。然而他们都在生命中的最后一年发表题为"回归语文学"的文章。他们的共同之处是什么?与语文学又有着怎样的关系?就像许多直奔主题而又不及细说的绝笔文章一样,这两篇同题文章留下了不小的讨论空间,吸引着许多人撰文讨论。我们认为,他们之所以可以共用一个题目,其共同之处在于,他们都是对理论的抵抗,都是对先入之见的警惕,坚持从语言文字出发,对研究对象的独特之处进行深入细致的体认。

七

回到开头提出的问题。2008年北京举办的国际藏学研讨会开幕式上,施泰因克尔纳做了题为《我们能从语文学学些什么?有关方法论的几点意见》的主题演讲,他没有讲文本考证,而是"大谈语文学方法对于实现人类和平、和谐和幸福的意义"。乍一看,这颇令人意外;但细一想,这不仅合情合理,甚至可以说极为应景切题。

德曼的"语文学"和萨义德的"语文学"畛域攸分。施泰因克尔纳显然是和萨义德站在一起的,其语文学路径的上空,飘扬着相对主义的旗帜。

藏学文献固然有许多是古代文本,但在西方学者看来,它们首先是来自其他文化的文本。欧洲无疑是当前具有较高威望的优势文化,作者自觉地排斥欧洲中心主义,抵抗帝国主义的意识形态,坚持从语言文字出发对藏学文献进行深入细致的体认,就是认真地将西藏当作西藏,而不是欧洲文化的一个异域风情的、低劣的,或者未达标准的版本,从而达成对东方的真正理解。这当然可以说具有"实现人类和平、和谐和幸福的意义"。尤其是发言地点是在北京,听众主要是东方学者,西方学者从这个角度揭示语文学的意义,可谓即景生情,着手成春。

八

理论聚焦于共性,语文学聚集于个性。两者互相对立,而又彼此相联。

西方近代学术史上,理论家与语文学家曾经互嘲互谑,其核心"哏",是将学问与研究对象之间的契合度和适用性,比作男女之间的浪漫约会。理论从普遍主义出发,聚焦于共性,适用面广,但契合度低,所以被谑为"约会多多,却无衣可穿"(lots of dates, but nothing to wear)。语文学从相对主义出发,聚焦于个性,契合度高,但适用面窄。极端一点来讲,语文学家的知识学问往往都是围绕着特定研究对象的,让其转而他适,几乎是不可能的,所以被谑为"严妆盛服,却无处可去"(all dressed up, but nowhere to go)。[①]

---

① Sheldon Pollock, "Future Philology? The Fate of a Soft Science in a Hard World", *Critical Inquiry*, Vol.35, No.4, 2009, p.947.

在具体交流和认知的过程中,理论和语文学两种方法彼此相联。按照西方阐释学的说法,自我对他者的认识,都是从自我与他者的相同之处开始,从以己度人开始。随着阐释活动的深入,或者说阐释循环的扩大,不断发现并修正自己不正确的先入之见,与此同时,不断增加自己想象力和同情理解的能力。

理论当然有其积极意义,但也有其局限和问题,特别是其中的预设立场和意识形态,值得警惕。所谓对理论的抵抗,着眼点即在于此。

九

"语文学"一语涵盖范围也比较广,包括古籍文本校释学、语言学、历史语言学和比较语言学等等,不一而足。也就是说,传统语文学后来分化为多个现代学科。詹姆斯·特纳(James Turner)《现代人文学科被遗忘了的源头:语文学》(*Philology: The Forgotten Origins of the Modern Humanities*, 2014)开篇引用了那句著名的格言"狐狸知道许多事情,刺猬知道一件大事",用其中的"一"和"多"来引出语文学与现代人文学科之间的一源多流现象。值得注意的是,特纳并没有论及狐狸所知和刺猬所知的本质不同。

狐狸和刺猬这个比喻源出古希腊阿尔齐洛科斯(Archilochus),因以赛亚·伯林(Isaiah Berlin)的引用阐发而广为人知。伯林认为,作家和思想家可以分为具有深刻差异的两类。一类是刺猬型:在他们看来,万事万物,共理条贯,可以执一以应万,故而"知道一件大事"即可。另一类是狐狸型:在他们看来,事物各有其理,往往彼此龃龉,需要逐一把握,因而"知道许多事情"。对于这两类,伯林是有倾向的,他更倾向于狐狸。人们常举的典型,马克思是刺猬,孔夫子是狐狸。

按照伯林的阐发,从普遍主义出发,聚焦于共性的理论家,是刺猬;从相对主义出发,聚焦于个性的语文学家,是狐狸。

卡尔·莱尔斯《古典语文学家十诫》第四诫是"不可妄称方法之名"①,如今看来,这多少有点"抵抗理论"的意味。

我曾译介西方校勘学,于是有人向我当面笑言挑战,说请举出一个例子,一个问题,中国传统校勘方法解决不了,只有西方校勘学方法可以解决。还真不知该从何说起。无论中国还是西方,真正的语文学家或者说文献学家,都强调与研究对象的熟悉无间。这需要天长月久的功夫,而不是什么锦囊方法。

比勒尔《文法学家的技艺:校勘学引论》:"如果说古代整理者在'对校'方法上有所欠缺,但他们却熟悉作者的语言,这一点,即使是当代最伟大的学者也无法望其项背;用 A.E.豪斯曼的话来说:'他们用自己的骨髓来理解作者,因为他们与作者有着相同的骨髓。'"②

要熟悉古代语言文字,熟悉古代文化的方方面面,中国学者常说"寝馈于斯""浸淫其间",这与萨义德所理解的语文学"念兹在兹,终身以之"(a lifelong attentiveness)正可相照。

唯有如此的投入和专注,才能抵达陈寅恪所说的"真了解":

---

① 苏杰《古典语文学十诫疏证》,《中西古典语文论衡》,杭州:浙江大学出版社,2014年,第6页。
② 苏杰编译《西方校勘学论著选》,第113页注。

语文学的精神是什么?

"所谓真了解者,必神游冥想,与立说之古人,处于同一境界,而对于其持论所以不得不如是之苦心孤诣,表一种之同情。"①

中国的朴学与西方的语文学在细处容或不同,但在总体精神上是一致的。

尼采曾游走于"爱语文"和"爱智慧"两途。早年从事语文学,曾因语文学家偏狭和迂阔而痛心疾首(《我们语文学家》)。后来致力于哲学,1886 年为其《曙光》一书迟到的前言(1881 年第一版没有前言,1886 年第二版才补上)略有所辩,对自己的语文学出身有了一番十分准确的评述,特别是拈出的一个"慢"字,尤为恰切。在目前人文社科项目大干快上、计日程功的火热形势下,尼采的这一番话倒不失为一剂清凉散:

> 语文学是这样一门令人肃然起敬的技艺,它要求从事者首先要做到——走到一边,从容不迫,变得静默和缓慢——这是一门施之于语言文字的金匠般的从容技艺:这门手艺必须慢慢从事,细细完成,不慢,不能成其事。故而现在语文学比以往任何时候都更加需要;它具有最高的吸引力与感召力,在当前这样一个"干活儿"的时代:不得体不合理地慌张,如此急切地要立即"将事做完"——对书也是如此,无论是新还是旧。而语文学本身,却不是如此匆忙地要"将事做完"。它教人如何读好,也就是说,从容地,深入地,专注地,审慎地,心有

---

① 陈寅恪《冯友兰中国哲学史上册审查报告》,《金明馆丛稿二编》,北京:生活·读书·新知三联书店,2009 年,第 279 页。

所思,胸无窒碍,用灵活的指和眼。①

吴金华先生常说,干我们这一行,就是要聪明人下笨功夫。此言虽浅,深意在焉。

(原刊《文汇报·文汇学人》2019 年 10 月 25 日)

---

① Friedrich Nietzsche, "Author's Preface," in *The Dawn of Day* (1886), trans. John McFarland Kennedy, New York, 1911, p.14.

西方文献学译介与
中西文献学会通

人们谈起版本学、校勘学以及训诂学这几个中国古典文献学的分支学科时,往往都会用到"绝学"一词。孔子曰:"德不孤,必有邻。"①西方也有古典文献,也有古典文献学,中西文献学固然有很大的差异,但也有很强的可比性。中西古典文献学的比较与会通具有重要意义。要实现这跨语言、跨文化的比较与会通,从中国古典文献学这一端而言,首先要做的工作是对西方古典文献学经典理论著述进行译介。这是近些年我们所做的工作之一。

常有中国古典文献学的同行问我,是什么样的机缘让我开始译介西方文献学。这要从我们古籍所的老所长、复旦大学杰出教授章培恒先生说起。尽管我们研究的对象是中国古籍,但是章先生一直强调要有世界眼光。从我在古籍所读研究生那时起一直到我在古籍所工作,每年所里欢迎新同学的座谈会上,章先生都关照大家一定要学好外语。章先生有一部文集的题目是《不京不海集》,其实他治学的特点是既持中守正又视野开阔,兼取京派海派的优长而去其弊。2004年到2005年我到美国进修,就特别留意

---

① 程树德《论语集释》,北京:中华书局,1990年,第279页。

搜罗和学习西方古典文献学方面的经典著作，学习的方式就是翻译。回国后侥幸以"西方校勘学翻译与研究"为题得到了立项支持，于是就正式开始了这一方面的工作。

当然，这一机缘背后的基本事实是，中文世界关于西方文献学的资料太匮乏了。正像我在《西方校勘学论著选》编译前言里所说的那样，自从20世纪30年代胡适提到过西方校勘学起，七八十年间几乎没有一篇文章介绍西方校勘学。① 也正像我在《分析书志学纲要》译者序里说到的那样，长期以来关于西方版本学，几乎没有译介，甚至《中国大百科全书》"版本学"所注对应英文 science of edition 都是中式英文。② 可以说，从事中国古典文献学研究的学者亟须对西方的同行有所认识和了解。正是因应这种需要，我们从中国古典文献学这一端出发，为中西古典文献学命中注定的会通努力译介。

语言隔阂是天堑，翻译就是在两种语言两种文化之间架起一座桥梁。由于西方校勘学、版本学领域以前几乎没有中译，算是蚕丛初辟，首先要对一些基本概念进行勘同，对一些术语进行厘清和校齐，以此共同之基（common ground）作为跨文化登陆的"桥头堡"（bridgehead），然后本着"东海西海，心理攸同"的信念，以己度人（principle of charity）③，达成两种传统的沟通和桥接，最终实现对另一种文化传统的较为全面的理解。

---

① 苏杰编译《西方校勘学论著选》编译前言，《西方校勘学论著选》，上海：上海人民出版社，2009年，第 i 页。
② 苏杰《分析书志学纲要》译者序，[美]坦瑟勒《分析书志学纲要》，苏杰译，杭州：浙江大学出版社，2014年，第1—2页。
③ Putnam, H. *Reason*, *Truth and History*. Cambridge：Cambridge University Press, 1981, p.119.

一、文献学与 philology

先从我们专业的名称"古典文献学"说起。

每年研究生招生面试都有英语口试,"中国古典文献学"的英文译名,从考生口中听到过很多种。我查了一下,学术期刊上还有人专门讨论过这个问题,认为"中国古典文献学"应译为 ancient Chinese classics,"中国历史文献学"应译为 Chinese historical literature。① 用 literature 对译"文献学",纰缪显然,无需多言。而 classics,是所谓古典学,包括文学、哲学和史学等几个方面的研究,其指称范围无疑比"文献学"大多了,也不妥当。

我们认为应当用 philology 一词对译"文献学"。

不少人把 philology 译为"语文学",我们在有些语境下也曾如此翻译。从词源上来讲,philology 是"爱语文"的意思。之所以"爱语文",是因为"语文"是通往古典世界的钥匙。只有通过语言文字,才能在古代遗文的证据基础上,重建古典世界。孔夫子说:"夏礼,吾能言之,杞不足征也;殷礼,吾能言之,宋不足征也。文献不足故也。"②征诸文献,以再现古礼,中国"文献学"的词源,与西方"语文学"差可相照。

前代所留证据,除了遗文(texts)以外,还有遗物(artifacts),所以我们常常可以看到西方学者将 philology(文献学,语文学)与

---

① 毛瑞方《"中国历史文献学"英译名称探研》,《历史文献研究》第 29 辑,上海:华东师范大学出版社,2010 年。
② 《论语·八佾》,程树德《论语集释》,第 160 页。

archaeology(考古学)并举。这两个学科互为补充,据此亦可知 philology 应即文献学也。

通过推求语源,比较语义,可以将 philology 与文献学大致勘同。通过考溯中文"文献学"这一名称的历史,可以发现,文献学正是 philology 的对译。

"文献"一词可以溯至上古,但"文献学"的出现却相当晚近。或谓首见于梁启超 1920 年出版的《清代学术概论》,其实在此之前,日本学者已经在用"文献学"一词,对译德语 Philologie。现代语言学(linguistics)源出于语文学或曰文献学(philology),日本学者在确定"文献学"作为 philology 的对译时,也特地就"文献学"与"言语学"的区别与联系进行辨析。①

在向西方学习方面,日本走在中国前面,许多学科名词如经济学、历史学等,都是日本在对译西方概念时形成的名词,然后才传入中国。文献学也是其中一例。我自己翻译的几种西方文献学的书,其中两种,《古希腊罗马的图书与读者》和《抄工与学者》,先已有了日译本。在译介西方文献学、沟通中西文献学传统时,我们深切感受到,日本学者的相关工作是不容忽视的津梁和镜鉴。

西方历史上文献学者有多种称名,其中之一为 grammarian,"文法学家"。《西方校勘学论著选》中有一篇是《文法学家的技艺:校勘学引论》(*The Grammarian's Craft: An Introduction to Textual Criticism*)。我们将 grammarian 直译为"文法学家",其实需要再加说明。这里的 grammarian,与"文字""词汇""语法"这

---

① 钱寅《"文献"概念的演变与"文献学"的舶来》,《求索》2017 年第 7 期。

一系列语言学概念中的"语法"并不相同。Grammarian 的词根是古希腊语的 gramma,亦即常见于英语如 ideogram,logogram 中的-gram,是"书写",或者"文字"的意思。古希腊"自由七艺"(文法、逻辑、修辞、数学、几何、天文、音乐)中的"文法",与中国古代"六艺"(礼、乐、射、御、书、数)中"书"所指大致相同,都是与文字读写相关的学问。因而所谓"文法学家"其实就是读书人、学者;更贴近我们一点来讲,从事文本校勘的 grammarian,就是文献学者。

以古代典籍为研究对象的文献学,有几个方向,这里只举其中最为重要的两个:一是聚焦于古代典籍的物质形式(physical form),中文称之为版本学;一是聚焦于古代典籍的抽象内容,中文所谓校勘学。

二、版本学与 palaeography, bibliography

研究古典文献物质形式的学问,中国和西方有着十分重要的不同。这主要是因为中国印刷术的使用比西方早几百年。

中国从宋代起,雕版印刷逐渐成为图书生产和文本传播的主流方式。雷诺兹、威尔逊《抄工与学者》曾论及西方印本取代抄本的情形:"早期印刷者,在将文本印刷之时,倾向于给予印刷文本一种权威和永久性。""印刷商对抄本往往缺乏爱惜珍重,一旦用过之后,抄本的终身就托付给了出版商,从此前途未卜。"① 中国宋代印本取代

① [英]L.D.雷诺兹、N.G.威尔逊《抄工与学者:希腊、拉丁文献传播史》,苏杰译,北京:北京大学出版社,2015年,第215、140页。

抄本时，应该也是大致相仿的情形，故而宋版书所依据的抄本，今天多已难觅其踪。大多传世古典文本，所能追溯的最早物质证据，就是宋刊元椠。对这些古印本的考证研究，就成了所谓"版本学"。

西方则是从15世纪谷登堡金属活字印刷运用到图书生产中开始，印本很快取代抄本，成为文本传播的主要形式。由于这个过程相比较而言要晚近得多，而且被取代的多是十分珍贵的皮纸抄本，故而这些抄本有许多都保存了下来。比如《抄工与学者》就为该书所提到的抄本做了一个长达十几页的索引。① 对这些抄本的考察研究，即"写本学"（manuscript studies），或以其形制而被称为"册叶本学"（codicology），或因其载体材质而被称为"纸草学"（papyrology），或因其文字书写而被称为"古文书学"（palaeography）。

15世纪之后西方的文本传播和图书生产，主要是活字印刷。对于古印本的考证研究也成为一个专门的学问"书志学"（bibliography），又叫"古印本学"（palaeotypograhpy）。

显而易见，中国的"版本学"，对应着西方两个学科领域：一是古写本学，或曰古文书学；二是古印本学，或曰书志学。

需要说明的是，"书志学"一词，我们采用了日语中的术语。日本文化包容性极强，善于向其他文化学习，对东方和西方文化多有汲引。关于图书的学问，日本既有向中国学来的"目录学"传统，也有向西方学来的"书志学"传统②。东西方文献学传统在日本的融

---

① ［英］L.D.雷诺兹、N.G.威尔逊《抄工与学者：希腊、拉丁文献传播史》，苏杰译，第322—335页。
② 范凡《从目录学到书志学——20世纪前期目录学在日本的研究与发展》，《中国图书馆学报》2016年第6期。

合与发展,对于志在沟通中西文献学的我们来说,无疑有着非常重要的借鉴意义。

英语中的 palaeography 和汉语中的"古文书学",都存在多重含义。palaeography 还可以译为"古文字学",复旦大学古文字研究中心的英文译名用的就是这个词。而近年来学界方兴未艾的"古文书学",其实是研究古代档案文书类文件的学问,对应的是英文中的 diplomatics 一词。

对于存在多重含义,而且中国读者不太熟悉的译名,我们常常要用译注来补充说明。

比如《抄工与学者》第五章第五节"古文书学的起源",我们就用注文来解释正文第一句中的"the study of manuscripts"(抄本之学)和题目中的"palaeography"(古文书学)之间的关系。①

又比如《现代校勘学批判》中提到的"在书志学语境下"(in a bibliographical context),我们也需用注文说明,这其实就是"在印刷传播情况下"的意思。②

西方书志学,或者说古印本学,与中国的版本学在很多地方可相对照,分析书志学分为制作线索分析、设计要素分析和审美心理分析这样三个维度,对于我们也颇多所启发。③

由于中国典籍古写本数量较少,故而关于写本的研究并没有

---

① [英]L.D.雷诺兹、N.G.威尔逊《抄工与学者:希腊、拉丁文献传播史》,苏杰译,第194页。
② [美]杰罗姆·麦根《现代校勘学批判》,苏杰编译《西方校勘学论著选》,第260页。
③ 详见苏杰《分析书志学纲要》译者序,[美]坦瑟勒《分析书志学纲要》,苏杰译,第11—20页。

成为一门独立的学问,往往只是版本学中附带论及。大量敦煌写本文献的出土,改变了这一局面。张涌泉《敦煌写本文献学》第一章题为"写本文献学:一门亟待创立的新学问"①。借由古典文献学的中西会通,我们可以补充一句,西方蔚为大观的写本学或者古文书学,对于中国写本文献学的建立,无疑具有十分重要的借鉴意义。

三、校勘学与 textual criticism

正像前举《文法学家的技艺:校勘学引论》书名所显示的那样,校勘是文献学者的一门技艺,故而经验极为重要。中西学者对于典籍异文讹变现象都进行过梳理。

中国学者归纳出许多"例"。俞樾《古书疑义举例》所举凡八十八例,刘师培、杨树达等在此基础上又有所续补②,王叔岷《斠雠学》"通例"一章则分列一百二十四个条目③。

西方学者也归纳出很多"例",比如保罗·马斯《校勘学》共举十六个通例④,雷诺兹、威尔逊《抄工与学者》"校勘学"一章对文献误例也有分类列举⑤。

总的看来,西方学者对文献误例的总结更趋简明。非唯如此,

---

① 张涌泉《敦煌写本文献学》,兰州:甘肃教育出版社,2013 年,第 3 页。
② 〔清〕俞樾等《古书疑义举例五种》,北京:中华书局,1956 年。
③ 王叔岷《斠雠学》,北京:中华书局,2007 年。
④ [德]保罗·马斯《校勘学》,苏杰编译《西方校勘学论著选》,第 41—104 页。
⑤ [英]L.D.雷诺兹、N.G.威尔逊《抄工与学者:希腊、拉丁文献传播史》,苏杰译,第 214—250 页。

他们还通过对抄写过程中可能发生了什么进行追问,对抄工的"人之常情"进行分析,进而在"例"的基础上又总结出若干条"律"。

总的原则是,*utrum in alterum abiturum erat*,"何者来自何者"。即面对两个似乎都可以接受的异文进行取舍时,要着重考虑抄写者可能的趋向,即抄写者会有意无意地使文本更加通顺易于接受,从而判定哪一个异文时代在前,哪一个在后。这其实也就是中国学者对所谓致误之由的探求。

分而论之,校勘者经常援引的异文取舍原则主要有:

Lectio difficilior potior,"取难不取易"。[1] 因为抄写者改从易晓的概率比平白改易为难的概率要大得多。校勘就是对文本演变的溯逆。

Lectio brevior potior,"取短不取长"。[2] 这其实也算是前一个原则的特殊情形。感觉词句短缺语义不完时,抄写者往往倾向于补足,这比因感觉冗赘便予以删削的概率要大得多。

这些异文取舍原则是人们在圣经文本校勘实践中总结出来的。据说伊拉斯谟(1469—1536)已经认识到"难的异文更可取"。

这些经验法则无疑也适用于中国典籍的校勘。在文本的传播过程中,中国的写工手民无疑也有改从易晓的习惯。

中国早期学者似乎有与抄工大致相同的倾向。比如被段玉裁赞为"千古之大业,未有盛于郑康成者氏也"的郑玄[3]。杨天宇《郑

---

[1] Bruce M. Metzger and Bart D. Ehrman: *The Text of The New Testament*, Oxford University Press, 2005, pp.302-304.

[2] Ibid.

[3] 〔清〕段玉裁《经义杂记序》,《经韵楼集》,上海:上海古籍出版社,2008年,第188页。

玄三礼注研究》讨论郑玄校经之原则，第二条即为"习用易晓原则"，"二字义同从其习用易晓者"①。

不过，中国学者中也有近乎"取难不取易"校勘者。南宋彭叔夏《文苑英华辨正》自序云："叔夏年十二三时，手抄《太祖皇帝实录》，其间云：兴衰治□之源。阙一字，意谓必是'治乱'。后得善本，乃作'治忽'。三折肱为良医，信知书不可以意轻改。"②王欣夫评价说："改作治乱，不能说他不通；然而正因其可通，后人于此更容易忽视校勘。叔夏在这一点上悟出书之不可以意轻改，真是心得之言。"③

当然，对于"取难"还是"取易"，西方现代校勘学从文本整理的目的出发，还有过进一步的讨论。典籍整理，可分为学术性整理和当代化整理。所谓"当代化整理本"，大约相当于我们所谓"普及本"，其宗旨之一是"使当代读者对作品的进入变得容易"，因而有些整理者对"各种各样的、因时代变迁而产生的非实质性形式差异"④，自然是"取易不取难"。

尽管中国典籍校勘所依据的是"版本"，西方用的是"抄本"，但是两者对这些"本子"都有着类似的态度，即重视而不迷信。启功在《〈文史典籍整理〉课程导言》一文的摘要中告诫学生"不能迷信宋本"——这里的"宋本"显然指刻印本。⑤ 德国古典学家

---

① 杨天宇《郑玄三礼注研究》，天津：天津人民出版社，2007年，第505页。
② 曾枣庄、刘琳主编《全宋文》第297册，上海：上海辞书出版社、合肥：安徽教育出版社，2006年，第199页。
③ 王欣夫《文献学讲义》，上海：上海古籍出版社，2005年，第230—231页。
④ ［美］杰罗姆•麦根《现代校勘学批判》，苏杰编译《西方校勘学论著选》，第320页。
⑤ 启功《〈文史典籍整理〉课程导言》，《北京师范大学学报》2002年第3期。

卡尔·莱尔斯则在其《古典语文学家十诫》一文中指出"不可跪拜抄本"①。

西方校勘学处理抄本的方法与中国校勘学处理版本的方法有所不同,其中最为人称道的方法是所谓谱系法(stemmatics),也就是所谓"拉赫曼方法",尽管卡尔·拉赫曼本人并不是这种方法的首创者。这种方法是从"共同的讹误意味着共同的来源"这一基本认知出发,通过"共同讹误"和"独特讹误"对一部文献的所有本子进行分组系联,最后建立其抄本谱系(stemma codicum)。

1933年胡适说:"西方校勘学所用的方法,实远比中国同类的方法更彻底、更科学化。"②这"更彻底、更科学化"的方法,应该指的就是"谱系法"。

然而这"更科学"的方法似乎对于中国古典文献来说并没有什么适用性,或者说没有适用的必要性。

正像《现代校勘学批判》所说,在印刷传播情况下,文本谱系是一元的,同版同印次的本子几乎没有什么差别;在抄写传播情况下,文本谱系是多元的,每一个本子都不一样。西方校勘学家往往要面对十几个、几十个甚至上百个各不相同的抄本,因而需要有一种相对精密的方法厘清这些抄本之间的亲疏关系。③

相比较而言,中国校勘学家所要处理的版本,一是数量要少得

---

① 苏杰《古典语文学十诫疏证》,《中西古典语文论衡》,杭州:浙江大学出版社,2014年,第5页。
② 胡适口述,唐德刚译《胡适口述自传》,《胡适文集》第1卷,北京:北京大学出版社,1998年,第296页。
③ [美]杰罗姆·麦根《现代校勘学批判》,苏杰编译《西方校勘学论著选》,第253页。

多,二是这些版本之间的关系往往有其他线索可以判定,所以一般不需要根据所谓"共同讹误"来加以梳理。中国当然也有版本谱系,但相比较而言要简单得多。并不是说西方的谱系法的原理不适用于中国典籍,而是这种方法是为了解决更加复杂的抄本传播谱系而设计的,因而一般情况下对于中国的以版本形式传播的典籍来说还用不上。

随着电子计算机技术的发展,西方校勘学在科学化的方向上继续向前迈进,推出了种系发生学的方法。种系发生学(phylogenetics)本来是生物学的一个分支学科,主要从历史演化的角度研究生物种群之间的进化关系。这种关系与文本衍生关系之间具有很强的可比性。文献学家因而与相关学科的研究人员合作,开发出相关电脑软件,对古典文献的诸多抄本进行处理。①

中国古籍整理工作者也在进行这一方面的尝试。比如前不久负责《三国志》中华书局点校本修订工作的吴葆勤曾发表文章提到他在校理文本中对电脑软件的运用。② 我们曾就此进行过讨论。尽管西方种系发生学的核心方法不见得能够适用于中国典籍校勘,但是西方学者对相关问题的分析和讨论仍有许多值得我们借鉴的地方。

小　　结

从古典文献学学科发展的角度来说,了解西方、会通中西有着

---

① 苏杰《种系发生学方法在西方校勘学中的应用》,《古典文献研究》第十三辑,南京:凤凰出版社,2010年,第507—524页。
② 吴葆勤《传统校勘流程向数字化平台迁移的初步探索:以中华书局点校本〈三国志〉的修订为例》,发表于"古籍整理与数字化论坛",2017年9月29日,南京。

十分重要的意义。只有深入了解西方,才能够更加清楚地认识自己。学习、借鉴西方学术传统对我们有所启发的理论和方法,将会促进我们的学科建设。对于方兴未艾的作家手稿研究,对于亟待建立的中国写本文献学,西方的写本学或者说古文书学无疑有着十分重要的借鉴意义。我们的版本学也可以从西方的书志学中汲取许多有益的养分。西方校勘学从传统到现代的各种理论和方法,都有值得我们借鉴的地方。当然,会通是双向的,在我们试图了解、认识西方文献学传统的同时,西方学者也对中国文献学传统有着浓厚的兴趣,并且已经有了一定的了解。德国比较语文学家马克斯·缪勒(Friedrich Max Müller,1823—1900)说:"只知其一者一无所知。"(He who knows one, knows none.)强调比较研究的重要意义。西方文献学家在讨论西方文献学问题时,有时会举中国文献的有关情形作为对照,比如雷诺兹、威尔逊《抄工与学者》中就曾提到李白和毛泽东,而在与我们的通信中,威尔逊先生表达希望对中国文献学有进一步的了解。我们认为,在全球化的背景下,中西文献学的会通将在更大范围内增进东西方的交流和发展。另外,日本的文献学传统既深受中国的影响,也深受西方的影响,而其对西方的学习,领先我们一步。故而在致力于译介西方文献学和沟通中西文献学的过程中,我们还要加强对日本相关学问的学习和研究。

(原刊《薪火学刊》第五卷,复旦大学出版社,2018年,第202—211页)

中西校勘学比较刍论

——从胡适谈起

校勘是要弄清楚作者究竟写了什么,这是文献研究的核心内容。中西各有其文本校勘传统。1933年胡适为陈垣《元典章校补释例》所撰序言(后以《校勘学方法论》为名单独发表)①,通过比较中西校勘学,论证陈垣校勘工作的科学性,开中西校勘学比较之先河。惜乎几十年无人继其后。2006年余英时号召开展"文本考证学的中西比较",认为"这一方面的比较似乎更能凸显中西文化主要异同之所在"。② 为此,我们编、译《西方校勘学论著选》一书,勉力为比较研究提供一个初步的资料基础。这里我们进一步拓宽视野,在对西方校勘学传统更为广泛的学习和了解的基础上,从胡适《校勘学方法论》出发,对中西校勘学比较研究中的焦点问题"对校"和"理校"略作讨论。

---

① 胡适《〈元典章校补释例〉序》,陈垣《校勘学释例》,上海:上海书店出版社,1997年,第1—14页。
② 余英时《"回归历史"与"面对现实"——序刘笑敢〈老子古今〉》,刘笑敢《老子古今:五种对勘与析评引论》,北京:中国社会科学出版社,2006年,第3页。

一

"名不正，则言不顺"。中西校勘学的比较，首先要对两个校勘学传统的基本概念进行勘同辨异。

先看陈垣"校法四例"中的"对校"和"理校"。

陈垣《校勘学释例》是专书校勘实践的概括总结。1930年陈垣用故宫新发现的《元典章》元刻本对校通行的沈家本刻本，后又用众本互校，共校得沈刻本谬误一万二千余条，写成《沈刻元典章校补》，刊行于世。后来又从这些误例中挑出一千余条，加以分类，写成《元典章校补释例》六卷。前五卷为"误例"，共归纳致误之由四十二条。第六卷为"校例"，共归纳校勘方法、异文处理原则等共八条。"校例"的第一条是所谓"校法四例"，首次将校勘方法总结为"对校法""本校法""他校法"和"理校法"。后来这个"校法四例"成为中国校勘学论著中关于校勘方法的核心内容。

"校法四例"在陈书中只是短短一节，其中关于四种校法的基本概念的表述，颇多展开。其中"对校法""理校法"表述如下：

> 一为对校法。即以同书之祖本或别本对读，遇不同之处，则注于其旁。刘向别录所谓"一人持本，一人读书，若怨家相对者"，即此法也。此法最简便，最稳当，纯属机械法。其主旨在校异同，不校是非，故其短处在不负责任，虽祖本或别本有讹，亦照式录之；而其长处则在不参己见，得此校本，可知祖本或别本之本来面目。故凡校一书，必须先用对校法，然后再用

其他校法。①

四为理校法。段玉裁曰:"校书之难,非照本改字不讹不漏之难,定其是非之难。"所谓理校法也。遇无古本可据,或数本互异,而无所适从之时,则须用此法。此法须通识为之,否则卤莽灭裂,以不误为误,而纠纷愈甚矣。故最高妙者此法,最危险者亦此法。②

陈垣引用刘向和段玉裁的话,借以说明什么是"对校法"和"理校法",虽于学术史有所映照,但却未免稍欠分明。尤其是段玉裁"定其是非之难"的话,并不是专就理校而言,用来界定"理校法",显然并不十分妥当。

后来陈垣在《通鉴胡注表微·校勘篇第三》中表述为:

吾昔撰《元典章校补释例》,曾借《元典章》言校勘学,综举校勘之法有四:曰对校,以祖本相对校也;曰本校,以本书前后互校也;曰他校,以他书校本书也;曰理校,不凭本而凭理也。③

这相比于《释例》就要简明得多,其中将"理校法"表述为"不凭本而凭理",也更加准确一些。

后来各家校勘学论著,对"校法四例"有进一步分析和表述。

---

① 陈垣《校勘学释例》,第118页。
② 同上书,第121页。
③ 陈垣《通鉴胡注表微》,北京:商务印书馆,2011年,第34页。

钱玄《校勘学》:"对校法是用同书别本互校的校勘方法","本校法是以本书校本书的校勘方法","他校法是用他书校本书的校勘方法","理校法……也称为推理校勘法"。①

倪其心《校勘学大纲》:"对校法""实则是比较异同",是在"有可供比较的不同版本"的条件下,"比较异同,列出异文,为进一步分析判断提供材料,属于校勘的一个必须的步骤"。"本校法"和"理校法""一样是一种合理的逻辑类推"。"他校法""实则是考证",其条件是掌握他书引用本书的资料;"完全无误地引用原文,固然可以作为一种校勘依据。但更多的是化用原文或节用原文,因而都不是直接的原始的,仅可供参考或旁证"。"理校法""实则也是分析和考证。其条件除了必须对本书进行全面深入的了解和研究外,还必须对有关本书疑难的某一知识领域有深厚的根柢和功力"。②

正如倪氏所论,"本校法"和"理校法"都是"逻辑类推"。"他校法"中所涉及的"引用异文",西方校勘学称之为"间接传承"(indirect tradition)③,在一定程度上类同于"对校法",也是"凭本"的校勘。

陈垣所举四种校法,举大以赅小,可以约减为"对校"和"理校"两法。用陈垣《通鉴胡注表微》的措辞,可以表述为"凭本的校勘"和"凭理的校勘"。

---

① 钱玄《校勘学》,南京:江苏古籍出版社,1988年,第99—113页。
② 倪其心《校勘学大纲》,北京:北京大学出版社,2004年,第104—105页。
③ [英]L.D.雷诺兹、N.G.威尔逊《抄工与学者:希腊、拉丁文献传播史》,苏杰译,北京:北京大学出版社,2015年,第224—226页。

接下来看西方校勘学中的"对校"与"理校"。

陈垣对校勘"凭本""凭理"的表述,与西方古典文献学对校勘的传统表述恰可相照:"根据本子和理性进行校正。"(emendatio codicum et ingenii ope)①

陈垣说,凭本的"对校",只校异同,不定是非,纯属机械法。倪其心说,"对校"为进一步分析判断提供材料,属于校勘的一个必须的步骤。

近代西方校勘学将校勘分为两个步骤,第一步是 recension,第二步是 emendation。我把前者翻译为"对校",后者翻译为"修正"②。这个"修正"往往又被称为"推测性修正",也就是"不凭本而凭理"的"理校",因而西方校勘学的"对校"和"修正",大致也可以表述为"对校"和"理校"。

需要说明的是,西方校勘学的"对校"(recension)与陈垣所说的"校异同,不校是非"的"纯属机械"的"对校"有着非常重要的不同。西方校勘学"对校"的结果不只是一个简单的平面的异文列表,而是要考定异文孰先孰后,从而确定最为近古存真的版本异文。

"对校"(recension)如何考定本子孰先孰后?西方校勘学有所谓谱系法,其基本操作原理如下:从"相同的讹误显示出相同的来

---

① E. J. Kenney, *The Classical Text*, University of California Press, 1974, p.25.
② [德]保罗·马斯《校勘学》,苏杰编译《西方校勘学论著选》,上海:上海人民出版社,2009年,第46—47页。当然也有其他译法。日本学者池田龟鉴把 recension 译为"吟味"(意思是在几个选择项目推敲取舍),emendation 译为"改良"。见池田龟鉴《古典の批判的处置に関する研究》第二部《国文学に於ける文献批判の方法论》,岩波书店,1941年,第25—26页。

源"这一基本认识出发,通过"共同讹误"和"独特讹误"对某一作品的所有文献证据进行分组系联,建立谱系,最后得出根据现存证据所能回溯到的最早的传播中的文本面貌,这个文本面貌称作"原型"(archetype)。

"校异同,不校是非"的"纯属机械"的版本比对,英语中或称之为 collation,我译为"校对"。保罗·马斯曾说过,为了保证校对的客观性,校对者最好"关掉"自己的知识系统,纯粹通过视觉开展工作。① 比对异文没有多少技术含量,西方校勘家常常把这种工作委托给助手或者图书馆的工作人员。

在西方校勘学的术语体系里,"校对"(collation)和"对校"(recension)截然不同。"对校"要求校勘者运用其方法和知识对某一作品的所有文本证据、所有异文进行鉴别,判断各本子之间的关系。

"纯属机械"的版本比对为校勘工作提供了异文,当然很重要,但却并不是校勘的核心环节。西文"校勘"(textual criticism)语源义是"批判",强调鉴别判断。

国内有些学者把机械的异文比对比作采铜于山,对这部分工作的难度和价值有所夸大。有些学者则把校勘等同于机械的异文比对,对校勘的难度和价值过于贬低,甚至否定其作为一个学科领域的必要性。

西方校勘学中的"对校",不仅与中国校勘学理论表述中的"纯属机械"的版本比对有本质区别,而且与中国校勘实践中"择善而

---

① [德]保罗·马斯《校勘学》,苏杰编译《西方校勘学论著选》,第 69 页。

从"的异文取舍原则有根本不同。

比如中华书局1959年出版的《三国志》校点本采取以百衲本、武英殿本、金陵活字本和局本"四本互校,择善而从"的校勘原则,在四个本子的比对异文中由校勘者斟酌取舍,从西方校勘学的观点看,就不是客观的、科学的对校。

西方校勘学中的"对校",取舍标准是"唯古是从",其结果是所谓"原型",也就是在现存文本证据的基础上所能复原的最早的传播中的文本面貌。至于这个文本面貌是否就是作者的原文,或者说是否"正确",并不是"对校"所要回答的问题。那是下一个校勘步骤所要回答的问题。

谱系法通过建立版本(抄本)谱系来确定"原型"。作为对校结果的"谱系"或者说"家族树",显示出所有版本在文本传承过程中的世系关系。谱系法的名言是:"本子应当衡其轻重,而不是计其多寡。"[1]所谓"衡其轻重",就是看哪一个有更早的来源,或者说辈分更高。中国校勘实践中则有将所有本子放在一个平面上进行"三占从二"式的"择善而从"的倾向。

不管异文"辈份"的所谓"择善而从",不能保证对校的纯粹性。因为时代偏晚的本子里貌似"更可取"的异文,可能来自前人的理校。比如《三国志》武英殿本与宋本相异之处,往往为馆臣所改。这样就将西方校勘学着意区分的"对校"和"修正",或者说"对校"和"理校"混合在了一起。

---

[1] B. M. Metzger and Bart D. Ehrman: *The Text of The New Testament*, Oxford University Press, 2005, p.302.

二

胡适《校勘学方法论》对校勘工作的基本分析和对中西校勘学的概括论定是中西校勘学比较研究的历史起点,有必要展开讨论。

胡适将校勘分析为"三步工夫",这与西方关于校勘的基本分析并不一致。

胡适将校勘工作分析为"三个主要成分",又称为"三步工夫","一是发见错误,二是改正,三是证明所改不误"。认为这"三步工夫,是中国与西洋校勘学者共同遵守的方法,运用有精有疏,有巧有拙,校勘学的方法终不能跳出这三步工作的范围之外"①。

所谓"中西校勘学共同遵守"的"三步工夫",其实与西方校勘学的基本认识有所龃龉。

保罗·马斯《校勘学》将校勘过程分析为三个步骤,第一步是"对校"(recensio),第二步是"审查"(examinatio),第三步是"推测修正"(divinatio)。②

最后一步是"修正",前面两步都可以说是"发现错误",或者说,发现文本传播中存在两种错误。这两种错误分别对应着"忠实"和"正确",这是西方校勘学仔细区分的两个概念。

一百多年前,法国学者路易·阿韦(Louis Havet)在其《拉丁文本考证手册》中,区分了 vérité 和 authenticité 这样一对概念,将抄本与作者原本相一致的情形称作 vérité,将抄本与其所从出的父

---

① 胡适《〈元典章校补释例〉序》,陈垣《校勘学释例》,第6页。
② [德]保罗·马斯《校勘学》,苏杰编译《西方校勘学论著选》,第69页。

本相一致的情形称作 authenticité。十年后,德国学者赫尔曼·坎托罗维奇(Hermann Kantorowicz)在其《校勘学导论》一书中给出的德文对译是 Richtigkeit 和 Echtheit。又二十年后,日本学者池田龟鉴在其《古典の批判的処置に関する研究》(1941)一书中给出的日文对译是"正しさ"和"純粋さ"。"正确"和"忠实",是我们为这一对概念拟定的中文译名。法文、德文、日文和中文术语对照如下:

  vérité ＝ Richtigkeit ＝ 正しさ ＝ 正确

  authenticité ＝ Echtheit ＝ 純粋さ ＝ 忠实

我们曾撰小文,用综艺节目上常见的"拷贝不走样"游戏打比方来说明这一对概念。① 游戏中的每一个人相当于一代抄本。对前代抄本惟妙惟肖的模仿,并不一定符合作者原本,因为前代抄本可能已经"走样"了。因而对前代抄本"拷贝不走样",可以称"忠实",但却不一定"正确"。

  保罗·马斯的第一步"对校",就是通过比对抄本,确定其有没有忠实地复制范本,从而在现存证据的基础上将文本恢复到最早的传承阶段,称作"原型"。但是在这一传承阶段上的文本面貌是否合乎作者的原本,也就是说是否正确,尚不得而知。于是第二步"审查"就是要确定"对校"所得出的"原型"是否"正确",也就是说,是否就是作者的原本。如果是,则校勘工作完成;如果不是,则要进入第三步,推测性修正,也就是"理校"。

  西方学者往往把校勘过程简化为两步,"对校"和"修正"。英国古典校勘学家 A.E.豪斯曼说,"校勘是一门科学,同时,由于包

---

① 苏杰《校勘学中的"正确"与"忠实"》,《南方周末》2019 年 9 月 19 日。

含了对校和修正,所以也是一门艺术。发现文本中的讹误是科学,校正讹误则是艺术"①。

胡适虽然将校勘工作分析为"发见错误、改正和证明所改不误""三步工夫",但却只强调本子的价值和校勘的科学性,认为"必须有善本互校方才可知谬误,必须依据善本方才可以改正谬误,必须有古本的依据方才可以证实所改的是非。凡没有古本的依据而仅仅推测某字与某字形似而误,某字涉上下文而误的,都是不科学的校勘"②。也就是说,胡适只强调属于科学范畴的"对校"的价值,对于西方学者认定属于艺术范畴的"理校"的必要性和价值,并没有予以肯定。

三

胡适对中国传统校勘学和陈垣新校勘学的概括论定,都存在偏颇之处。

胡适将西方校勘学概括论定为"对校",认为是科学的校勘学,将中国传统校勘学概括论定为"推理的校勘",认为"一千年来,够得上科学的校勘学者不过两三人而已"③。

王绍曾对此展开了讨论,总结说,"胡适的校勘学方法,用一句话来概括,就是对校法",认为胡适对"对校"的强调是有道理的,但过低地估计了我国历史上校勘学所取得的成就,胡适的《校勘论》

---

① [英]A.E.豪斯曼《用思考校勘》,苏杰编译《西方校勘学论著选》,第25页。
② 胡适《〈元典章校补释例〉序》,陈垣《校勘学释例》,第1、2、6页。
③ 同上书,第6页。

如果作为陈垣校勘《元典章》经验的总结，也是不全面的。①

王绍曾从刘向《别录》对校雠的描写谈起，认为校雠的本义，就在于用本子互勘。中国历史上许多校勘家都继承了刘向用本子互勘的校雠传统。比如元代岳浚校《九经三传》用了二十三个不同的本子，与明经老儒分卷校勘。又如明代毛晋用"计叶酬钱"的办法广求善本，校勘《十三经注疏》《十七史》《文选李善注》等。又如清代阮元校勘《十三经注疏》，从其《十三经校勘记》来看，其所据本子之多，冠绝一时。从清代卢文弨、黄丕烈、顾广圻到近代缪荃孙、傅增湘等，都极为重视对校，陈垣《校勘学释例》正是在继承这一校勘传统的基础上的承前启后之作。由此来看，胡适说中国一千年来够得上科学的校勘学者不过两三人，显然是不妥当的。

王绍曾指出，对校固然重要，但绝不是唯一校勘方法。叶德辉《藏书十约》曾论及"死校""活校"，其所谓"死校"就是"对校"，"死校""活校"的运用是不能截然分开的。陈垣"校法四例"指出"理校"之"高妙"和"危险"，认为"遇无古本可据，或数本互异，而无所适从之时，则须用此法"，其本人对"理校"的价值和必要性都做了充分肯定。胡适既然是在总结陈垣校勘《元典章》的经验，就不应从自己的看法出发任意去取。

四

胡适认为西方校勘学总体上强调对校而否定理校，这种认识

---

① 王绍曾《胡适〈校勘学方法论〉的再评价》，《学术月刊》1981年第8期。

也是片面的。

陈冬冬、周国林在梳理《西方校勘学论著选》关于"理校"问题的资料的基础上,对胡适介绍西方校勘学时在"理校"问题上的偏颇之处进行了很好的讨论。① 这里我们结合《西方校勘学论著选》以外的资料,做进一步的讨论。

首先,从西方学术著作关于校勘的基本论述来看,西方校勘学向来主张对校和理校并重而不偏废,认为两者是一个过程的两个步骤。

如前文所已说,西方对校勘工作的传统表述是"根据本子和理性进行修正",正好对应陈垣的术语"凭本"的"对校"和"凭理"的"理校";近代表述将校勘分为"对校"和"修正"两个环节,而"修正"是推测性的,也就是"理校"。"理校"一直是西方校勘学中极为重要的一部分。

其次,对于"理校",西方学术史上存在不同的观点。这涉及不同学者对古代文本基本要素的不同认识。

(一) 对古代语文的不同认识

两千年前对希腊古典文本进行校勘整理的亚历山大城的古典文法学家提出了"类推"(analogy)的概念,认为古代的语言有其常例可循,因而在总结出语法规律之后,对于古代文本中不合其所总结出来的语法的字句,推定其可能存在讹误,从而加以校正,被称作"类推主义校勘"。这属于激进一派的做法。几乎与之同时,帕伽马城的学者则提出"无常例"(anomaly)的概念,认为古代的语言千姿百态,不应假设存在整齐划一的规律,因而也就不能进行类

---

① 陈冬冬、周国林《西方校勘学中的"理校"问题——兼评胡适介绍西方校勘学的得失》,《河南大学学报(社会科学版)》2013年第2期。

推。这在校勘问题上属于保守的一派。

（二）对古代传本的不同认识

丹麦学者马兹维认为：传本应当得到遵守，除非可以证明其存在错误，或者至少存在严重的怀疑。① 与之相反，荷兰学者科伯特发现，即使最好的抄本也充满讹误，因而认为：抄本都是不可靠的，除非能够证明其可靠。② 对于传本的不同认识，导致了学者们对于理校的不同态度。认为传本总体上不可靠的，对于理校就会采取更加激进的立场。

第三，西方校勘学对"对校""理校"的认识，有一个发展演化的过程。

文艺复兴时期意大利学者波利提安认识到，抄本是文本的唯一信息来源。自此以后，校勘家们同意给予"依据本子"（codicum ope）的校正以优先地位。波利提安已经认识到，"推测性修正必须在可恢复的最古老的传承阶段的基础上进行"③。所谓"可恢复的最古老的传承阶段"，就是逆溯文本变异的过程，在所有异文中确定哪一个时代最早。如果所有本子中最早的异文仍然存在错误，为了企及作者的原文，就不得不进行修正。

胡适《校勘学方法论》梳理了中国校勘学的历史，从《吕氏春秋》所记三豕涉河故事里的校勘学成分到刘向、刘歆父子开校雠学风气，认为中国因为刻书太早，古写本保存太少，科学的校勘学，亦

---

① J. N. Madvig, *Adversaria Critica I*, 1871, p.8.
② C. G. Cobet, *Novae Lectiones*, 1858, p.iii.
③ ［英］L.D.雷诺兹、N.G.威尔逊《抄工与学者：希腊、拉丁文献传播史》，苏杰译，第144页。

即"对校",自不易发达,所以一直到清代王念孙、段玉裁,尽管天才卓荦,却只能成就一种推理的校勘学。胡适并没有分析历史上对"凭本"的校勘和"凭理"的校勘的认识上的变化。王绍曾不同意胡适关于中国校勘学是"一种推理的校勘学"的论断,主要引用刘向《别录》,重申"校雠"的本义,说凭本的校勘是古来的传统,对凭本的校勘和凭理的校勘的认识上的变化,也没有涉及。

可以说,对凭本的校勘和凭理的校勘的认识上的变化,是西方校勘学走向现代,走向科学化的最为关键的一步。如果没有认识到这一点,对西方校勘学的了解就还不够深入。

第四,西方不仅很早就有自觉的理校,而且很早就对理校进行过理论总结。

意大利学者弗朗塞斯卡·罗伯泰罗1557年推出了《古籍异文理校法》(*De arte critica sive ratione corrigendi antiquorum libros disputatio*),是对文本校勘方法进行论列的第一次尝试[①]。书中对"单凭感觉"的推测和"可靠"的推测进行了区分,认为如果古代抄本不能提供正确答案,修正就只能是推测。书中将修正分为"增""删""乙"等八种情形[②]。荷兰学者威廉·坎特(Wilhelm Canter)1566年出版《希腊作家结撰之理校》(*De ratione emendandi Graecos auctores syntagma*),按照从字母到音节再到词的顺序,对校改理由进行分类汇集,其校正的依据是"一方面靠睿智的推测,另一方面靠比勘旧本"(*partim coniectura sagaci, partim*

---

① [英] L.D.雷诺兹、N.G.威尔逊《抄工与学者:希腊、拉丁文献传播史》,苏杰译,第169页。

② E. J. Kenney: *The Classical Text*, pp.34、35.

veterum librorum collatione)①。

第五，中西学术史对于"对校""理校"的态度和心理有可以相照的地方。

"凭本"的校勘相对可靠，却无足称道。"凭理"的校勘饶有理趣，却不那么可靠。这样的认识，中西之间，可以说"心理攸同"。"对校"和"理校"的各种微妙纠葛往往与这种心理相关。

胡适指出："其实真正校书的人往往是先见古书的异文，然后定其是非。他们偏要倒果为因，先列己说，然后引古本异文为证，好像是先有了巧妙的猜测而忽得古本作印证似的。"②对于这些矫"对校"以为"理校"的"不忠实"的论述习惯，胡适加以痛斥，认为迷误后学。

在西方文本校勘实践中则有将理校冒充为对校的情况。肯尼《古典文本》有专门讨论："因为'理校'（*emendation ingenii ope*）的可靠性比依据权威本子所进行的修正（*emendation ex codicum auctoritate*）差一个档次，又因为更为严格的校勘家，至少在理论上，完全摒弃把主观猜测作为修正文本的一个合法依据，所以对于那些希望自己的见解得到认真倾听的学者来说，常常存在一种强烈的诱惑，即把自己的见解说成是来源于一个并不存在的抄本。一个很有名的例子是迪布瓦（S. Dubois），他把自己对西塞罗书信的文本的很多推测都说成是来源于他自己捏造、并分别称之为 Crusellinus 本和 Decurtatus 本的两个抄本；他甚至塞进'讹误'来

---

① E. J. Kenney: *The Classical Text*, pp.36、37.
② 胡适《〈元典章校补释例〉序》，陈垣《校勘学释例》，第 11 页。

掩盖自己作伪的痕迹。"①

考证著述中先言其理后举其据在西方也不乏其例,为了取信于人伪造本子的例子中国学术史上也不少见。不过,就中国校勘家矫对校以为理校、西方校勘家将理校冒充为对校的情形来看,胡适说中国崇尚理校、西方崇尚对校,倒也不是完全没有根据。

第六,胡适因为偏执于校勘的科学性,排斥理校,在西方亦有所宗,19世纪末20世纪初在西方的确有过类似的倾向。

肯尼《古典文本》指出:"正是以科学和方法的名义,19世纪最后二十五年,几位学者开始犯下过于保守的错误,使他们与更为温和的校勘家如维拉莫维茨和克鲁尔一起,受到豪斯曼尖刻的嘲讽。"②豪斯曼主张,校勘既是科学,也是艺术,对校是科学,修正则是艺术。③

第七,总的来说,西方学者主张应当在偏执对校的保守主义和拥抱理校的激进主义之间寻找到一种平衡,对理校有更为积极的态度。

肯尼《古典文本》:"理性的校勘,如果不加节制,完全和最迟钝的保守主义一样荒谬无理。一个好的校勘家,如果他清楚自己的工作性质,将会努力培养自己合适的激进和保守两种思维习惯。"同时,对代表偏于激进的理校,豪斯曼是充分肯定的。他曾经说过:"不能说所有保守的学者都是愚蠢的……但是说所有愚蠢的学

---

① E. J. Kenney, *The Classical Text*, p.33.
② Ibid., p.127.
③ [英] A.E.豪斯曼《用思考校勘》,苏杰编译《西方校勘学论著选》,第25页。

者都是保守的,却庶几得之。"①

五

通过以上对中国校勘学传统和西方校勘学传统的初步比较,不难看出,胡适将陈垣用古本对校《元典章》的做法等同于西方校勘学的新方法,其实是有一些问题的。

胡适说:"援庵先生对我说,他这部书是用土法的。我对他说,在校勘学上,土法和海外新法并没有多大的分别。"②当时校勘学的"海外新法",从西方校勘学史以及同时期日本学者池田龟鉴对西方校勘学的介绍来看,最为引人注目的是所谓"谱系法"。陈垣用《元典章》元刻本对校沈家本刻本,其实只是异文比对。当然,这样自觉的全面严格的异文比对是很重要的。不过,这与其说是科学的方法,不如说是科学态度,事实上并没有多少技术含量。相比之下,西方用于"对校"的谱系法,则是复杂成熟的科学方法。

西方学术史上,自觉的全面的版本异文比对也是相对晚近的事情。肯尼《古典文本》提到,文艺复兴时期的人文主义者在校勘问题上通常只在遇到难题的时候才从古抄本中寻找帮助,不愿意进行严格的、全面的对校③。全面系统的异文比对,是校勘走向科学的非常重要的一步。

中国也有学者强调陈垣的校勘与西方的不同。许冠三《新史

---

① [英] A.E.豪斯曼校勘整理《卢坎作品集》(*Lucanus*),1926 年,第 xxvii 页。
② 胡适《〈元典章校补释例〉序》,陈垣《校勘学释例》,第 6 页。
③ E. J. Kenney, *The Classical Text*, p.9.

学九十年》对陈垣校勘《元典章》做出评价:"是以土法治校勘学获得空前大成功,而岸然屹立于崇洋浪潮中的新史学家。"①这与胡适所论大相径庭。

无论是胡适的归同,还是许冠三的判异,他们在方法论上对陈垣校勘的意义都未免有所拔高,在对西方校勘学的了解上也都有不同程度的隔膜。

六

作为向中国介绍西方校勘学的第一人,胡适本人的学术兴趣、个人经历与他对理校的态度之间的关系也值得一说。

胡适 1915 年进入美国哥伦比亚大学哲学系,师从实用主义哲学家约翰·杜威。"实用主义",胡适译为"实验主义",强调科学和事实。在这些学术训练的基础上,胡适提出历史考证的"大胆的假设,小心的求证"这一著名的口号。学术研究之外,胡适在公共事务方面也颇有事功,1938 年至 1942 年曾任中国驻美国大使。

胡适有这样的学问和阅历,似乎更应该拥抱理校,而不是相反。

德国校勘学家科隆谈到理校时说,提出一个推测是"天才之能事"(affaire de talent),而证明一个推测则是"科学之能事"(affaire de science)②。肯尼也说:"推测是假设的另外一个名字,而假设的

---

① 许冠三《新史学九十年》,长沙:岳麓书社,2003 年,第 118 页。
② P. Collomp, *La critique des textes*, Societe d'edition, Les Belles Lettres, 1931, p.16.

形成和验证是一个严格的科学过程：校勘家的真正品质表现在他如何进行验证过程。"①这与胡适提出的"大胆的假设，小心的求证"如出一辙。文本考证说到底也是一种历史考证，而不纯粹是一个艺术的，或者审美的问题。也就是说，我们在取舍异文时，不是依准哪一个更好，而是哪一个更有可能是作者所写的，而这，毫无疑问是一个历史问题。

西方学术史上精于理校的大师除了法国的斯卡利杰、英国的本特利，还有荷兰的尼古劳斯·海因修斯。有学者说海因修斯理校的数量和水平可以比肩，甚至已经超越本特利。学者海因修斯后来成为外交家，有意思的是，这个身份被学术史家认为有助于其理校。桑兹说，"他公共生活的经验使他不致走向迂腐，促使他形成好的、冷静的判断，一种实践中的平衡感，以及一种表述清晰明白的倾向"②。曾经担任过外交家的胡适晚年从事《水经注》校勘研究工作，他在公共生活的经验对于他的校勘工作的影响究竟如何，也值得研究。

七

在谈及中西校勘学之不同时，胡适总结了三点："西洋印书术起于十五世纪，比中国晚了六七百年，所以西洋古书的古写本保存的多，有古本可供校勘，是一长。欧洲名著往往译成各国文字，古

---

① E. J. Kenney, *The Classical Text*, p.147.
② Sandys, *A Short History of Classical Scholarship*, Cambridge University Press, 1915, p.247.

译本也可供校勘,是二长。欧洲很早就有大学和图书馆,古本的保存比较容易,校书的人借用古本也比较容易,所以校勘之学比较普及……这是三长。"① 这个总结还是相当准确,富有启发意义的。尤其是第一点,从中西文献传播技术史的角度,点出了中西校勘学的最大的区别。

从古到今,文本传播大致有三种方式,经过了两次变革:一是抄写复制,每一个抄本都不相同;二是印刷复制,同一版的印本原则上是相同的;三是电子复制,所有的本子可以完全相同。文本复制的电子化是正在发生的变革,而从抄写到印刷,则是文献传播史上最重要的技术变革,对文本校勘的方法也有着革命性的影响。

《抄工与学者》曾提到印刷复制取代抄写复制时发生的情形:"印刷商对抄本往往缺乏爱惜珍重,一旦用过之后,抄本的终身就托付给了出版商,从此前途未卜。有许多不幸发生。"② 同样的情形肯定也发生在中国用雕版印刷取代抄写复制之际,因而宋代刻本所依据的抄本,几乎都已不见踪影。西方因为时代晚近,抄本大都保存完好。

美国书志学家格雷格指出,印刷复制条件下的(称作"书志学语境",bibliographical context)的文本谱系是"一元"的,这与抄写语境(scribal context),亦即抄写复制条件下的文本谱系有重要区别。③ 前者比后者要简单得多。

---

① 胡适《〈元典章校补释例〉序》,陈垣《校勘学释例》,第6页。
② [英]L.D.雷诺兹、N.G.威尔逊《抄工与学者:希腊、拉丁文献传播史》,苏杰译,第140页。
③ [美]杰罗姆·麦根《现代校勘学批判》,苏杰编译《西方校勘学论著选》,第253页。

西方的谱系法理论主要用于重建相对复杂的抄写语境下的文本谱系。中国古代典籍可以考见的传承证据,是数量相对有限、关系已经比较明确的印刷版本,因而不大用得到西方的谱系法。胡适完全没有提及西方当时最负盛名的谱系法,却依据陈垣的记载,画出了《元典章》的"底本源流表"。这大概可以说明一些问题。

八

毫无疑问,西方校勘学的理论和方法,要比中国校勘学复杂、深刻、系统。胡适说中国古来的校勘学不如西洋,当然不无道理。我们应当学习、借鉴西方校勘学的理论和方法,加强中国校勘学的理论建设。但是我们也不必妄自菲薄,低估中国古来的校勘实践。

理论来源于实践,又对实践有指导作用。这样的老生常谈当然是对的。但是具体到校勘理论和校勘实践,事情的确又有那么一点特殊。

在中国学术史上,校勘的理论大大落后于实践,甚至有学者说中国向来有校勘之事,无校勘之学。但是校勘理论的落后,不一定意味着校勘实践的低水平。胡适《校勘学方法论》中对中国古来校勘实践的评价有点过低了。

就像保罗·德曼在《回归语文学》指出的那样,语文学(或者说文献学)和理论是一对矛盾。语文学的终极任务是搞清楚古代文本作者究竟说了什么,这其实也是校勘学的终极宗旨。"校勘工作要求具体问题具体分析;校勘工作中碰到的任何问题都要看成可能是独一无二的"①，因而不能简单地从理论出发，执一以应万。豪斯曼模仿拉丁文格言"诗人是天生的，不是教会的"，说"校勘家是天生的，不是教会的"②，把校勘比作写诗。熟读诗词格律作诗方法并不能培养出诗人，同样地，校勘学理论著作也培养不出高明的校勘家。

以前听吴金华先生谈起过，写古籍校释理论著作的，往往不是一流的校勘家。后来在阅读西方校勘学论著时，得到了来自另一种学术传统的印证。肯尼《古典文本》："总的说来，理论家没有做过校勘或者校勘做得并不出色；最好的实践者不愿总结其方法，回避机械化。"③

西方学者对校勘理论在校勘实践中的作用有清醒的认识。他们认为，理论基础是必要的，但学生并不能因此而通行天下。韦斯特说，"一旦基本原则被掌握之后，接下来所需要的就是观察和练习，而不是进一步穷极理论的究竟"。校勘问题的解决，关键在校勘者要对古代作者所处时代的语言文字、典章制度，社会生活方方面面有细致准确的认识和了解，要对作者所有作品烂熟于心，而这些，都不是简单的教条所能教会的。

关于校勘学的理论和方法，肯尼有一句话说得非常好，我们借用来结束这篇文章——

> 正如豪斯曼所说，校勘的方法和规则不过是常识的法则

---

① ［英］A.E.豪斯曼《用思考校勘》，苏杰编译《西方校勘学论著选》，第26页。
② 同上。
③ E. J. Kenney, *The Classical Text*, p.143.

化罢了,而关于常识,没有哪个时代或者哪个国家有垄断权。①

(原刊《薪火学术:纪念章培恒先生诞辰八十七周年暨逝世十周年》,复旦大学出版社,2022年,第146—163页)

---

① E. J. Kenney, *The Classical Text*, pp.101-102.

写本书时代西方古典文献传播与校勘的历史回顾

——《抄工与学者：希腊、拉丁文献传播史》述论

纵观世界书籍史，文本的复制传播大致有三种技术手段，一是抄写复制，二是印刷复制，三是电子复制。电子复制能做到原本和副本完全相同，这是近几十年正在发生的事。印刷复制原则上同版同印次的副本文本相同，中国大约开始于10世纪，西方开始于15世纪。在此之前的数千年里，文本都是通过手工抄写复制，每一次复制都不可避免地存在讹变失真。《抱朴子内篇·遐览》："谚云：书三写，鱼成鲁，虚成虎。"①古人有见于此，在抄写传播的同时，也通过校勘整理努力恢复作者文本的原貌。《抄工与学者：希腊拉丁文献传播史》②（以下或简称《传播史》）正是聚焦于抄写复制与校勘整理，对写本书时代西方古典文献的传播历史进行回顾，是西方古典文献传播史的经典学术名著。

---

① 〔晋〕葛洪撰，王明校释《抱朴子内篇校释》（增订本），北京：中华书局，1985年，第335页。
② ［英］L.D.雷诺兹、N.G.威尔逊《抄工与学者：希腊、拉丁文献传播史》，苏杰译，北京：北京大学出版社，2022年。

我们结合中国古典文本复制传播与校勘整理的历史和现状,对这部书略做述论。

一

《传播史》的作者为什么要进行这个历史回顾?是为了让读者更好地认识古典文本。古典文本经历千百年传到今天,往往存世有多个本子。校勘整理者要在多个本子的异文之间进行取舍,在确立校勘文本的同时,还要用"校勘记"(apparatus criticus)的形式简要表明自己取舍的理由和校正的依据。此即所谓"学术性校勘整理"(scholarly edition)。当代人阅读、了解希腊拉丁古典文本,面对的一般是学术性校勘整理本。要对古典文本有全面深刻的认识,就要对校勘记中来自不同历史时期的各个本子的由来有所了解,同时还要对校勘者工作的原则和方法有所了解。所以这本书在对古典文本的传承情况进行历史回顾之外,最后还有一章是对校勘学的简要介绍。

二

《传播史》由莱顿·雷诺兹(L. D. Reynolds,1930—1999)和奈杰尔·威尔逊(N. G. Wilson,1935—)合著。两位作者都是牛津大学的古典学教授。雷诺兹主要从事拉丁古典文献研究,威尔逊主要从事希腊古典文献和拜占庭文化研究。虽然序言里没有明说,但实际上该书就是威尔逊负责希腊古典文献的总结介绍,雷诺兹负责拉丁古典文献的总结介绍。尽管是两人合著，但几乎没有风格差异和内容重叠。唯一可以略加訾议的是，第四章的第六节和第八节分别介绍 15 世纪的拉丁古典学和希腊古典学，对兼擅二者的波利提安都重点论及，相关内容难免有所交叠。书中着重论及的学者，在其名字首次出现时括注其生卒年；对于波利提安，在第六节（第 178 页，边码，下同）和第八节（第 194 页）两处括注其生卒年。这算是合作未臻无间的一点痕迹吧。

作者在序言里明确说这本书是针对初学者的入门读物，有些中国读者说像是"教材"，当然不无道理。但是不能依准中国学界重专著轻教材那套评价系统来看待这本书。它不像中国有些教材那样摭拾陈言敷衍成篇，而是由一线学者根据直接经验完成的首创性的概论著作。

据说西方古典学者认为最有分量的学术贡献之一，是推出某一部古典著作的得到学界认可的新的整理本。牛津大学出版社有一套著名的"牛津古典文本"（*Oxford Classical Texts*）丛书，雷诺兹和威尔逊都贡献了整理本。雷诺兹整理的是塞涅卡《书信集》（1965）、塞涅卡《对话录》（1977）、《萨卢斯特》（1991）、西塞罗《论至善与至恶》（1998）。威尔逊整理的是《索福克勒斯剧作集》（1990）、《阿里斯托芬剧作集》（2007）、希罗多德《历史》（2015）。

他们对这些古典文本的校理，都是在全面梳理其传承历史的基础上进行的。1965 年雷诺兹的"牛津古典文本"系列的塞涅卡《书信集》出版，配套出版了专著《塞涅卡〈书信集〉的中世纪传承》，厘清了诸抄本之间的关系，令人信服地解决了不少文本难题。雷诺兹的这套心法来自他的老师，牛津大学拉丁古典学教授罗杰·

迈纳斯（Roger Mynors，1903—1989）。他们都认为全面梳理某个文本的所有抄本，厘清其传承史是具有重要意义的工作。1983年牛津大学出版社出版的《文本与传播：拉丁古典概览》(Texts and Transmission: A Survey of the Latin Classics)，是为庆祝迈纳斯教授八十寿诞而编写的特别纪念论文集，作者主要是迈纳斯的学生，雷诺兹撰写其中多篇并担任主编。该书对一百多种拉丁古典文本的抄本系统进行梳理，有许多文本画出了谱系图。

从作者的治学经历不难看出，他们对希腊拉丁古典文献在抄写时代的传承历史的总结介绍，绝非道听途说，撷拾旧言，而是经验之谈，有为而作。两人分别在拉丁古典文本和希腊古典文本的研究和整理方面贡献卓著，先后成为英国人文与社会科学院院士。当然，《传播史》是两位作者青年时期的著作。1968年第一版问世时，雷诺兹38岁，威尔逊33岁。学术大师年轻时的著作，不仅在学问上高屋建瓴，纲举目张，在行文上也是感情充沛，警策动人。

第一章第九节"4世纪西罗马帝国的世俗世界与基督教世界"，叙述了当文明彪炳的古代世界步入黑暗中世纪之际，罗马贵族对自己文化遗产的徒然捍卫。其中提到马克罗比乌斯《农神节》一书所记录的一次学术宴谈："这个社会的成员们，当自己的世界在身边分崩离析之际，还在以伟大的罗马共和国时代深湛的学养讨论着罗马生活和文学的微妙问题。"（第47页）

6世纪末，隋朝初年，陆法言、颜之推等前朝贵族在陆家，"夜永酒阑，论及音韵"①。比较中西学术史上两次失势贵族的学术聚

---

① 〔隋〕陆法言《切韵序》，《宋本广韵》，据张氏泽存堂本影印，北京：中国书店，1982年，卷首第11页。

谈,与谈者之身份、心境,以及"博问英辩"①之高妙,可以说,陆法言所记与马克罗比乌斯所记,差相仿佛。但陆法言所面对的,不过是王朝更迭;马克罗比乌斯所面对的,却是文化沦亡。隋以后是唐,是宋,是中国古典文化兴盛之世。5世纪以后,欧洲进入长达一千年的黑暗中世纪,古代典籍很少有人阅读,很少有人传抄,不少典籍就此亡佚,有些则是单本孤存,命悬一线。

三

针对《抄工与学者》这一书名,有读者评论说:"小心被书名误导了,此书主题是古典文献传承史,有关抄工的内容加起来不到两页。"首先必须说,这个说法未免夸大其词,关于抄工的内容绝非如此之少。其次不难明白,相比于学者而言,抄工的历史能见度本来就很低。那么,一部"古典文献传承史",为什么要冠以"抄工与学者"的名字,以"抄工"打头呢?

G.托马斯·坦瑟勒《校勘原理》曾说:"当一个人企图创造一件语言艺术作品时,他瞄准完美,瞄准独立实体的客观性,将其从头脑中发射到一个地方,希望他人可以从那里发现并获取。"②所有语言文字作品,其意义的实现,都是从作者到读者的信息传递。而古典文献,辗转万里,绳继千年,传久而行远,将作者表达的信息传递给不同时期、不同地域的众多读者,在印刷术发明之前,这一传

---

① 〔隋〕陆法言《切韵序》,《宋本广韵》,卷首第12页。
② [美]G.托马斯·坦瑟勒《校勘原理》,苏杰编译《西方校勘学论著选》,上海:上海人民出版社,2009年,第212页。

播过程得以实现的中间传递者,是抄工。

借筏到岸,登岸则舍筏;因指见月,见月而忽指。作为中间传递者的抄工,被忽略是其宿命。就像正常状态下,人感觉不到自己的器官那样,让读者忘记其存在,也是抄工达成使命的正常状态。职是之故,历史上的抄工大多已难知其详,甚至没有留下姓名。但是出自他们之手的抄本,却让古典文献不绝如缕,传承至今。抄本是《传播史》的核心主题,书后《抄本索引》就有十几页之多。①

作为信息的中间传递者被意识到的时候,往往是出错的时候。中国很早就开始了雕版印刷,与西方的抄工地位相当的是刻工。刻工的另一个名字"手民"被提及时,后面往往跟着一个"误"字——"手民误植""手民之误"。其实在数字化复制之前,几乎所有的复制和传播都存在走样失真的问题,甚至复印机复印、录音机翻录也不能例外。文本的手工抄写复制当然更是如此。因而如果说被忽略,是抄工的宿命,那么,讹变,则是抄工挥之不去的原罪。

自从有文本传播以来,人们也一直在努力消除文本复制过程中的走样和失真,希望与作者会心莫逆。随着时代的推移,作者与读者之间的时间间隔越来越大,语言文字以及文化的差异也越来越大,需要有人从中沟通弥合。这个消除讹误、训释疑难的角色就是学者。需要说明的是,这里的学者,指古典学者。桑兹《古典学术史》开篇援引了知识界关于"学者"的几段描述,说学者常常特指

---

① [英]L.D.雷诺兹、N.G.威尔逊《抄工与学者:希腊、拉丁文献传播史》,苏杰译,第 403—422 页。

这样一类人:他们的特点是,"熟悉所有最好的希腊、拉丁作家","不仅将他们的语言和思想藏于腹笥,而且因与这些古昔先哲盘桓日久,受其熏染,形成了自己的判断力,提升了自己的品味";他们的使命是,"如果好学,那就将时间所漫漶者誊抄清楚,从其獠牙中救回真实"。① 当然,理想是一回事,现实是另外一回事。就像职司治病救人的医生,资质庸劣者往往反而会损害病人,庸黯而又鲁莽的学者,往往也会给文本带来更多的讹误。

在古代的作者和现代的读者之间,除了抄工与学者之外,还有前代的读者。当然,抄工和学者同时也是读者。这些前代的读者对文本也有影响。极而言之,一本书如果没有读者感兴趣,那么它就不会被抄写复制,原来很少的抄本,很难保证其逃过风化虫蛀、水火灾患和战争破坏留存下来。如果一本书某个时期的读者过于热衷,其对前代文本咬文嚼字式的研读,也会给文本带来一些不好的影响。作者序言表明写作宗旨时还提到,"同时展示古代和中世纪的读者或学者在何种程度上与古典文本的保存和传播相关",原因就在于此。

四

古典文本迭经传抄,渐失其真。学者逆溯这一过程,尽可能切

---

① John Edwin Sandys, *A History of Classical Scholarship*, Vol. I (Martino Publishing, 2003), p.1. 最后一句乔治·赫伯特(George Herbert)的诗,桑兹只引了前半句。后半句"从其獠牙中救回真实"(Redeem truth from his jawes),据 *The Poetical Works of George Herbert* (London: George Bell and Sons, 1891), p.15。

近地恢复文本原貌,是所谓校勘。《传播史》在对古典文本传播历史进行回顾的同时,还专门用最后一章对校勘学的理论展开讨论。正是由于这方面的内容,中译本所撰导言特别推荐此书,说这是西方古典学界"真正意义上的古典文献学著作"①。

《传播史》前面几章对古典文本从古到今传承过程的历史回顾,按照欧洲历史研究的传统,大致分三个阶段:古代、中世纪、近现代。每个阶段,两位作者分别对希腊古典文本和拉丁古典文本的传播情形进行总结论述。对文本传播史的论述,涉及思想史、文学史、教育史、图书史、语言文字史等各方面的因素,各部分根据具体情形有所侧重详略,而各个历史时期学者对古典文本进行校勘训释的理论和实践,则始终是叙述的重点。可以说,古典文本传播的历史,同时也是对其进行校勘整理的历史。

五

古代(antiquity)是古典文学的繁盛时期,又叫作"古典时代"(classical antiquity,或 classical age)。在以地中海为中心的古希腊—罗马世界,从荷马史诗(约前 8—前 7 世纪)开始到西罗马帝国的灭亡(5 世纪)为止,希腊文学和拉丁文学的辉煌后先相继,彼此交织,共同构成古典文化——西方文化的古典源头。

---

① 张强《"Classical Scholarship"、"Klassische Philologie"与"古典文献学"》,[英]约翰·埃德温·桑兹《西方古典学术史》第 1 卷,张治译,上海:上海人民出版社,2010年,第 7 页。

(一) 古典时代希腊文本的传承与校理

关于古典时代希腊文本的传播,作者的叙述从古风时期(archaic period)开始,对古典希腊时期(classical Greece)也只是约略提及,资料比较多,叙述比较详细具体的,是希腊化时期(Hellenistic period)。

古风时期(前8—前6世纪),文本尚未形诸文字,只是口头传播。荷马史诗曾以口头形式传播了几百年之久。古风希腊有口头撰作、口头传播的传统,甚至在使用文字之后,传统的惯性仍让人们觉得没必要立即用来记录《荷马史诗》(第1页)。哈夫洛克(Eric A. Havelock)《缪斯学书:口头传统和书面传统的古今演变》有论曰,口头传统在很长一段时间内与书面传统并存,缪斯"在继续歌唱的同时,学会了阅读和书写",而希腊文学也渐次完成了从荷马到亚里士多德的演变。[①] 坦瑟勒《校勘原理》第一节论及"文本的本质",指出:"语言作品的结构是抽象的,并不受制于它们口头表述或书面记录的局限性。"[②] 如此探骊得珠,直抉根本,或许与西方古典文本传播史开端的这种情形不无关系。

古典希腊时期(前510—前323),苏格拉底、柏拉图、亚里士多德师生三代生活其间,比孔子(前551—前479)的时代略晚。孔子曾说:"夏礼,吾能言之,杞不足征也;殷礼,吾能言之,宋不足征也。文献不足故也,足则吾能征之矣。"[③] 句中"文献"二字,"文"是以书

---

① Eric A. Havelock, *The Muse Learns to Write: Reflections on Orality and Literacy from Antiquity to the Present* (Yale University Press, 1986), pp.22-23.
② [美] G.托马斯·坦瑟勒《校勘原理》,苏杰编译《西方校勘学论著选》,第181页。
③ 程树德《论语集释》,北京:中华书局,1990年,第160页。

面形式记录的知识;"献"的意思是贤人,则是以口头形式传承的知识。显然,孔子时代书面传承是主流,口头传承是补充。《史记》载,孔子晚年读《易》,"韦编三绝"①。当时的图书形式是竹简编联而成的"册"(不是"册子"。"册"是个象形字,其实也就是竹简连缀而成卷轴形式)。古典时期初期,希腊甫用腓尼基字母,开始其书写传统。据柏拉图的记述,苏格拉底曾说过,"任何人都可以在剧院花一个德拉克马买到阿那克萨哥拉的作品"。这是刚刚开始的古希腊图书业的早期记录。根据存世希腊化时期文物上溯推论,古典希腊时期图书应该是纸草卷轴。纸草卷轴容易磨损,不易查检,故而早期的引用,往往凭记忆做出。《传播史》据此讨论古代图书材质形制对文本内容的影响,认为"古代作家引用他人著作,常常会出现大的不同,原因就在于此"(第3页)。显然,中国早期文献亦可作如是观。古典希腊时期,文本在传抄过程中已有严重讹误。官方对于重要的戏剧作品,有正式文本保存在公共档案馆(第5页)。

接下来是希腊化时期。Hellenistic(希腊化)的词根 Hellenist,意思是"会说希腊语的人"。希腊化指亚历山大大帝(亚里士多德的学生)军事征服之后,希腊文化影响周边其他文化的过程。这与"汉字文化圈"的名称②,以及中国文化对周边韩国、日本、越南等国的影响,差可比拟。公元前323年亚历山大之死标志着希腊化时期的开始,前31年罗马征服埃及托勒密王国(作为亚历山大帝国继

---

① 〔汉〕司马迁撰,〔南朝宋〕裴骃集解,〔唐〕司马贞索隐,〔唐〕张守节正义《史记》,北京:中华书局,1982年,第1937页。

② 《传播史》日译本《古典の継承者たち》(西村贺子、吉武纯夫译,国文社1996年)第二章的标题是"東のギリシア語圏",意思是"东部希腊语圈"。

承者的希腊化国家)则标志着希腊化时期的结束。

希腊化时期,希腊文化的地理中心从希腊的雅典城转移到了埃及的亚历山大城。在那里朝廷设立了社会科学暨自然科学研究院——缪斯宫(museum,今天这个词的意思是"博物馆"),并形成了具有相当规模的公共图书馆。图书馆聚书当然是一个抄本迁移的过程。据说托勒密一世为了得到阿提卡悲剧的准确文本,抵押金钱从雅典公共档案馆借出其官方本子,然后留下原本不还,放弃押金(第7—8页)。

图书馆聚拢了大量图书,同一部书可能会聚了几个不同的抄本。孰优孰劣,如何取舍?因应这些问题,缪斯宫的学者们开始自觉地校勘整理和学术研究。这些学者在西方古典学术史上被称为"亚历山大文法学者"(Alexandrine grammarians)。需要说明的是,这里的"文法学"并不是"语法学"grammar 的词根 gram,意思是书写、文字。"文法学"相当于"语文学"(philology)或者"小学"。文法学者从语言文字入手去解读、校理古典文本,大约相当于中国所谓"由小学入经学"。亚历山大文法学者的代表,有缪斯宫图书馆第一任馆长泽诺多图斯、他的学生卡利马库斯,以及后面担任图书馆馆长的阿里斯托芬奈斯和阿里斯塔克斯等人。

亚历山大图书馆学者对聚拢起来的古典文本所做的工作,主要是编写目录和校正文本。这与西汉刘向、刘歆(时代比泽诺多图斯晚大约两百年)校中秘书(宫廷藏书),编写书目,"中国历史上第一次由官方主持的大规模典籍整理工作"[①],情况差相仿佛,影响

---

① 邓骏捷《刘向校书考论》,北京:人民出版社,2012年,第88页。

则有过之而无不及。刘向、刘歆校中秘书,其所开创的学术传统,后人以广义的校雠学来概括,不过"向歆之学",一般则是指目录学。亚历山大之学,也有卡利马库斯首次编写书目,但是更为重要的,则是文本校勘。比起刘向等人的校理工作,亚历山大学者在校勘方面有以下几点值得称道:

一是校理范围更加广泛。亚历山大学者校理了所有古典文本,"为受过教育的一般公众的阅读提供了所有作家的标准文本"(第10页)。

二是其校勘成果公开发表。亚历山大学者不仅正确地校正了古典文本,而且成功地将其校正本树立为标准:或将一个母本放在某个公共机构供人照抄,或雇专业抄工为市场准备副本(三百年后,东汉公布经典定本的方式是刻石,如"熹平石经")。

三是其对文本的处理方式更加科学合理。被誉为"清代校勘第一人"的顾广圻(1770—1839),其广为人知的主张是"不校校之",即在"照摹旧本一字不易"(所谓"不校")的同时,附考证以讨论文字的得失,供读者参考(所谓"校之")①。而比顾广圻早两千年的亚历山大学者们的做法,正是"不校校之"。图1是2世纪纸草抄本,上有亚历山大学者的校勘符号,符号所对应的校勘文字,载于另卷。图2是同书同一段内容的10世纪羊皮纸抄本,亚历山大校勘符号所对应的考证文字,被抄在书的边白处。

亚历山大图书馆和亚历山大学派为一时之盛。不久,邻近的帕加马(今属土耳其)有帕加马图书馆和帕加马学派与之竞争。帕

---

① 王欣夫《文献学讲义》,上海:上海古籍出版社,2005年,第260页。

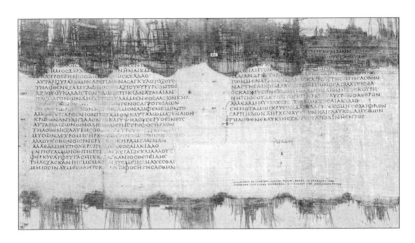

图 1　2 世纪纸草抄本

加马学派最为知名的代表人物,同时也是帕加马图书馆第一任馆长,是马洛斯的克拉底斯(Crates,前 200—前 140)。克拉底斯既是希腊文法学家,也是斯多噶哲学家,号称"鉴别者"(kritikos)。他刻意区分"鉴别学"(criticism)和"文法学"(grammar),认为后者从属于前者:文法学家只是通过文法来训释疑难,校正文本;而鉴别者则要通天彻地,参详万物以解释典籍,寻绎物理。按照西方后来关于古典学问的分类,有所谓"高级鉴别"(higher criticism)和"低级鉴别"(lower criticism),后者就是文本校勘(textual criticism),而前者则要"知人论世";还有所谓"哲学"(philosophy)和"语文学"(philology)之分,或译为"理学"和"朴学"。克拉底斯则是将低级鉴别与高级鉴别、理学与朴学混合为一。美国汉学家韩大伟将西方古典学称为"西方经学",或许不无可议;不过,他将亚历山大学派和帕加马学派分别比作中国的古文经学家和今文经学家,却

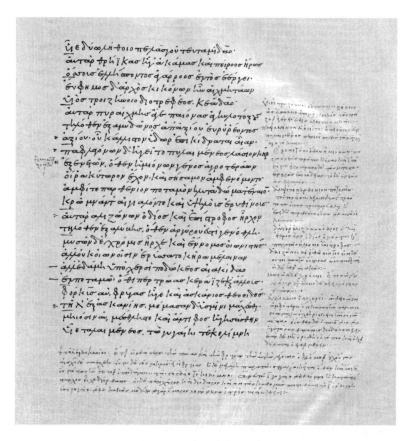

图 2 10 世纪羊皮纸抄本

是有他的道理的。①

(二) 古典时代拉丁文本的传承与校理

关于古典时代拉丁文本的传播,作者的叙述大致按罗马文学

---

① [美]韩大伟《西方经学史概论》,上海:华东师范大学出版社,2012 年,第 59 页。

的兴衰，分为共和国后期（前 3—前 1 世纪）的兴起、帝国初期（前 1—1 世纪）的发展、2 世纪的复古、3—4 世纪的梗概化和碎片化传承，以及 4 世纪的沦亡，共五个时期。另外还有两节，对 2—4 世纪图书形制从卷轴到册叶的演变，以及古代晚期抄本中关于文本校释活动的跋识，分别进行了专题讨论。

与希腊先有文学后有文字的情况不同，罗马人在希腊字母的影响下比较早就有了拉丁字母，但是直到公元前 3 世纪共和国后期，才开始有可以与希腊文学相提并论的拉丁文学。拉丁文学的思想内容深受希腊文学的影响，其图书形式也效法希腊，是纸草卷子。而关于文本的校勘训释，也是师从希腊。共和国时期最有名的文法学家埃利乌斯·斯底洛，是亚历山大学派阿里斯塔克斯的再传弟子。

罗马帝国初期，经历了拉丁文学的黄金时代和白银时代，图书业繁荣，藏书成为风尚，学校教育奠定了垂范久远的模式，文本考订训释仍然沿用亚历山大学派的方法。胡适论及西方校勘学之优于中国时，曾提到一个重要因素是西方发达的公共图书馆[1]，这在罗马帝国初期可谓盛极一时。帕拉廷图书馆首任馆长西吉努，像亚历山大图书馆几任馆长一样，也是文本研究的专家，而且值得注意的是，他将考证的范围，拓展到同时代作家（比如维吉尔）的作品。当代作品进入学校教学大纲，无疑有利于其文本传久行远。而在抄写传播时代，读者咬文嚼字式的研读抄录，对于文本也有不好的影响。然而这些大众化因素对于流传至今的古典文本的影

---

[1] 胡适《〈元典章校补释例〉序》，陈垣《校勘学释例》，上海：上海书店出版社，1997 年，第 6 页。

响,可能并没有我们想象得那么大,因为存世的古典文本,主要来源于得到很好护持的公私图书馆(第33页)。这一点,在考量、比较中国出土文献与传世文献时,应当不无借鉴价值。

2世纪,白银时代过后,文学风气繁缛虚浮,文胜于质,原创文学陷于中衰。物极必反,于是由文反质,形成文学复古之风。好古风尚对文本传播的影响,一是使一些早期作家的文本再度得到阅读和复制,因而获得了留存下来的机会;二是旧抄本因为近古存真,受到追捧;三是人们对各种抄本进行全面对校,以求其古,以求其真。

3世纪,文化中衰因政治混乱、经济崩溃进一步加剧,人们对前代的书大多已失去完整阅读和抄写的兴趣。为了更快捷地获取知识,一些大部头的典籍被缩写为纲目梗概,多部书被汇集类编为便览,而当时所做的注本和编写的文法书(相当于中国的"小学类"著作),也多所征引……凡此种种,皆以梗概化和碎片化的方式使古典文本得以留存。3世纪正当中国的三国时代,中国也有类似的情形堪为对照。魏武帝曹操抄撮《孙子兵法》,名曰《兵法接要》;魏文帝曹丕命臣下汇编群书,名曰《皇览》,为类书之祖。稍晚裴松之《三国志注》、刘孝标《世说新语注》,都广征博引,而小学书如《说文解字》等,也时见引据典籍。无论是西方还是中国,这些纲目、便览、注本和小学书,都保存了相关典籍的梗概和片段,成为我们认识、考证相关文本的重要资料来源。

2—4世纪,图书的物质方面经历了一个重大变化,材质从纸草改为皮纸,形制从卷轴改为册叶。这个变化对古代文本的传承意义非常重大。作者认为这一变革可能起源于早期基督徒,罗伯茨和斯基特《册子本起源考》也将这一变革归因于基督教,高峰枫先生在《册子本起源考》中译本前言里总结了关于这一问题的新近讨论,认为"应更多归因于社会史和技术史"①,可以参阅。

4世纪,罗马皇帝君士坦丁皈依基督教,几十年之间,世俗文学成为异教文化,古典世界渐告终结。不过,古典文化仍然是基督教文化汲取的资源。古代晚期有些抄本的末尾有跋识程式化地记述文本校正工作。后来的抄本将这些跋识一并抄录,为我们认识古代晚期的校勘实践提供了宝贵的线索和证据。

六

辉煌的古典时代结束之后,欧洲陷入了漫长的黑暗中世纪。环地中海的希腊罗马世界,东部是希腊化地区,说希腊语,西部说拉丁语。395年罗马皇帝狄奥多西一世临终前,将帝国分为东西两半,分别由两个儿子继承。东罗马帝国崇尚希腊文化,后来更以希腊语为官方语言,绵历近千年,几乎与中世纪相终始。东罗马的首都君士坦丁堡是希腊化时期的拜占庭古城,后来的历史学家为了将中世纪东罗马的希腊文化与古典时代的希腊文化相区分,便称其为拜占庭文化,而东罗马帝国又称拜占庭帝国。关于古典希腊、拉丁文本在中世纪的传承和整理研究,《传播史》分为两章展开叙述。第二章题曰"东方希腊文化",第三章题曰"西方拉丁文化"。

---

① [英]C.H.罗伯茨、T.C.斯基特《册子本起源考》,高峰枫译,北京:北京大学出版社,2015年,第26页。

（一）希腊古典文本在罗马帝国时代及中世纪的传承与校理

第二章关于古典时代之后希腊典籍的传承与整理研究的叙述，总体上也是按照时间顺序分专题介绍，但并不是从中世纪，而是从罗马帝国时代开始。

希腊先是在政治、军事上被罗马征服。对于希腊古典文学在作为学习者和继承者的罗马人的统治之下，是如何发展和传承的，作者首先进行了介绍。就像罗马在原创文学中衰之后出现复古倾向一样，希腊化地区在罗马帝国时代也形成了文学创作上的拟古倾向，被称作"阿提卡主义"，即在语言运用上依准阿提卡（雅典）古典作家的习惯，规行矩步。这种墨守古代典型用法的文学风尚，对古典文本传承带来的影响，值得重视。"学校教育对语言的辨析入微，其结果并不全然是好的。它们将阿提卡方言的词形和变化灌输到学生的头脑中，其影响如此之深，以至于当一个受过教育的人抄写一个文本时，会倾向于用他所熟知的阿提卡词形替换其他希腊方言的词形。"（第61页）

接着希腊与其征服者罗马一起，在宗教上、思想上被基督教征服。希腊古典文学在作为反对者和改造者的基督教会的统治下是如何存在和传承的？第二节回答了这个问题。与人们设想的有所不同的是，基督教会并没有系统地禁毁古典文学图书，没有发现一个针对古典文本采取极端措施的实例。古典文本的亡佚主要是因为大多数基督徒没有阅读的兴趣，因而也就没有足够多的抄本确保其在战火和毁坏的时代得以留存。基督教学者往往对古典文学并不陌生，而奥利金更是将亚历山大文献考证学的方法和符号应用到《旧约》文本的校勘中。

在拜占庭时代早期（4世纪末至9世纪），学校教育中仍然注重培养拟古风格，并且将古文运动作家的作品也列为范文（就像将韩愈、柳宗元的散文和秦汉散文一并列为模仿对象）。学术上的演进主要是将以前别卷另抄的校注文字，抄写到文本的边白处。这个新的形式其实也包含着汇编筛选的工作，其实也就是"集注"的形成。大众阅读的古典文学作品的范围持续收窄，中世纪早期流传书目已与今天存世书目相差无几。

拜占庭时代早期，希腊文本，包括《新约》以及古典哲学、自然科学、数学等著作，被译为叙利亚语、阿拉伯语和亚美尼亚语等语言。有些译本可能对校正希腊原本有所帮助。胡适在论及西方校勘学之所以优于中国时，曾提到西方文本存在古译本。① 这是中国古典文本校勘所不具备的条件。

在9世纪，拜占庭有过一次学术中兴。摄政王巴尔达斯重振帝国大学，学术讨论，包括神学论战，促进了对图书的寻求。这一时期文本传承技术上有两点变化，一是中国造纸术传入西方，二是书体由大写改为小写。对图书的寻求和写本书制作技术的革新都促进了图书的抄写。希腊文学流传至今的文本，都可以追溯到这一时期或者稍晚用小写体抄成的写本。9世纪最伟大的学者是在教会中担任牧首的弗提乌斯，其所撰《群书提要》，是对其二十年间所读世俗图书和基督教图书的提要和评论，其中甚至包括异端和反基督的书，算是中世纪基督教并未实施出版审查的一个证据。

---

① 胡适《〈元典章校补释例〉序》，陈垣《校勘学释例》，第6页。

其所编《词典》引用的书证，保存了当时文本的片断。另一个重要学者是卡帕多西亚该撒利亚大主教阿里萨斯，其在图书上的批注文字，实物留存到了今天，见图3。

10—15世纪是拜占庭时代晚期。10世纪君士坦丁七世主持编纂的类书性的治国手鉴，保存了一些今已亡佚的典籍的片断，类书性质的《苏达辞书》，是最早的按字母顺序编排的百科全书。修士以法莲所抄图书今存数种，笔迹可以勘同。由此可以推知，古代文本的抄写，掌握在一小部分学者和专业抄工的手中。

11世纪君士坦丁九世创立法学学院和哲学学院，哲学学院院长普塞罗斯有些论札存世，显示出他在古典文学方面的广泛阅读，对异教文学和教父文学都有浓厚兴趣。12世纪初，安娜·康尼娜曾委任学者为亚里士多德著作做注。大主教尤斯塔修斯对古典文学有广泛的阅读，为古典作家做的注极有价值。其为《安提戈涅》所做注引用的善本，给出了其他所有本子都阙漏的几行的全文。其为《伊利亚特》所做的注，竟有1 400页之多，有些注文发挥过度，并不切题。与尤斯塔修斯同时期还有泰泽和蔡尼亚提斯，从他们为古典文本所做的注和学术书简中可以窥知，他们仍能读到比我们所能看到的更多的古典文本。

13世纪初，1204年十字军东侵劫略了君士坦丁堡，对典籍毁坏极为酷烈。播迁中的皇室贵族仍在阅读古典文本，但是已没有高级学术研究或者为古典文本做注的迹象了。后来希腊帝国虽回到旧都君士坦丁堡，但高等教育总体上乏善可陈。

13世纪末14世纪初出现了拜占庭学者关于古典文本的最好研究著作。一是修士普拉努得斯，其人通拉丁文，对拉丁文教父著

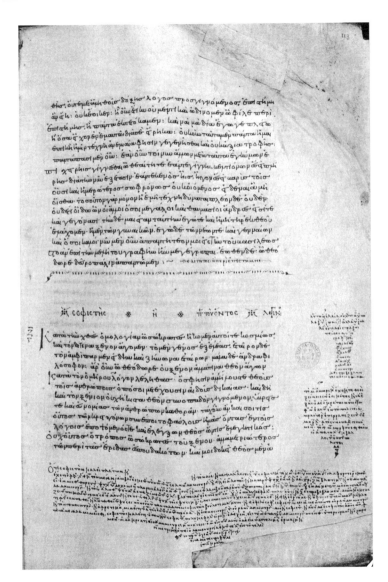

图 3 阿里萨斯的批注

作颇有涉猎。其关于希腊古典文本的研究，意义重大。他曾编写古典诗集，整理了一部《希腊诗选》校订本，收入颇多未见于帕拉廷本的短诗。不过，他在整理中任意删改古典文本，招致批评。二是学校教师崔克利纽斯，在教科书文本整理方式上有所贡献。崔克利纽斯是第一个掌握了古典诗歌格律并加以运用的拜占庭学者，堪称现代文本整理的先驱，有些校正得到了现代校勘家的普遍赞同。普拉努得斯和崔克利纽斯是对古典文本有着持久影响的晚近拜占庭学者，其所贡献的异文，可能出于当时学者敏锐识见的理校，也可能是来自某个已失其源的传承支系。这一时期被称为"帕里奥洛吉文艺复兴"。拜占庭学者对古典文本有广泛的兴趣，守先待后，功不可没。

（二）拉丁古典文本在中世纪的传承与校理

随着基督教征服罗马，西罗马帝国崩溃，在环地中海西部拉丁语地区，知识的生产者、传播者和掌控者从罗马贵族转变为基督教会。图书的生产中心和图书馆一并转移到修道院，不过图书制作的技术并不曾失坠。标志人物是意大利迦修多儒，540年他在意大利南端建立维瓦利姆修道院，强调仔细复制文本的重要性，着意侵夺世俗社会对高等教育的垄断。圣本笃创立卡西诺山隐修院，其制定颁行的规则强调阅读，塑造了以后几百年修道院的行为模式。伊西铎是传播和阐释古代学问最有影响的人物，他从教父著作、集注和类书中汲取古典知识。这一时期教父著作、圣经和礼拜文本流传下来不少，但是抄于这一时期的古典文本却难得一见。许多旧羊皮书上原来抄写的古典文本被刮去，重新抄上基督教文本，此即所谓"重写本"。

"礼失而求诸野",边缘地区往往成为文化存续的关键。偏处一隅的爱尔兰,5世纪起拥有拉丁文化,首先燃起学习古典的热情,无所顾忌地研习拉丁古典。代表人物是修道院长科伦班努。科伦班努在欧洲大陆传教,将拉丁古典文本带到各地。爱尔兰的拉丁文化在英格兰扩散时,罗马教皇大格里高利派奥古斯丁到英格兰传教,奥古斯丁成为第一任主教。7世纪由狄奥多和哈德良进行第二次传教。两人都带来了大量的书籍,这些抄本书主要来自意大利罗马,作为范本也将拉丁字体带到英格兰。

在爱尔兰和罗马合力影响下的盎格鲁-撒克逊传教士,7—9世纪到欧洲大陆传教。传教热忱和世俗兴趣的结合,催生了一些教会中心如美因茨和符兹堡,以及修道院如富尔达等,这些宗教中心都担任着典籍的收藏和生产功能。与修道院一起,盎格鲁-撒克逊传教士还将一种字体和人文主义知识观带到欧洲大陆。盎格鲁拉丁文化推动欧陆知识重生,对拉丁文献的复兴和留存贡献巨大。有些存世文本有明确证据显示其抄写于英格兰,有些文本则由于其特殊异文(其讹变之由可由当时的英伦字体得到解释,被称为"英伦岛症候")可以推知其祖本可能是英伦岛抄本。

8世纪末9世纪初拉丁古典文学有一次复兴,是加洛林王朝查理曼推动的结果。为了改变当时教会牧师对于拉丁文的无知现状,查理曼从英格兰请来阿尔昆担任其教育顾问。尽管阿尔昆移植到欧洲大陆的教育体系只是初级的、扫盲性的,其古典文本是被删减压缩过的,只是为了服务于基督教目的,不过这已埋下了世俗化的种子,引发人们去欣赏古代经典,也带来对图书的需求。加洛林复兴中,图书的抄写制作,发展出一种可以更为经济地利用皮纸，同时也更为醒豁悦目的小写字体，称作"加洛林小写体"，到12世纪时，传遍整个欧洲。

790年查理曼宫廷图书馆藏书目录的一部分，流传至今，其品类丰富，数量繁多，可以窥见加洛林古典复兴的核心。宫廷抄写处所制图书，文本校勘与抄写装帧之精良令人赞叹。由于此前已有很长时间没有过古典文本的复制，加洛林抄本所依据的范本必定是古本，这些古本主要来自罗马和坎帕尼亚，特别是被查理曼占领的拉文纳。当时这些古本中有不少是孤本，可谓命悬一线。整个查理曼帝国，书籍抄写复制加速发展，以帝国首都亚琛为中心，向欧洲多地辐射。

9世纪加洛林文艺复兴促进了对古典文本的抄写复制，但这还不能保证文本的安全存世，因为还差一个传播技术上的革新，还没有发明印刷术。中国大约此时已经有雕版印刷了。西方则要再过五百年，14—16世纪的文艺复兴与金属活字印刷术相结合，才让古典文本的存世得到最终的保证。

加洛林时代羊皮纸用量惊人。大量学术著作问世流行。著名的卢克莱修长方形抄本，即抄成于查理曼宫廷抄写处，抄本上批注文字的来源，旧称"萨克逊校正者"，其实是爱尔兰学者顿戈。另一位爱尔兰学者是活跃于列日的塞杜里乌斯，其所编《文萃》，其实是道德格言集，采撷颇广。科尔比修道院图书馆馆长哈多德亦编有道德格言集，稿本存世，所摘文字剥离语境，甚至加以基督教化。赖兴瑙修道院院长瓦拉弗里德亦有摘抄本，还在贺拉斯现存最古老抄本上校补多处。费里埃修道院院长卢普斯广求副本以资校勘，其录异待考的阙疑态度值得称道。弗勒里修道院院长泰奥德夫在《圣经》校勘中已用缩写(sigla)标注异文来源。

843年，查理曼帝国分裂，欧洲趋近如今各国之形势。加洛林时代的教育、图书复制，以及学术研究由于惯性而继续。法兰西的拉忒利乌斯、日耳曼的热尔贝为其代表。10世纪英格兰开始从欧陆输入图书和字体。11世纪晚期至12世纪早期，卡西诺山及相近修道院抄写复制了一系列重要古典文本。

11世纪之后，知识的传播（教育）和图书的复制，渐次从山野修道院和隐修士，转移到城镇学校和牧师手中。这些学校在11世纪中得到发展，成为后来的大学。意大利博洛尼亚成为罗马法中心，萨勒诺建成第一个医学院，西西里岛则致力于将希腊文科技著作译为拉丁文。西班牙托莱多将阿拉伯科技和学术带入欧洲，而法国巴黎成为欧洲知识之都。随着学校教育和文艺的世俗化，大众有了一定的读写能力。古典作家的作品也基督教化，影响扩大。当时作家作品中对古典作品的引用，有许多来自类书、集锦或者古注。12世纪的复兴巩固了加洛林复兴的成果。

经院哲学时代，注重理论，与宋明理学或可相比。所谓作家让位给方法，就是不再强调对古典文本的细读，而是强调推论。一些学者和游方修士援引古典文学来解释圣经，从而对古典文学的普及有所贡献。

中世纪西欧懂希腊语的人很少。9世纪文艺复兴激发了人们对希腊文学的兴趣，有一些希腊作品就此被译为拉丁文，当时的《圣经》双语本仍有抄本存世。12世纪翻译范围有所拓展，柏拉图、亚里士多德以及欧几里得等的著作被译为拉丁文。有些希腊文著作辗转从阿拉伯语译本译为拉丁文。当时学者提出，研究要依据原文,而不是莫名其妙的译文。

七

13世纪末,在人文主义文化运动的推动下,古典文学再度复兴,初期在意大利,中期已扩散到西欧各国。大量古典文本重见天日,借着15世纪出现的谷登堡金属活字印刷术,古典文本传承的方式有了革命性的变化,到16世纪中文艺复兴末期,大多希腊罗马文献都已有便于阅读的印本。学术研究方面,历史考据与文本考据的基础已牢固确立。

(一)文艺复兴时期拉丁古典文本的发现与校理

知识传播(教育)中心从修道院移转到大学之后,大学里人文学科教师的阅读趣味日益趋向世俗化,用古典文学作品培养学生语言和文字表述能力的是最早的人文主义者。追求俗世生活的人学习揣摩古典文学作品,引发了对古典世界的向往和认同,使文学不再从属于宗教,这与中世纪修道院学者对古典文学的研究,已有本质不同。

最早的人文主义者积极入世,不少是从事与法律相关的工作,比如法官、律师、公证人等。他们学习古典文学,接受古典文献的影响,表现在两个方面:一是文学创作,比如意大利帕多瓦的法官洛瓦托撰有诗集《格律书简》,他的朋友公证人穆萨托写成《埃切利尼斯》,是古代以来用古典格律所写第一部悲剧;二是学术研究,比如维罗纳大教堂管理者德马托基斯《二普林尼约注》,是文艺复兴第一部关于文学史的考据著作。

随后彼特拉克将两股人文主义——文学的和学术的——合为一体,竭力在基督教会框架内复活古罗马精神。14世纪初,教廷从罗马移到阿维尼翁,将人文主义者与藏书之地以及学术研究机构合至一处,诸缘辐辏,促进学术复兴。彼特拉克致力于发现和复制古典文本,并对文本进行校勘和评注。李维《历史》因之而合为全帙。彼特拉克尚友西塞罗、塞涅卡,寻访其书,学习其文。彼特拉克藏书之富,有其所喜图书目录可证。薄伽丘等学者深受彼特拉克的影响。

萨卢塔蒂是一位承前启后的人文主义运动盟主。虽说他在创作天分上不及彼特拉克和薄伽丘,但他担任佛罗伦萨长官三十年,因而资源丰富,影响巨大。他在抄本校对上颇为积极,贡献良多。他最伟大的发现是西塞罗的《致友人》抄本。西塞罗书信使早期人文主义者有古今晤对之感。

从13世纪末到15世纪中叶,发现古抄本最多的是教廷秘书波焦。15世纪初为解决教会问题在德国南部康士坦斯召开的会议给波焦等人寻访抄本带来了契机。波焦对发掘文献贡献巨大,在字体发展上也颇有影响。人文主义字体,后来发展为罗马体和意大利体(斜体)。人文主义者对抄本不够爱惜珍重,令人扼腕。

15世纪,拉丁古典文献学在历史考证和文本校勘方面有了突破性的进展,代表人物是瓦拉和波利提安。证明罗马皇帝君士坦丁将世俗统治权力让渡给教皇的所谓"君士坦丁赠礼"文书,被瓦拉通过历史考证和语言考证加以辨伪。波利提安是最为出色的诗人和学者,创作上拒斥西塞罗主义,反对胶柱鼓瑟,学术研究上著有《丛札》,涉及颇广,讨论极深。尤其值得称道的是其校勘方法:

剔除过录本;对校先于修正;"不校校之"的文本处理方法。

(二)文艺复兴时期希腊古典文本的发现与校理

尽管意大利南端有希腊语人口,但整个意大利仍然缺乏学习希腊语的条件。14世纪中叶薄伽丘将一位通希腊语的学者拦截在佛罗伦萨,先为薄伽丘、后为萨卢塔蒂翻译希腊典籍。14世纪末,拜占庭一位外交官在佛罗伦萨讲授希腊文。其授业的结果是希腊典籍有了拉丁译本。15世纪,拜占庭战败亡国后,流亡者来到意大利,以讲授希腊文谋生。因为缺乏好的教材,教学效果不佳。也有人到君士坦丁堡留学。依靠留学生和流亡者,希腊典籍从东方流入意大利。

来自东部希腊文化地区的枢机主教贝萨里昂,被瓦拉称为"最希腊的拉丁人,最拉丁的希腊人",其藏书中希腊文书籍不下五百卷,颇有古典文本。拜占庭帝国灭亡后,贝萨里昂希望建立一个完整的希腊典籍文库,并将自己藏书捐给威尼斯,因为那里希腊遗民最多。贝萨里昂曾诉诸古本来证明圣巴西尔的观点非后人作伪,还认为希腊文本是《新约》诠释的基础。波利提安集学者与诗人于一身,是第一个认真关注希腊诗歌的学者,是解读同样作为学者和诗人的希腊化学者卡利马库斯的最佳人选。波利提安被公认在语言知识方面可以媲美希腊人,其《丛札》中有希腊文本考据内容。

15世纪70年代以来,金属活字印刷引发了拉丁古典文本整理出版热潮。希腊古典文本跟进并不顺利,一是希腊文字体复杂,二是市场需求不足。阿尔都斯·曼纽修斯创立了一个出版社,在威尼斯出版古典文本,几乎承担了所有希腊古典作家首印本的出版工作。在其出版社承担学术工作的有克里特人马库斯·穆苏鲁斯，并形成一个阿卡德米学社，伊拉斯谟曾访学于此。穆苏鲁斯在文本有阙时，曾以己意补足，颇滋困扰。

荷兰人伊拉斯谟代表北欧人的最高学术水平，他曾从希腊流亡者学习希腊语并发明伊拉斯谟发音法；曾与阿尔都斯合作，整理出版希腊典籍；曾与瑞士巴塞尔的弗罗本合作，出版《新约》希腊文校理本。当时《新约》拉丁文通行本被认为更加权威，但是伊拉斯谟认为作为原始文本的希腊文本更加重要，并根据希腊文本删除《约翰一书》拉丁文通行本中陈说三位一体教义的所谓"约翰短句"。不过在希腊文古抄本阙漏处，他也曾参酌拉丁文译本，补上自己翻译的希腊文本，逾越了校勘者的本分。他在校理《新约》希腊文本时，拥有大量古抄本，可惜别择不精。不过值得一提的是，他似乎已经认识到"难的异文更可取"。

应当说明的是，本书第一版关于文本传播从古到今的历史回顾到此即告结束。因为传播技术革新为金属活字印刷，到文艺复兴末期，绝大多数古典文本已有印本，可以认为其存世得到了保障，像所有童话故事的结尾一样，种种险难已成过往，"从此幸福地活下去"。第一版面世后，读者反馈，回顾最好包括文艺复兴以来古典学研究的情况，于是第二版增加了第五章。

八

第二版新增的这一章，大致按国别分为意大利、法国、荷兰和英国等几节分别总结，然后对相当于写本鉴定学的古字体学的兴起与发展，以及新发现的古典文本的几种情形，进行专题介绍。

文艺复兴之后,知识生活中的大事件是马丁·路德推动的宗教改革运动,以及作为反制的罗马教廷的反改教运动。新教和天主教在《圣经》整理出版方面也互相竞争。改信新教的巴黎出版商罗贝尔·艾蒂安于1551年出版《圣经》武加大本,首次将全部文本分节标号,为以后各版所沿用,影响巨大。教皇西斯督五世在梵蒂冈排印《圣经》,颁令文本校勘问题必须提交教皇本人解决,1590年西斯督五世出版拉丁文武加大本,宣布为权威本,改动文字者逐出教会。其继任者克来孟三世于1592年收回未售出的书,出版了另一个颇多相异的整理本,成为罗马天主教会的官方文本。一百多年后,英国本特利提议重新整理《新约》,其所要超越的权威本子,是教皇武加大本和所谓"新教教皇"斯蒂芬斯的版本;这个"斯蒂芬斯",就是罗贝尔·艾蒂安的拉丁文名字。

16世纪中期,意大利皮埃罗·维托利校理亚里士多德《修辞学》时参考了中世纪拉丁文译本,正确论断了古译本的价值,认为直译的、不雅驯的译文,可以用来准确揭示译者所依据的希腊文本。维托利已在一定程度上接近了谱系法。与维托利同时期意大利最有才的学者是弗朗塞斯卡·罗伯泰罗,1557年他出了一本《古籍异文理校法》,是对校勘方法论的第一次讨论,但是其中没有谱系法任何苗头。

法国的人文主义运动一方面受意大利人文主义运动的影响,另一方面也有法兰西文化的内在驱动。法国第一个伟大古典学家是纪尧姆·比代,著述颇丰。在他的推动下,法国创立了法兰西学院的前身"皇家学院"。比代认为,古典学更应关切内容上的人文主义而不是形式上的优雅,注重对古代生活进行全方位的透彻理解。16世纪末欧洲古典学执牛耳者有法国二贤：斯卡利杰和卡索邦。斯卡利杰将一个作家或一个主题当作有机整体来研究，对马尼利乌斯的整理为豪斯曼导夫先路；为古代世界的年代进行比较考证，建立了年代学；在校勘方法亦有建树，试图重建一个失落了的原型的细节，让特定文本的历史成为校定文本的重要参照。卡索邦极勤奋，极渊博，作为一个注释者，用学识来阐明而不是炫耀。

荷兰的古典传统，得益于大学和印书坊。鲁汶大学创立于1425年，1517年同城成立三语学院，使鲁汶成为西北欧知识中心。其印书传统可以上溯到很早。16—17世纪，南（安特卫普）有普朗坦，北（莱顿）有埃尔策菲尔。普朗坦最著名的出版物是八卷本《多语版圣经》。1566年普朗坦版贺拉斯，首次以现代模式使用缩略出处。埃尔策菲尔小十二开古典作家丛书，影响巨大。弗朗茨·莫迪乌斯整理了一些拉丁文本，认为对校是文本整理的基本前提。其所辑录的抄本异文，在抄本被毁后，是极为重要的文本证据。16世纪最伟大的古典学家利普修斯，是一流的注释家和校勘家，最大成就是对塔西佗的整理。17世纪后的代表人物则是尼古劳斯·海因修斯，其强项在于对拉丁文诗歌优雅之处的细腻感知（部分来自他自己的诗歌创作实践）。结合推测的技巧、仔细的校对，以及广泛阅历所带来的丰富常识，使他成为拉丁诗歌最伟大的校勘家之一。

英国学者理查德·本特利是校勘学历史上泰斗级的人物，不过他热衷理校，一味强调逻辑，是其可訾议者。本特利曾出版小册子《整理新约刍议》，并不奢望将作者文本恢复到手稿状态，其所建议的方法和原则，与后来著名的拉赫曼方法颇有相合。

16世纪初伊拉斯谟校理《新约》时，曾广罗旧抄本，惜乎别择不精。鉴别写本时代早晚的所谓"古字体学"，直到17世纪末才发展起来。契机是耶稣会与本笃会之间的论战，耶稣会士声言本笃会的中世纪特许状是伪作，本笃会士让·马比荣（1632—1707）致力于研究中世纪特许状数年，撰成《文书学》一书，总结出中世纪文书真伪的判定标准，以证其真。马比荣的同事蒙弗贡运用这一套原则和方法研究希腊古抄本书，撰成《希腊古字体学》。

　　文艺复兴以来，古代文本时有发现，主要有以下几种情形：一是借助化学试剂释读出传世重写本的下层文字；二是在埃及出土的纸草古卷；三是偶然发现的其他抄本；四是铜器、刻石上的铭文，甚至庞培古城墙壁上的一处涂鸦题写，也可以成为校勘的证据。

　　第二版新加的这一章没有专门介绍文艺复兴以来德国古典学的进展。这并不是因为文艺复兴以来德国在古典学方面乏善可陈，而是恰恰相反，19世纪德国古典学在文本校勘方面有非常重要的推进，这一方面的内容已见于第一版就有的最后一章。

九

　　伴随着古典文本传承的历史，有古典文本校勘整理的历史。经过历代学者的整理实践和理论探讨，西方校勘学发展出了堪称科学的理论，也总结出了一些行之有效的经验法则。

　　（一）谱系法理论

　　通向科学校勘的第一步，是拒绝将通行本作为讨论的基础。这第一步，是在《圣经》校勘领域迈出的。《圣经》通行本历来得到近乎神圣的认可。1721年本特利提出完全依据古抄本和武加大本推出一个《新约》整理本,宗教界囿于成见,未得施行,一百多年后,拉赫曼整理本(1831)的出现才算有所推进。数十年间,类似的方法渗透到古典文本校勘领域,沃尔夫等一再重申,任何校勘文本都要以抄本作为基础。

通过比对异文梳理所有存世抄本的谱系的方法,又被称为"拉赫曼方法"。其实这并非拉赫曼首创,前人已多有贡献。人文主义时期,波利提安已认识到"剔除过录本"这一原则,1508年伊拉斯谟则已提出类似于"原型"的概念,1577年斯卡利杰提出古典文本中世纪原型的概念,为未来的突破指示了方向。18世纪《新约》校勘再次革新,本格尔对抄本进行分组系联,画出可据以取舍异文的谱系图。陆续有学者采取这种方法取得不同程度的成功。1830年拉赫曼在为自己的《新约》校勘工作设计方法时对本格尔的方法进行了细致表述,1831年聪普特画出了第一个古典文本谱系图,几年后里奇尔和马德维希在实践中进一步完善了这种方法。

谱系法理论的经典表述是保罗·马斯的《校勘学》。谱系法的基本原理是,共同的讹误显示共同的来源,循此以推,可以根据"连接性讹误"和"区分性讹误"来建构谱系。谱系法有其局限。其有效的前提是所有的传承都纯洁如处子,亦即只对着一个范本抄写。然而事实并非如此,抄写中往往会校以他本。甚而至于,存世所有抄本都来自古代末期或者中世纪早期的某单一写本(原型)的这一假定本身就存在问题,有些晚出抄本可能有更古老的来源。另外,古代作者在其作品行世后可能修订原稿。所有这些,都是谱系法无法解决的问题。

（二）校勘经验总结

当校勘者面对两个难以决断的异文时，往往诉诸一个原则，称作"何者来自何者"。也就是说，从哪一个异文变为另一个更能得到合理的解释。由这一总的原则推导出几个法则，分别是："难的异文更可取"，"短的异文更可取"，"鄙俗的异文更可取"。因为抄写者在抄写的过程中更有可能(有意无意地)改写他认为的难解词语、补足他感觉到的阙失文字，并将污秽鄙俗的措辞改为雅饬的措辞，而不是相反。在实际运用中这些法则有泛化之虞。

当然，像中国校勘学传统一样，西方校勘学家也对误例进行了归纳，大致如下：(1) 形近而讹；(2) 拼写和发音变化所致讹误；(3) 脱文，一般有跳读致脱和整行脱漏两种；(4) 衍文；(5) 舛倒；(6) 涉上下文而误；(7) 基督教思想的影响；(8) 抄写者有意改动。

另外，不同性质的文献，对文本的正确有着不同的要求。技术文献，如烹饪手册，重在实用，在传播中其文本会与时俱进。通俗文学如民间故事或者演义在流传中文本也会不断发生变化。这些传播中的文本嬗变，不应视为讹误，在校勘整理时要进行另外的对待。

由于科学技术的进步，西方校勘学也有了新的发展。比如校勘的核心，是对作者用语习惯的掌握，近些年语料库技术加上电子计算机的应用，在这方面已经取得了相当大的进展。

十

陈登原《古今典籍聚散考》(以下简称《聚散考》)与《传播史》主题近似。陈书初版于 1936 年，至今仍是中国典籍流传史方面无可替代的名著。① 这里以陈氏《聚散考》作为对照,谈一谈《传播史》的几个特点,并对中西典籍流传史略加比较。

陈书分"政治卷""兵燹卷""藏弆卷""人事卷"四个部分梳理中国典籍聚散的史实,将影响典籍流传的不利因素归结为四个方面:统治者的禁毁,战争的破坏,藏者秘惜使流传难继,人工保护不力致遭水火虫蛀之害。故而该书又名《艺林四厄》。

这"四厄"在西方典籍流传史上当然有不同程度的表现,《传播史》也有所述及。兵燹方面的极端例子是 1204 年第四次十字军东征对君士坦丁堡的洗劫,藏书受损极为严重,许多古典文本就此灭失无存(第 90 页)。相比于政治方面秦始皇焚书的极端例子,西方亦有教会审查和禁毁异教书籍之说,但实际情形要远为轻微(第 62—66 页)。中国典籍流传史上常见藏家秘惜现象,在西方却几乎是相反的情形。胡适《校勘学方法论》比较中西校勘学传统时曾指出:"欧洲很早就有大学和图书馆,古本的保存比较容易,校书的人借用古本也比较容易。"②《传播史》对欧洲图书馆的历史进行了梳理,认为公私图书馆的保藏,是古典文本得以流传的关键(第 33 页)。罗马共和国时期卢库卢斯(前 2—前 1 世纪)将抄掠聚敛而来的大量私人藏书对公众开放,"想用的人都可以用"(第 29 页)。至于藏书几乎都会面对的水火虫蛀等偶然意外情形,《传播史》并没有特别论及。

关于典籍流传史的影响因素,《聚散考》总结为"四厄",《传播史》则梳理为"三关"。

---

① 陈登原《古今典籍聚散考》,上海:华东师范大学出版社,2010 年。
② 胡适《〈元典章校补释例〉序》,陈垣《校勘学释例》,第 6 页。

第一个关口是图书材料和形制的变化。欧洲古代用于图书生产的书写材料是纸草，标准形制是卷轴。2—4世纪书写材料过渡到皮纸，标准形制过渡到册叶。羊皮纸的坚固不坏是西方古典文学得以留传的一个关键因素（第44页）。随着图书材质和形制的变化，古典文本逐渐从一种形式转移到另一种形式。罕僻之书未能实现转移，便随着纸草卷轴的朽坏（纸草一般保存年限为三百年）而灭失。

第二个关口是字体的变化。因应图书材质和形制的变化，书写字体也在发生变化，希腊文从安色尔字体演化为对羊皮纸的利用更加经济的小写字体。9世纪安色尔字体的希腊文图书逐渐转写为小写字体。"几乎所有作家的文本穷溯其源最终都是仰赖于一本或者几本在这一时期或者稍晚用小写字体所写成的书。"（第76页）拉丁文也从罗马草体等早期字体逐渐发展成为加洛林小写字体，成为西欧的规范字体。用这种"易识且悦目的形式呈现古典文本，对于其幸存一定起到了非常重要的作用"（第119页）。在查理曼帝国时期，"所有能找到的古代典籍（用醒目的大写体抄写）的抄本，常常被迅速转写为小写体的抄本"（第122页）。

第三个关口是文学风尚的变化。大众阅读兴趣的变化，可以说是文本流传的终极关口。欧洲有所谓重写本，也就是将旧的羊皮纸写本书的字迹刮去后再用来抄写其他文本。《传播史》以重写本为例讨论古代图书的通常遭际："文本澌灭，不是因为异教作家受到攻击，而是因为没有人对它们有阅读兴趣。而羊皮纸非常宝贵，不能任其承载过时的文本。"（第106页）当然，大众阅读兴趣的变化，无疑与宗教统治、学校教育密切相关。文本从一种载体向另一种载体转移,从一种字体向另一种字体转写,前面两个关口能否顺利通过,往往与读者的兴趣相关。

古代典籍有双重属性,一是物质性(materiality),一是文本性(textuality)。可以说,《聚散考》侧重于物质性。《传播史》侧重于文本性。

《聚散考》卷首将古籍散佚之害分为亡、残、讹、误四种情形。整部书基本上只论及"亡残",鲜少言及"讹误"。关于散佚事件的责任,聚焦于破坏者(独夫,兵匪)和收藏者。《传播史》也述及"亡残",但更侧重于"讹误"。所以最后一章是"校勘学"。关于传播事件的责任,聚焦于抄写者、读者和学者。这从书名所揭"抄工与学者",以及序言所言"展示古代和中世纪的读者或学者在何种程度上与古典文本的保存和传播相关",不难看出。

十一

对于原书揭明的目标读者——西方古典学的学习者(当然包括中国对相关学问感兴趣的读者)——来说,这本书的价值已见前述。关于所谓"希腊伪史"的网络讨论,辩护者屡屡提及这本书,作为决定性证据。这些已无须多言。这里谈谈对于那些对中国古典文献学以及相关学科感兴趣的读者来说,这本书有什么价值。

(一)对于中国古典学

近些年,倡议建设"中国古典学"的呼声很高,开了不少研讨会,也发表了不少文章。无疑这有向西方学习、向西方看齐的意味。从事中国古典文献研究的学者对此进行了很认真的思考,提出了一些中肯的见解。廖可斌先生、刘玉才先生都指出,西方古典学的诞生和发展,主要是因为西方文明曾出现断裂,中国古典文化传承发展的历史没有黑暗中世纪,与西方有极为重要的不同,所以对西方古典学的概念和理论不能直接借用,而是要学习借鉴,要将西方古典学的理论方法与中国古典研究的实践有机结合。① 我想,抱持着借鉴西方古典学的目的,最适合中国古典文献学及相关学科研究者阅读的书,就是这本《传播史》了。

(二) 对于写本文献学

中西古典文本传承史的不同,除了西方曾有黑暗中世纪这个思想文化史上的不同之外,还有一个技术发展史上的不同。中国大约从 10 世纪开始,雕版印刷书逐渐取代抄写书,西方则是从 15 世纪开始谷登堡金属活字印刷逐渐取代抄写书。这个技术史上五百年的时间差,造成了中西古典文本考证的一个重要差别。中国古典文献现存最早证据基本上是宋刊元椠,宋刻本所依据的抄本已不复存在(当然,近年战国秦汉各种写本时见出土,但是对于传世文献的校勘并不构成直接证据)。西方古典文献的存世证据则主要是抄本。17 世纪以后西方发展出了鉴别抄本时代早晚、地域归属的所谓"古字体学",也称"写本学"(manuscript studies)。中国古典文本古抄本很少,文本证据绝大多数是古代雕版印刷本,中国学者鉴别版本时代早晚和地域归属,发展出了"版本学"。

张涌泉先生近年推出《敦煌写本文献学》一书,提出,"写本文

---

① 廖可斌《借用、借鉴,还是另起炉灶——关于建立中国古典学的一些思考》,刘玉才《中国古典学的建构刍议》,《中国古典学》第一卷,北京:中华书局,2020 年,第 20—31 页。

献学是一门亟待创立的新学问",而"敦煌文献写本文献学",是"写本文献学的基石"。① 这无疑是非常正确的。可以补充的是,西方源远流长而又深刻系统的"古字体学"或者"写本学",对于亟待创立的中国"写本文献学",无疑具有重要的参考价值。

(三)对于中西文献的具体比较

《传播史》提供了西方古典文献的基本知识,对于开展中西古典文献的具体比较研究具有重要参考价值。《中国语文》2015年发表了一篇比较中国和欧洲古典文本标点的论文,文中提到,"欧洲字母文字和汉字不同,单词与单词之间必须有空隙……"②,这显然是以今例古的想当然。《传播史》提到,古代纸草卷上,文本的书写没有进行词的切分(第4页)。而且,从书前所附图版可以清楚地看到,早期写本既没有标点,也完全没有词的切分,与中国典籍古代写本和印本的情况颇为近似。

(四)对于西方相关论著的翻译

西方古典文本是不少学科研究的资料来源,如果不了解古典文本的传播历史,也会影响我们对相关学科领域的认识。表现之一是,相关学科基本论著的中译本存在不少错误。布龙菲尔德《语言论》17.9最末有一段讨论到,利用传世文献研究古代语言时,应注意文献传抄过程中可能出现的讹误。中译本作:

> 然而大部分的文献是写在不耐久的材料上的,经过辗

---

① 张涌泉《敦煌写本文献学》,兰州:甘肃教育出版社,2013年,第3—24页。
② 孙坤《中国古文标点特征和创制机理:与欧洲标点传统对比》,《中国语文》2015年第6期。

转抄录才传到今天。希腊文和拉丁文著作的稿本始于中世纪,往往起自中世纪的晚期和近代的早期;只有些零星片段保存在埃及沙漠里的纸草上。我们如果保存一件古文的同时代的稿本,如阿尔弗雷德大帝所译格列高里教皇的《牧人训导篇》(Pastoral care)现存的哈顿(Hatton)抄本,那是罕有的幸运。誊录员不仅抄写时免不了错误,特别是他们遇到原文里不理解的地方,甚而至于妄加更动,试图给语言加工或者篡改内容。古代文书的研究,所谓古文字学(palaeography),以及根据一件或几件不完整的抄本重建古原文的技术,所谓古诗文评注(textual criticism),已经分别发展为不同的科目了。不幸得很,诗文评注家有时缺少语言学知识;我们现有的古诗文印刷版本也许遗漏了稿本中饶有语言学价值的形式。①

这一段译文,颇多错误。

"希腊文和拉丁文著作的稿本始于中世纪,往往起自中世纪的晚期和近代的早期;只有些零星片段保存在埃及沙漠里的纸草上"一句,前后牴牾,语意含混。可译为:"现存希腊、拉丁典籍的抄本,皆自中世纪以还,往往属于中世纪晚期甚或近代早期;埃及沙漠古纸草卷所存,只是零缣断简。"Palaeography,可译为"古字体学",这里的意思是 manuscript studies,是"写本文献学",或者说"写本版本学",与致力于出土文献释读的"中国古文字学",其实是有所区别的。Textual criticism,译为"古诗文评注"实

---

① [美]布龙菲尔德《语言论》,袁家骅、赵世开、甘世福译,钱晋华校,北京:商务印书馆,2017年,第415页。

在不妥,应译"校勘学"。《传播史》有一节的题目是"古字体学",有一章的题目是"校勘学",可以参看。西方写本学和校勘学发展成为不同的学科分支,与中国古典文献学中分出版本学与校勘学,情形大致相当。最后一句不知所云,可译为:"不幸的是,有些校勘整理者缺乏语言学知识,故而我们手头的古代文本的校勘整理印刷本,可能并没有反映旧抄本中所见的、具有语言史研究价值的一些形式。"

可以说,对于国内学界正在开展的关于古典文本的各个方面的研究,《传播史》都有重要的参考价值。

随着数字化时代的到来,文本传播继印刷复制取代抄写复制之后,再次经历技术革命。这次革命不仅实现了人们不走样复制文本的梦想,而且让人们对以往文本传播和校勘过程中抄本、印本的媒介要素有了更加清楚的认识。正是因为这个原因,2013年出版的《剑桥文本考证手册》(The Cambridge Companion to Textual Scholarship)的主编尼尔·弗赖斯塔德(Neil Fraistat)和朱利亚·弗兰德斯(Julia Flanders)所撰绪论部分《媒介自觉时代的文本考证学》提到,我们正站在"文本整理伟大新时代"的门槛上。[①] 2006年余英时先生为刘笑敢《老子古今》撰序呼吁开展"文本考证学"的中西比较,认为这一方面的比较"更能凸显中西文化主要异同之所在"。[②] 在新的技术条件和理论背景下,比较中国和

[①] Neil Fraistat & Julia Flanders, eds., *The Cambridge Companion to Textual Scholarship*, Cambridge University Press, 2013, p.1.

[②] 余英时《"回归历史"与"面对现实"——序刘笑敢〈老子古今〉》,刘笑敢《老子古今:五种对勘与析评引论》,北京:中国社会科学出版社,2006年,第3页。

西方古典文本传播与校勘的历史的异同,不但能够深化我们对西方古典文献学的认识,而且对中国古典文献学的理论建设也具有十分重要的意义。

(原刊高峰枫主编《古典与中世纪研究》第四辑,商务印书馆,2023年,第56—86页)

日本学者对西方校勘学的学习与借鉴

日本是一个非常善于学习的国家。很长一段时间里,其学习的对象是中国。从文字,到文献,再到文献学,可以说亦步亦趋,深受中国的影响。随着西学东渐,近代日本调整了学习的方向。在向西方学习的过程中,日本比中国更积极,也更彻底,在很多方面成为中国向西方学习的中转站。2019年复旦举办的"中西古典学的会通"工作坊的讨论中,来自美国的一位学者脱口说道,中国对西方校勘学的了解,是不是来自日本?答案是否定的。不过,日本学习借鉴西方校勘学的历史,倒的确值得我们认真梳理。

一

中国最早提及西方校勘学的是胡适。

1910年,十九岁的胡适来到美国康奈尔大学,初学农,后转文,本科毕业后又读研究院。研究院学习期间曾从布尔(G. Lincoln Burr)教授学习"历史的辅助科学"(auxiliary sciences of history),内容包括"语言学、校勘学、考古学、高级批判学"。受这门课的启发,胡适读了《大英百科全书》第十一版中浦斯格（John P. Postgate）所写的 textual criticism 条目。1915 年至 1917 年，胡适就读于哥伦比亚大学哲学系研究部，在学习杜威"实验主义"的同时，对中国的"考据学"进行重新思考。1916 年 12 月 26 日，胡适在日记中写下"论校勘之学"。胡适在其后来出版的《口述自传》中自揭其秘：该文其实是对浦斯格所写 textual criticism 的节译；只不过，浦氏原文所举的"第一版雪莱诗集上的例子"，胡适全部换成中国典籍的例子。胡适说："中西校勘学的殊途同归的研究方法，颇使我惊异。但是我也得承认，西方的校勘学所用的方法，实远比中国同类的方法更彻底、更科学化。"①1934 年胡适为陈垣《元典章校补释例》撰序，说："中国古来的校勘学所以不如西洋，甚至不如日本……"②希望向西方学习，建立中国的科学的校勘学。然而应者寥寥。该文发表后七十余年间，中文世界几乎看不到关于西方校勘学的讨论，遑论专门之研究。

相比之下，日本的情况就比我们热闹许多。

二

这要从 19 世纪末 20 世纪初几位东京大学教授说起。

第一位是外国人教授。

---

① 胡适口述，唐德刚译《胡适口述自传》，《胡适文集》第 1 卷，北京：北京大学出版社，1998 年，第 296 页。
② 胡适《〈元典章校补释例〉序》，陈垣《校勘学释例》，上海：上海书店出版社，1997 年，第 7 页。

幕末明治初,为了全面向欧美学习,殖产兴业,日本政府、军队和企业大量从欧美和其他国家雇请外籍顾问,从 1868 年至 1889 年,这些所谓"御雇外国人"总计逾两千人。英国人张伯伦是其中之一。

巴西尔·霍尔·张伯伦(Basil Hall Chamberlain),1850 年生于英国朴茨茅斯。父亲威廉·张伯伦(William Chamberlain,1818—1878),是英国海军少将。外祖父巴西尔·霍尔(Basil Hall,1788—1844),是英国海军舰长,游记作家,曾著书记述其在琉球群岛的航行和发现。

张伯伦在语言上天分极高,除母语英语外,精通法语、德语。本来希望去牛津大学学习,然而却被安排进入伦敦的巴林银行工作,因不适应导致精神崩溃。为了休养身心,便乘远洋轮船离开英国,并没有选定目的地。大概就像麦尔维尔《白鲸》开篇所说:"出去航行一番,去见识见识这个世界的海洋部分。这就是我用来驱除肝火,调剂血液循环的方法。"

就这样,1873 年,命运将 23 岁的张伯伦带到日本,成为"御雇外国人"中的一员,就此也将西方文献学带到了日本。

1874 年至 1882 年,张伯伦在东京海军学校担作英语教师。十余年间成为颇为知名的日本语、琉球语、日本文学的研究专家。1886 年起张伯伦在东京帝国大学任日本语学暨博言学(英文作 philology)创始教授。西方的 philology 学科,在日本孕育发展出多个学科,包括语言学和文献学。"文献学"一语就是日本人为对译 philology 而创造。张伯伦的学生中有日本现代语言学的奠基人上田万年,也有日本文献学的奠基人芳贺矢一。张伯伦 1911 年离开日本,回到欧洲,生活于日内瓦。卒于1935年。

芳贺矢一,生于1867年。东京帝国大学文学部毕业后,留校任教。1898年任助教授。1899年,赴德国学习文献学,1901年34岁时回国任教授。1903年获博士学位。他结合日本国学与德国文献学,奠定了日本国文学的基础。1907年开设"日本文献学"课程。1927年病逝后,故旧门生整理遗文,将相关讲义编定为《日本文献学》,出版于1928年。

芳贺矢一在东京大学后期的学生中,有一位名叫池田龟鉴。

池田龟鉴,1896年生于鸟取县。曾任小学教师,1922年时考入东京帝国大学文学部,1926年三十岁时本科毕业。任教于东京大学文学部。1948年五十二岁时在东京大学取得博士学位,1955年五十九岁时被评为正教授,翌年去世。

芳贺矢一和池田龟鉴都只活到六十岁。相比于芳贺矢一三十出头即为正教授,池田龟鉴可谓职衔蹭蹬。然而池田龟鉴用功之勤,著述之丰,远超同侪,甚至堪称惊人。

池田龟鉴主要研究平安时期的叙事文学。除了数十种学术专著之外,池田龟鉴还有大量的古籍整理著作和文学创作。先后校注出版《土佐日记》《紫式部日记》《源氏物语》等平安时期文学典籍。同时还是一位相当高产的作家,用笔名在刊物上发表连载小说。

池田龟鉴浸淫平安朝文学文献数十年,在去世前完成《源氏物语大成》,同时又富有文学创作经验,是一个极为难得、极为专业的日本文学文献整理者。

更为难得的是,长期从事平安时期文学典籍校勘实践工作的池田龟鉴，结合西学东渐的西方校勘学，试图对日本典籍校勘活动加以理论化和系统化。这就是 1941 年出版的《古典の批判の処置に関する研究》。前面提到，1948 年池田龟鉴 52 岁时才获得博士学位；他向东京大学提交的论文，就是这部书。

这部探讨日本古典文本校勘方法的书，分为三册。第一册是《土佐日记》的具体校勘实践，题为《土佐日记原典の批判の研究》。第二册是在《土佐日记》校勘实践基础上，结合西方校勘学的理论和方法，对日本古典文本校勘的一般方法展开讨论，题为《國文學に於ける文献批判の方法論》。第三册是资料、年表和索引。前两册论述部分，分别有 581 页、529 页，十六开本。整部书可谓皇皇巨著，是日本校勘学的重要文献。

在第二册《方法论》的开头部分，池田龟鉴对中国校雠学进行了简略综述，认为其方法难称科学。书中对当时中国新出相关著述多有引用，比如梁启超《清代学术概论》（1921），胡朴安、胡道静《校雠学》（1934），蒋元卿《校雠学史》（1935），等等。陈垣的校勘学名著当时虽已问世，但 1934 年初版题为《元典章校补释例》（1959 年再版时改题《校勘学释例》），其名不彰，池田龟鉴似乎未加留意，从而与胡适那篇提及西方校勘学的序文失之交臂。

就日本对西方校勘学的学习和借鉴而言，如果说张伯伦来教，算是播种和萌芽；芳贺矢一往学，回国后建立学科，广植桃李，算是长苗成株，开枝散叶；那么池田龟鉴的本土化，就可以说是结出硕果了。

即此来看，相较于胡适在中国的一花独放，孤掌难鸣，日本对西方校勘学的学习已经可以说是春色满园了。

三

与胡适同时期曾对西方校勘学予以关注的日本学者,并不限于上面提到的三位。《古典の批判的処置に関する研究》第二册概述了之前山岸德平、雪山俊夫、和辻哲郎等日本学者对西方校勘学的论述。

山岸德平1924年在《国语と国文学》第一卷发表《古典の本文整定》,对古典文本校勘方法进行了讨论。该文参考了浦斯格(J. P. Postgate)为《大英百科全书》撰写的textual criticism词条,用日本古典文献加以示例。这与胡适节译该词条的同时用中国古典文献的例子替换浦氏例子的做法如出一辙,堪称无独有偶。

雪山俊夫1930年在《德意志文学研究》(《独逸文学研究》)第三辑发表《〈尼伯龙根之歌〉文本校勘近期研究动态》(《ニーベルンゲンの歌の本文批判に関する最近の提説に就いて》),1934年又出版专著《〈尼伯龙根之歌〉基础研究》(《ニーベルンゲンの歌基礎の研究》),对米歇尔斯(Victor Michels)、拉赫曼(Karl Lachmann)、巴尔奇(Karl Bartsc)等文献学家的工作进行介绍和讨论,同时对这些学者在校勘工作中所采用的理论和方法多所揭示。

和辻哲郎1934年出版《原典批评の方法について》一书,对维拉莫维兹关于荷马的相关研究进行了介绍,包括对原典自身的分析,对创作者动机意图的理解,对诸多文本疑难处进行讨论解决的所谓"高度批判"的方法的揭示。

应当说明的是,山岸德平、雪山俊夫、和辻哲郎,三个人都毕业于东京大学。雪山俊夫和和辻哲郎在东京大学毕业之后,都曾留学德国。前者学的是德国文学,后者学的是哲学。

张伯伦是英国人,然而受其影响,芳贺矢一却是赴德国学习文献学。雪山俊夫和和辻哲郎一个学习德国文学,一个学习德国哲学,但他们都热情地向日本介绍了德国文献学中关于文本校勘的一些理论和方法。原因很简单,当时德国是文献学尤其是校勘学的理论和方法最为先进的国家。

四

西方世界自古希腊罗马一直到近代各国,都有大量的文本在复制传播,因而也就存在异文,需要校勘。不管西方东方,无论古代现代,综观文本讹变,无非衍、讹、舛、脱几类,寻其致误之由,也无非形近而讹、音近而讹、涉上下文而讹,以及各种情形的妄改,而校勘的基本任务,也就无非是集齐众本,择善而从。关键问题是,"善"的标准是什么?如何在异文取舍时避免主观?

西方最基本的校勘方法称为 eclecticism(折衷法),这个词源于希腊语 *eklektikos*,意思是"采择"。在长期的校勘实践中,西方学者总结出不少经验法则,其中有些颇值得我们借鉴。

比如,有的异文奇崛难懂,有的异文通顺易晓;有的异文长而似完,有的异文短而疑缺;有的异文措辞雅饬,有的异文措辞鄙俗。两相比较,何者为善? 西方校勘学者总结出的经验法则是:"取难不取易,取短不取长,取俗不取雅……"[1]

---

[1] Bruce M. Metzger and Bart D. Ehrman, *The Text of The New Testament*, Oxford University Press, 2005, pp.302-304.

这其实是基于对传抄者心理活动的认知。因为传抄者更有可能是将难懂改为易晓、将短缺补充完整、将粗俗改为雅饬，而不是相反。当然，这只是盖然性，也就是只能说，十有八九是这样的。现在看来，这些法则虽然不能企及确定性，但仍不失其科学性。

在实践中，西方校勘者所面对的异文现象，往往比这要复杂得多。西方用印刷技术复制文本，要比中国晚几百年。故而西方古典文本校勘所要处理的证据，常常是大量的抄本。每一次抄写，都会出现新的讹变，没有两个抄本是完全一样的。不可能在同一层面上比对、衡量所有抄本的所有异文。

西方古典文本校勘所设定的目标是，在现有抄本证据的基础上，重建作者失落了的手稿。距离作者原始手稿中间传播环节越少的本子，越接近作者的原文，从而在重建作者原文的过程中越具有权威性。西方学者于是从"相同讹变意味着相同的来源"这一基本认识出发，对所有抄本进行分组系联，最后厘清其遗传变异的谱系。这种方法叫作"谱系法"。

据说鹿特丹的伊拉斯谟（Erasmus，1466—1536）就已经认识到"难的异文更为可取"。但是首次较为准确地总结出这句话的，却是德国从事《新约》校注的本格尔（Johann A. Bengel，1686—1752）：*Proclivi scriptioni praestat ardua*。当然，同样的意思，如今更为常见的表述是：*difficilior lectio potior*。

意大利的波利提安（Politian，1454—1494）在文本考据中已经坚持"推测性修正必须在可恢复的最古老的传承阶段的基础上进行"的原则，但是这种先"对校"后"修正"的方法，一直到数百年之后，才由德国的本格尔，以及后来的拉赫曼（Karl Lachmann，

1793—1851)予以理论化,所以谱系法又被称为"拉赫曼方法"。

可以说,19世纪末20世纪初,德国对校勘实践中许多明而未融的经验进行了系统化和理论化,从而将文献学进一步推向高峰。而与此同时,德国勃然而兴的高等教育,使得德国文献学在世界上一时成为显学。

19世纪初,威廉·冯·洪堡创立柏林大学,成为现代大学之母。柏林大学学科建设的重心是自然科学和文献学。谢尔顿·波洛克(Sheldon Pollock)在"Future Philology"(《未来文献学/语文学》)一文中套用维柯(Vico)的句式总结道:"如果像伽利略说的那样,数学是自然科学的语言,那么,文献学/语文学就是人文科学的语言。"

严谨的德国人的确是将文献学,特别是文本校勘学,当成数学一样的学问来加以系统化,理论化。这一点,从1927年出版的保罗·马斯《校勘学》一书的结构与表述中不难看出。不仅德国人这样,英国著名校勘学家W.W.格雷格1927年发表《异文的微积分》,题目中用到数学概念,文中也借用大量的数学符号。可以说,科学化,是20世纪初西方校勘学的潮流。

五

在西学东渐的背景下,胡适和以池田龟鉴为代表的日本学者都曾学习西方校勘学,他们的学习有相似之处,也有重要不同。

相似之处在于,他们都忽略西方校勘学中的经验法则,聚焦于谱系法理论。

"取难不取易""取短不取长"等经验法则,虽然中国考据学没有类似的总结,但是验诸中国古典文献的整理实践,颇为契合,可以适用。胡适对西方校勘学只是约略谈及,没有提到这些经验法则,不足为怪。但是池田龟鉴对西方校勘学洋洋几十万言的长篇大论,也没有讨论这些经验法则,不能不说是一个缺憾。中日学者在最初接触西方校勘学时,不约而同,都将学习的目光锁定在风行一时、以"科学性"相标举的谱系法上,显然是受到了时代潮流的影响。

不同之处有以下几点:

第一,日本学者术语更西化。

与中国人在借鉴西方时常说的"中体西用"不同,日本人甚至连名称都全盘西化。比如池田龟鉴将 textkritik 或者 textual criticism 直译为"本文批判",没有用中文同时也是日文里既有的"校雠"或者"校勘"这样现成的术语。一直到今天,日文中谈到校勘之事,大多数情况下还是用"本文批判",或者干脆将 text 付诸音译,表述为"テクスト批判"。"校勘""校雠"也偶有见用,不过多是在跟中国文献或者中国文献学相关的时候。又比如英语中的 edition(同一部书因编辑、传抄、刻版或装订形式等不同而产生的不同的本子)和 version(因翻译、改写而产生的不同的本子),汉语中都对译为"版本",有时颇滋困扰。日语中则是用音译来解决, edition=エディション,version=バージョン。当然也有一些颇具日本特色的翻译,比如拉赫曼方法的基本概念 recensio 和 emendatio(拙译"对校"和"修正"),池田龟鉴译为"吟味"(相当于推敲取舍)和"改良",在我看来,都不大妥帖。

第二,日本学者取资更广泛。

池田龟鉴1941年出版的《國文學に於ける文獻批判の方法論》,结合西方校勘学,对日本文献校勘方法论进行了系统的讨论。在书的前半部分,散见对西方校勘学有关论著的引用,主要是德文的,也有法文和英文,例如:保罗·马斯(Paul Maas)《校勘学》(*Textkritik*,1927),保罗·科隆(Paul Collomp)《文本校勘》(*La Critique des testes*,1931),赫尔曼·坎托罗维奇(Hermann Kantorowicz)《校勘学导论》(*Einführung in die textkritik*,1921),亨利·昆汀(Dom Henrie Quentin)《圣经拉丁文通行本校勘备忘》(*Memoire sur l'establissement du texte de la Vulgate*,1922),路易·阿韦(Louis Havet)的《拉丁文本语文考据手册》(*Manuel de critique verbal appliquee aux textes latins*,1911),奥托·施特林(Otto Stahlin)的《文本整理方法》(*Editionstechnik*,1914),奥古斯都·贝克(August Boeckh)《文献学的概念和方法》(*Encyklopadie und Methodologie der philologischen Wissenschaften*,1886),贝托尔德·毛伦布雷歇尔(Bertold Maurenbrecher)《古典文献学基础》(*Grundlagen der klassischen Philologie*,1908),W.W.格雷格(W. W. Greg)《异文的微积分》(*Calculus of Variations*,1927)等。

剑桥大学从事日本书籍文化研究的著名学者彼得·科尼基(Peter korniki)近年发表文章,以池田龟鉴为例讨论欧洲学术传统对日本文献学的影响(Ikeda Kikan and the Textual Tradition of the *Tosa Nikki*: European Influence on Japanese Textual Scholarship, *Revue d'histoire des textes*,2008),也对如此广泛的征引感到惊讶,说不知道池田龟鉴德语、英语和法语的水平究竟如何，说池田龟鉴在自序致谢名单里有两位因欧洲战争爆发而滞留日本的德国学者约瑟夫·罗根多夫（Joseph Roggendorf）和奥斯卡·本尔（Oscar Benl），池田龟鉴对西方校勘学的了解，可能得益于他们的帮助。这种推测是有道理的。后来证明，池田龟鉴的书并非独自完成，而是有几位学生协助，其中最重要的第二部《方法论》，就有萩谷朴执笔的部分，最终由池田龟鉴删改定稿。

第三，日本学者对西方校勘学理论进行了本土化。

十年前我们在编、译《西方校勘学论著选》，介绍谱系法的时候，其实是有一点"逾淮为枳"的担心的。这要从中国和西方在古典文本传播技术史上的一个不同之处说起。中国至迟在宋代，雕版印刷就已经成为古典文本传播的主要方式。印刷技术所带来的印本的一致性和权威感，很快就将抄本淘汰出局，以至于中国提到文本考证，大多只能追溯到宋刊元椠，宋版所依据的前代抄本，几乎都已不见踪影。就中国基本上以印本形式存在的古典文本的校勘整理而言，西方为了处理纷繁复杂的抄本体系而形成的拉赫曼方法，大多情况下其实并没有多少用武之地。

七十年前池田龟鉴《古典の批判の処置に関する研究》，却将西方校勘学理论与日本文献整理实践相结合，进行了较为成功的本土化。之所以可以这样，我想这主要是因为他整理研究的平安时代的日本文学文献，比如《土佐日记》《源氏物语》等，所要处理的不是为数寥寥的印本，而是几十种上百种甚至几百种写本。这种文本传播技术上的相似性，为池田龟鉴运用拉赫曼方法处理日本文献、将西方校勘学理论本土化提供了很好的条件。

六

说到对西方校勘学的学习和借鉴,对日本学者也不能一概而论。彼得·科尼基惊讶于池田龟鉴将拉赫曼方法适用于日本文献校勘的"普遍主义"(universalism)的坚定信念以及向日本推广西方校勘学的"传教热忱"(missionary zeal),认为他并不能代表当时(20世纪三四十年代)一般日本学者对西方校勘学的观点和态度。这无疑是对的。一直到今天,日本学者对西方校勘学的认知和态度仍然远未达到池田龟鉴所希望的状态,彼得·科尼基所说的"有意识的抵制"也依然存在。

日本的大学因建校历史和所处地域的不同,有时候有着不同的风格和倾向。东京大学创校之初课程体系效法西方大学,聘请外国人教师,学术研究的理论和方法自然也就比较西化。稍晚创立的京都大学,从课程设置到人员聘请,都有意与东京大学有所不同,以期在关西建立一个风格相异的大学,促进学术进步。就中国人最关注的东洋史学(支那史学)而言,京都大学的学术风格与东京大学有明显不同,其创始时期的代表学者如狩野直喜、内藤湖南"直接继承并发扬了清代乾嘉考据学"[①]。两个大学训练出来的学者,理论资源和学术风格各有特色,在汉学领域形成所谓东京学派和京都学派(广义的,又称"关西学派")。

东京和关西对于西方文献学传统的不同态度当然不仅体现在

---

① 刘正《京都学派》,北京:中华书局,2009年,第61页。

汉学研究领域，更体现在日本文学文献整理研究中。1976、1977年，日本学界关于文学批评和文本校勘方法论有过一次大讨论。讨论是由《透谷全集》校勘整理引发的，多个学者就该书的校勘方法发表论文，互相辩难，言辞激烈。核心人物有两个：一方是东京大学出身的三好行雄，另一方是关西大学出身的谷泽永一。三好行雄引用池田龟鉴的理论，坚持普遍主义的立场，认为文献校勘应当有系统的方法论。谷泽永一认为，方法受对象限制，不可能有打通关（"免許皆伝"）的方法。一定范围内通用的方法，不可能在其他所有地方都能适用，常常需要根据批评研究的对象，根据当前的问题，来重新确定方法。谷泽从相对主义的立场出发，认为"方法的一般化只不过是虚幻的梦想"[①]。这固然难免"只见其异，不见其同"之讥，但作为普遍主义的对立面，却是不可或缺的存在，对普遍主义具有纠偏的意义。

到了 21 世纪，随着全球化的进展，在向西方学习这一方面，日本人文学科的地域差异已经不像从前那样明显，但是西方校勘学的影响，却似乎不进反退。京都大学池田秀三先生《校勘学的基本原理》一文[②]，对西方校勘学只字未提。当然，该文是日本学术振兴会立项课题"中日校勘学发展和相关的复合性研究"的部分成果，讲中国，讲日本，固其宜也。但既然说到原理，最好还是将西方校勘学也囊括进来。比如论文最后第四部分反复提撕、殷殷叮咛

---

① ［日］谷沢永一《方法論的批評とはなにか》，载《方法論論争》，大阪：和泉書院，1995年，第19页。
② 收入刘玉才、水上雅晴主编《经典与校勘论丛》，北京：北京大学出版社，2015年，第1—8页。

的一句话是:"可以读懂的文句并不一定是正当的。""因为不能读懂,所以先人对此进行改窜以致文义通顺,这种可能性并非完全没有。"(第6页)这与西方校勘学"取难不取易"的经验法则,说的是同样的道理。如果东西并观,更能说明问题。

　　一百年从"西学东渐"到"东西会通",我们对西方人文学科的认识和了解,已经有了长足的进步,并因此从单向的学习接受转变为双向的交流讨论。然而就对西方校勘学的认识而言,东向一觇,池田龟鉴七十年前所达到的广度和深度,我们今天仍未能企及。由于日本文化与中国文化的特殊渊源,日本学者学习西方校勘学所取得的成绩和所遇到的困难,对于我们都有着特殊的参考价值。日本善于学习,向中国学,向西方学,其影响余绪,成为今天踪迹往事、综论东西的宝贵线索。研究中国历史,有人提出"在日本寻找中国",说是"礼失求诸野"。学习借鉴西方校勘学,"从东洋领略西洋",我看也是一条通幽曲径。

(原刊《文汇报·文汇学人》2021年2月1日)

校勘学中的"正确"与"忠实"

西方文献学值得我们学习借鉴的地方颇多。学习的第一步,是厘清概念,校准术语。这里举一例。

一百多年前,法国学者路易·阿韦(Louis Havet)在其《拉丁文本考证手册》(*Manuel de critique verbale appliquee aux textes latins*, 1911)中,区分了 vérité 和 authenticité 这样一对概念,将抄本与作者原本相一致的情形称作 vérité,将抄本与其所从出的父本相一致的情形称作 authenticité。十年后,德国学者赫尔曼·坎托罗维奇(Hermann Kantorowicz)在其《校勘学导论》(*Einführung in die textkritik*, 1921)一书中给出的德文对译是 Richtigkeit 和 Echtheit。又二十年后,日本学者池田龟鉴在其《古典の批判の処置に関する研究》(1941)一书中给出的日文对译是"正しさ"和"純粹さ"。如今我们拟定的中文译名是"正确"和"忠实"。法文、德文、日文和中文术语对照如下:

vérité = Richtigkeit = 正しさ = 正确
authenticité = Echtheit = 純粹さ = 忠实

文本复制传播过程中的"正确"和"忠实"该如何理解?不妨以

综艺节目上常见的"拷贝不走样"游戏打比方，稍加说明。

"拷贝不走样"的主旨是，让一则信息经过若干传承环节，正确传达到最后的，则为成功。具体操作是，比如有 A、B、C、D、E 五个人，都背对主持人排成一列。主持人让第一个人 A 转过身，给他同时也给观众看一个词语，比如"惺惺相惜"，然后将提示板收起。A 让 B 转过身，在不能说话、不能写字的条件下，通过比手画脚，让 B 领会"惺惺相惜"这个词语。B 再让 C 转过身，向他模仿 A 的比手画脚。依次进行，一直到 E。如果 E 能答出"惺惺相惜"四个字，则游戏成功。

从这个游戏的名称可以看出，其与文本抄写复制传播颇为类似。提示板上的文字，相当于作者原本的表达意图。每一个人相当于一代抄本。

值得注意的是，对前代抄本惟妙惟肖的模仿，并不一定符合作者原本，因为前代抄本可能已经"走样"了。因而对前代抄本"拷贝不走样"，可以称"忠实"，但却不一定"正确"。

第一代抄本如果完全准确、毫不走样地复制了作者原本，堪称"忠实"，也堪称"正确"。如果其后每一代抄本也都能完全准确、毫不走样地复制前代抄本，那么可以说，截止当下，抄本堪称"忠实"而且"正确"。

如果其中有一代抄本"走样"了，那么一般来讲，其后的抄本，或许可以称得上"忠实"，但谈不上"正确"。

还有一种情形，不"忠实"，但是"正确"。这就是当传抄者对前代抄本中的讹变，或者说"走样"之处，进行正确校改修正，使其恢复"原样"的时候。

当然,历时千百年之久的真实文献复制传播的过程,比区区几分钟"拷贝不走样"游戏要复杂得多。首先,其传播过程不可能尽收眼底,而是已经消失在历史的暗夜里,各个抄本的前后顺序,成了需要考证确定的问题。其次,其传承环节也不可能尽在掌握,部分抄本已经佚失,相关部分已无法进行历史重建。就像保罗·马斯《校勘学》开篇所说,"我们所占有的抄本,与原本之间,不知经过多少次辗转传抄"①。

西方学者将古典文本校勘的目标表述为"重建作者失落了的手稿"。也就是说,"正确"是校勘的终极目标。但由于古典文本的写定时代距今已千百年,作者手稿和早期抄本几乎都已不复存在,很难确定存世文本是否完全符合作者原本。于是人们退而求其次,将考量"忠实"与否作为文本校勘的暂时小目标。实现这个小目标的操作过程西方校勘学叫作"对校"(recensio)。对校的结果,就是给存世抄本排出前后次序,然后在存世抄本证据的基础上,重建最早可考抄本的文本。

雷诺兹等《抄工与学者》在论及18世纪校勘学的发展时,引述英国著名校勘学家本特利《整理〈新约〉刍议》中的观点。本特利认为,借助散见各地图书馆的古抄本,"可以将文本恢复到尼西亚会议(325年)时期通行的最好的本子的状态"。雷诺兹等画重点,说:"值得注意的是,他并不奢望将作者的文本恢复到手稿的状态……"②

---

① [德]保罗·马斯《校勘学》,苏杰编译《西方校勘学论著选》,上海:上海人民出版社,2009年,第46页。
② [英]L.D.雷诺兹、N.G.威尔逊《抄工与学者:希腊、拉丁文献传播史》,苏杰译,北京:北京大学出版社,2015年,第192页。

保罗·马斯《校勘学》将现有文献证据条件下能够恢复的文本称作"原型"(archetype)。"原型"可以说是通过"忠实"度考察,不断剔除"走样",最后逆溯到在传承环节上接近作者原稿的抄本。

"原型"毕竟不是"原本"(original)。想要进一步企及"正确"这个校勘的终极目的,就要在"对校"(recensio)之后,再进行"修正"(emendatio)。

"修正"必须是在"对校"所重建的原型的基础之上。雷诺兹等指出,修正应当是"在传达文本的基础上",而不是在"通行本的基础上"。所谓"传达文本"(transmitted text),其实就是指"原型"。

雷诺兹等《抄工与学者》和保罗·马斯《校勘学》都提到"传达"(transmitted)这个概念。"传达"和"忠实",说的都是"不走样",不同者,只是看问题的角度。"不走样",自先视后,谓之"传达";自后视先,则谓之"忠实"。

中国校勘学有"校异同"与"定是非"之说,颇类西方校勘学所谓"对校"(recensio)和"修正"(emendatio)。其实仍有重要不同。

中国校勘学所谓"校异同",其实不是"对校"(recensio),而只是"校对"(collation),其结果只是一个平面的异文列表。

西方校勘学所谓"对校",其实是在考察异文是否前有所承,也就是是否"忠实"。最终结果是追溯到存世最早抄本,重建所谓"原型"。

中国校勘学所谓"定是非",最常引用的是段玉裁《与诸同志书论校书之难》:"是非有二,曰底本之是非,曰立说之是非。"[①]所谓

---

① 〔清〕段玉裁《与诸同志书论校书之难》,《经韵楼集》,上海:上海古籍出版社,2008年,第333页。

"底本之是非",就是与作者原本一致与否。所谓"立说之是非",就是作者立说是对还是错。

西方校勘学所谓"正确",其实只相当于"底本之是非"。至于作者立说是对是错,则不是校勘学(又称 low criticism)所要解决的问题。

西方校勘学其实是将中国所谓"定是非"分为两个步骤,第一步是对校,追求"忠实",将文本恢复到现存最早抄本。如果对得到的文本仍有怀疑,则要进行第二步,即修正,追求最终的"正确"。正像 A.E.豪斯曼所说,对校是科学,修正是艺术。[1]

(原刊《南方周末·阅读》2019 年 9 月 19 日)

---

[1] [英] A.E.豪斯曼《用思考校勘》,苏杰编译《西方校勘学论著选》,第 25 页。

校勘名义中西谈

"校勘",顾名思义,是校对和勘误。对于这类工作,人们并不陌生。譬如说某报刊某一期出现了比较多的错字、漏字,知识错误,或者标点符号不规范,往往有热心读者写信给编辑部,"建议加强文字校勘工作"。

有几年时间我在译介"西方校勘学"。与学术圈以外的朋友见面聊天,被问及在研究什么,我回答说,"校勘学"。"校勘?!噢~~噢",朋友瞠目颔首,一脸"了解之同情"。

不仅圈外的朋友如此。关于校勘工作的学术含量,两年前微博上曾有过一次十分热烈的讨论。有位学者说,校勘是机械性工作,没有什么学术含量,认为真正能够解决文本难题的,是各领域的"专门研究家",而不是文献学训练出来的"校勘家",建议将学术含量低的文本工作称作"校勘",将学术含量高的称作"研究"。古典文献学专业的学者对此进行了反驳,甚至反唇相讥。

我倒觉得,这位学者的话虽然未免偏激,却也并非全无道理。

我们古典文献学所做的校勘,与报刊编辑所做的校勘,有根本差别吗?

报刊编辑所关心的问题是,(一)这排印的校样与作者的原稿一致吗?(二)作者的原稿有什么错误吗?

我们古典文献学所关心的文本问题也大致如此。段玉裁说："校书之难,非照本改字,不讹不漏之难也,定其是非之难。是非有二:曰底本之是非,曰立说之是非。"①所谓"底本之是非",就是传本与作者原稿是否一致,所谓"立说之是非",就是作者说的是否正确。

两种校勘之间的差别在于一个字,就是段玉裁所说的"难"。

报刊编辑进行校勘,有作者原稿,大多数情况下还可以咨询作者本人,故而问题(一)的解决就成了一个"照本改字"的机械工作。至于问题(二),作者的记述是否符合事实,编辑作为同时代处于同一历史语境中的人,也不难做出判断。

古典文献学所进行的校勘,比如说,《史记》校勘,则要难得多。我们没有太史公的原稿,现存最早的抄本,距离作者时代也有几百年之久,中间不知道经过了多少次传抄。当我们面前的这些本子出现异文的时候,判断哪一个异文来自太史公原稿;当《史记》与其他文献存在分歧的时候,判断太史公的记述是否符合历史事实;这些都是非常困难的问题。

古籍校勘,其实可以分为两个层次,一是校异同,二是定是非。定是非很难,校异同并不难,基本上是机械性的工作。现在有些校本,只完成了第一层次的工作,即,只校异同,没有定是非,书后"校勘记",只列异文,几乎不做按断。对于这类"校勘",有些人还矜诩为"采铜于山"。大约正是有见于此,前文提及的那位学者才提议要将这类没有多少学术含量的"校勘"与真正的"研究性校勘"在称

---

① 〔清〕段玉裁《与诸同志书论校书之难》,《经韵楼集》,上海:上海古籍出版社,2008年,第333页。

名上加以区分。

西方校勘学将第一个层次的工作称作 collation（比对，校对），将第二个层次的工作称作 criticism（鉴别，评判）。

胡适首次将西方校勘学介绍到中国，并借此他山之石，对清代的考证方法进行分析："校勘学的方法可分两层说。第一是根据；第二是评判。"①换句话说就是，校勘过程可以分为两个步骤，第一步是找根据，第二步是做评判。文中揭明，"评判"一语是对英文 criticism 的翻译。而找根据，最为重要的，当然是比对异文。

Collation，比对异文，这项工作尽管很重要，但对操作者来说，主要是要求其认真细心，知识上的要求并不高，甚至过多的知识还会成为比对异文的障碍。保罗·马斯《校勘学》指出："不自觉的推测可以很容易地危害校对的客观性"，认为"最可靠的校对者（collator）"往往要"关掉自己的知识系统，纯粹通过视觉开展工作"②。

西方校勘家往往并不亲自做比对异文的工作。比如为了校勘《新约》，理查德·本特利曾经"派人对外国图书馆所藏同样古老的抄本进行对校"③。值得注意的是，版本比对的实际操作者（collator）付出了机械性的辛劳，其比对结果却往往冠以委派者（一般是校勘家）的名字。《抄工与学者》一书中数度出现16世纪著名古典学家蒂尔内布的"校对异文"（Turnebus's collations），有

---

① 胡适《清代学者的治学方法》，《胡适文集》第 2 卷，北京：北京大学出版社，1998 年，第 297 页。
② ［德］保罗·马斯《校勘学》，苏杰编译《西方校勘学论著选》，上海：上海人民出版社，2009 年，第 69 页。
③ ［英］L.D.雷诺兹、N.G.威尔逊《抄工与学者：希腊、拉丁文献传播史》，苏杰译，北京：北京大学出版社，2015 年，第 192 页。

一处行文很明确,a collation made for Turnebus(为蒂尔内布做的校对异文),用的介词是 for,不是 by(英文第四版,第 176 页)。

将"比对异文"比作"采铜于山",大致是不错的。但是,青铜器上,怎么可能勒上矿工的名字? 除非他本身就是设计/铸造者。只有当校勘家亲自去比对异文,"采铜于山"的比喻才有称道的意味。就像名厨亲自种菜、亲自钓鱼,引人赞叹,并不是说种菜和钓鱼有多了不起。如果不是名厨在做,那不过是菜农和渔夫的工作而已。

Criticism,鉴别,评判,这才是真正意义上的校勘,也就是段玉裁所说的"定是非"。

汉语对校对之事(collation)和校勘之事(criticism)没有做明确区分,笼统称之为"校",以至于人们将校勘学视为小道末技。殊不知 textual criticism(校勘学)在西方被视为学问的皇冠与顶峰①。西方学术史上从事古典文献研究的人有时被称为 grammaticus(文法学家。有一本专讲校勘学的小册子,题目就是《文法学家的技艺》),但是最令他们满意的称谓却是 criticus(鉴别者,校勘家)②。因为,这是"定是非"的人。

如前所引,段玉裁说,"是非有二,曰底本之是非,曰立说之是非"。西方文献学也将这 criticism 分为两个层次,分别是 lower criticism(下层鉴别)和 higher criticism(上层鉴别)。前者所要回答的问题是,作者的准确文本究竟写的是什么。后者所要回答的问题是,如何正确评判作者所写的这些文字。前者大致就是我们

---

① [英] A.E.豪斯曼《用思考校勘》,苏杰编译《西方校勘学论著选》,第 26 页。
② 参看[英]桑兹《西方古典学术史》,张治译,上海:上海人民出版社,2010 年,第 35 页。

所说的文本校勘,后者则有些复杂。

要想正确评判作者所写的文字,当然需要设身处地,搞清楚作者是谁,家世背景如何,该文本的形成曾参考过什么资料,目标读者是什么人,反应如何,等等。也就是说,除了关注"文本的世界",还关注"文本背后的世界",以及"文本面前的世界"。

对作者及其历史处境的关切,是认真读者的自然反应。《孟子·万章下》:"颂其诗,读其书,不知其人,可乎?是以论其世也。"①"知人论世"是有着悠久历史的中国学术传统。

所谓"东海西海,心理攸同",从认知心理的角度看,西方的 higher criticism 与中国的"知人论世",似乎有着大致相仿的心理动因。然而细考其问题语境,却有十分重要的区别。

higher criticism 与 lower criticism 是在讨论《圣经》文本时形成的术语。因为 lower criticism(下层鉴别)这个名称让相关学问显得比较 low(低级),于是被改称为 textual criticism(文本校勘)。相应地,higher criticism(上层鉴别)也改了名称,叫作 historical criticism(历史鉴别)。大概可以理解为,对相关"立说"的理解与判定,当以历史为依准,考察《圣经》文本在特定历史语境中的本来面目与含义。

讨论古典文本时被视为理所当然的"知人论世",在运用到《圣经》文本时,却被许多人当成是不可接受的。因为在他们看来,《圣经》文本背后是神,不是人;《圣经》文本是神的启示,是神的全然无误的话语。如果当作人为的作品,分析其资料来源,分析其撰作的

---

① 〔清〕焦循《孟子正义》,北京:中华书局,1987年,第726页。

历史语境，对于信仰来说，那将会有颠覆性的影响。

著名神学家叨雷(R. A. Torrey)在论述"上层鉴别的历史"时，首先解释为何在大众眼里"上层鉴别"就等同于"不信"(unbelief)。因发表《错引耶稣》一书登上《时代》杂志封面的巴特·埃尔曼(Bart D. Ehrman)，最初是"获得重生经验"的基督徒，以《新约》经文鉴别学为志业，最终成了一个不可知论者。当然，他在书后所附的访谈中表示，从事《圣经》文本校勘研究，并不是他信仰改变的唯一原因。但无疑是原因之一。

2016年因为复旦大学古籍所组织的一次国际学术研讨会，有幸认识了美国宗教学家、曼森《圣经》讲座教授埃瑞克·齐奥克斯基。研讨会前，我陪埃瑞克在上海走了一天。他有他感兴趣的目的地，他说了一个街道的名称，说很有名。什么？我请他再说一遍。"潺沟 Street"？我竟然没听过。请他写下一看，不由哑然失笑。Changle Street，长乐路。

研讨会上，我应景谈起了中国古典文献校勘与《圣经》校勘，谬托知己，对 lower criticism（下层鉴别）、higher criticism（上层鉴别）与中国校勘学之间的共通之处津津乐道。埃瑞克提醒我注意 higher criticism（上层鉴别）与 historical criticism（历史鉴别）对宗教信仰意味着什么，会后还惠我资料，示我周行。甲之蜜糖，乙之砒霜。此前我对这个问题的确未曾深思。

我们太容易以己度人，又太容易目不见睫。中西比较，时见心理攸同，固可欣也；然而名义之辨，可不慎欤？

（原刊《南方周末·阅读》2017年6月8日）

从古文书学到古字体学

在中西文献学比较研究中,关键术语译名的厘定是基础也是难点。Palaeography 我们以前"仍旧贯"译为"古文书学",也有人译为"古文字学",都不是特别准确。经过反复考虑,我们主张译为"古字体学",并在 2018 年推出的《抄工与学者》中译本修订版中做了相应的改动。这里简单谈谈我们的理由。

译为"古文书学"存在的问题

《抄工与学者》有一节,按照我们原来的译名,叫"古文书学的起源"。这一节的第一句,把这门学问称作"抄本之学"(the study of manuscripts)。就近取譬,这其实与中国的"版本学"大致相当。

中国利用雕版印刷复制传播文本,自宋代起就基本取代了抄写传播,宋版所依据的前代抄本几乎都没有留存下来。西方 15 世纪开始用金属活字印刷复制传播文本,其所依据的古抄本,很多都还存世。中国古代典籍校勘,最早的证据,一般是所谓"宋刊元椠"。为了鉴别版本的时代早晚,于是有所谓"版本学"。相比起来,西方古代典籍的校勘,证据的主体是尚多有存世的古抄本。为了鉴别这些抄本的时代早晚,则有所谓"抄本之学"。

对抄本时代早晚的判定，主要依据各个时代的文字书写的特点，所以这门学问就被叫作 palaeography，以前多被译为"古文书学"。除了文字书写的特点外，作为册叶形式的古抄本，其册叶组成结构也有其特点——主要是先对折成"叠"，然后由"叠"构成册；对这一方面特点的相关研究，后来成为所谓"册子本学"（codicology）。可以说，西方对古抄本的研究和鉴别，以"古文书学"为主，以"册子本学"为辅，两者结合，大致相当于中国的"版本学"。

中国的版本学，已被人称为"绝学"①，与之相当的西方关于古抄本的学问，就更令中国人望而生畏了。钱锺书先生早年在牛津大学曾学习过这门课程，甚至还曾经补考过。杨绛先生在《我们仨》中有生动的记述：

> 司徒（亚）是同学院同读 B. Litt 学位的同学，他和锺书最感头痛的功课共两门，一是古文书学（Palaeography），一是订书学。课本上教怎样把整张大纸折了又折，课本上画有如何折叠的虚线。但他们俩怎么折也折不对。两人气得告状似的告到我面前，说课本岂有此理。我是女人，对于折纸钉线类事较易理解。我指出他们折反了。课本上画的是镜子里的反映式。两人恍然，果然折对了。他们就拉我一同学古文书学。我找出一支耳挖子，用针尖点着一个个字认。例如"a"字最初

---

① 《中国语言文学类专业经典书目导读》在对黄永年《古籍版本学》的导读中提到："要掌握古籍版本学有一定的难度，甚至一度被认为是'绝学'。"北京：光明日报出版社，2017年，第143页。

是"α",逐渐变形。①

显然,所谓"订书学",应该就是"册子本学"(codicology);而"古文书学",主要是关于字母书写形式的历史演变。

杨绛先生没有给出"订书学"的英文名称,是有原因的。codicology 一词从法语进入英语,是第二次世界大战以后的事情。汤晏《一代才子钱锺书》述及钱锺书先生在牛津的学习经历,把杨绛先生笔下的"两门功课"当作一门课程:

> 惟最令他讨厌的一门课是 Palaeography。这门课程本身非常枯燥乏味,主要作业是从古代的书写方法来辨认作者手稿,从手稿来鉴定作者书写的年代。在印刷术没有发明以前,全靠这种方法来鉴定。对欧洲学者来说,这是训练治学的初步,且至为重要。这种鉴定无实用价值,英人天性保守,墨守成规,所以钱锺书必须修这门课。钱锺书的作业是指定读自 11 世纪以来,学者留下来的手稿,及装订书籍的方法……②

这段叙述,说这门学问的核心是"鉴定""书写的年代",将其与"版本学"("印刷术没有发明以前")相对照,无疑是对的。

说"装订书籍的方法"是这门课程内容的一部分,也不无道理。我们请教过牛津大学讲授这方面知识的专家、《抄工与学者》的作

---

① 杨绛《我们仨》,北京:生活·读书·新知三联书店,2003 年,第 66 页。
② 汤晏《一代才子钱锺书》,上海:上海人民出版社,2005 年,第 139 页。

者威尔逊先生,他也认为只是一门课程。至于牛津大学当时这门课程的任课教授是谁,他说可能是以下两个人之一。一位是拉丁文 palaeography 教授伊利亚斯·洛威(Elias Lowe, 1879—1969),1936 年因转而任教于普林斯顿大学,停止了牛津大学这门课的讲授。另一位是内尔·科尔(Neil Ker, 1908—1982),1936 年应牛津大学英文系之请,开始讲授英文 palaeography。钱锺书是 1935 年 11 月 5 日在牛津大学登记入学的;Jesse Field 的《书写中国的人生:杨绛写作研究》(*Writing Lives in China: the Case of Yang Jiang*,美国明尼苏达大学博士学位论文,2012)提到,钱锺书当时学习的这门课程要求掌握 11 世纪以降各种英文字体;综合考虑起来,让钱锺书感到头痛并且补考过关的这门课的任课教师,似乎应该是时年 28 岁(只比钱锺书大两岁),还几乎没有什么教学经验的科尔教授。然而后来我们向牛津大学埃克塞特学院档案馆馆长求证,她回复说应当是前者,即伊利亚斯·洛威。值得一提的是,洛威教授是英国前首相鲍里斯·约翰逊的外曾祖父。

《一代才子钱锺书》叙述中最大的问题,是其频频提到的"作者的手稿"。英文 manuscript 固然可以指作者手稿,但在写本书时代,更多情况下其实是指抄本。作者的时代是确定的,一般不需要通过手稿来判定其撰写年代。要鉴定的,是作者身后几百年,甚至上千年之后所制作的抄本书的"书写年代",并以此来判定其文本的相对可靠性。

说"这种鉴定无实用价值,英人天性保守,墨守成规",也完全不对。在西方这门学问的历史也并不长,但在考据实践中却极有价值。《抄工与学者》在论及 16 世纪著名学者伊拉斯谟时指出,由于伊拉斯谟在"古文书学"知识上的不足,尽管其所拥有的抄本中颇饶古本,却往往选的是后出的庸劣抄本,从而限制了其在文本校勘上的成就。①

一直到17世纪末,学者们才开始对各个时代抄本的文字书写特点有了较为明确的认识。这其中,有一个特殊的缘由。

17世纪末,在耶稣会和本笃会之间爆发了论战。有耶稣会士撰文指出,据称是646年梅罗文加王颁给本笃会的特许状是伪作。本笃会士让·马比荣花费数年时间研究各种特许状,系统总结出检验中世纪文书真伪的一系列标准,撰成《文书研究》(*De re diplomatica*)一书。该书内容涉及古代法律文书及官府文书的种类、格式、措辞、署押、印章等,还对各个世纪的字体进行了系统的举例描写。然而对中世纪的法律文书和官府文书的研究鉴定,毕竟适用范围十分有限。后来伯纳德·蒙弗贡在马比荣研究的基础上,聚焦于单个字母形体的历史演变,将其知识和方法运用到希腊抄本书的研究和鉴别上,撰成《希腊古文书学》(*Palaeographia graeca*),为古抄本的年代鉴定奠定了基础。

需要指出的是,我们按照前人通常的做法将 palaeography 译为"古文书学",同时将 diplomatics 译为"文书学",其实是有问题的。首先,"文书"一词存在歧解,一个指"文字"或"书写"(graph),一个指"公文"或"文书"(diploma)。其次,在西文中 diplomatics 和 palaeography 判然有别,尽管两者渊源极深,但也不宜混为一谈。第三,日本受西学影响所形成的"古文书学",单指研究公文、

---

① [英]L.D.雷诺兹、N.G.威尔逊《抄工与学者:希腊、拉丁文献传播史》,苏杰译,北京:北京大学出版社,2015年,第162页。

文书的学问。最后,现在中国关于官府文书、民间契约文书等的研究日益成为研究热点,在这种情形下继续将研究文字书写时代特点的 palaeography 与之一同称为"古文书学",的确有欠分明,应当考虑其他译名。

译为"古文字学"存在的问题

Palaeography 很早也被译为"古文字学"。姚从吾先生 1934 年从德国留学归来,在北京大学讲授"历史研究法"课程,在讲义中就将德语词"Paläographie"译为"古文字学",认为欧洲作为"史学辅助学科的古文字学","偏重字形及认识古字,不是形、声、义三者兼重,目的在帮助研究历史,不专在考证文字源流……""历史家若想读古文书,直接运用古史料,免除误解或转译的错误,即不能不直接学习古文字学。"[①]

为了与研究古代公文、文书的"古文书学"相区别,有些学者认为应当像姚先生那样,将 palaeography 译为"古文字学"。比如前引汤晏《一代才子钱锺书》,就把钱锺书在牛津大学学习过的 palaeography 括注为"古文字学"。我们觉得这还是有一些问题的。这样做虽然可以将其与相当于"古公文学"的"古文书学"(diplomatics)区别开来,但是却容易与中国的古文字学混为一谈。中国的古文字学与西方的 palaeography 有着非常重要的不同。

一是两者核心任务有根本不同。

---

① 姚从吾《历史研究法》,黄人望等撰,李孝迁编校《史学研究法未刊讲义四种》,上海:上海古籍出版社,2018 年,第 289 页。

首先需要说明的是，姚从吾先生认为作为"史学辅助学科"的欧洲的"古文字学"（palaeography）的学科宗旨只是为了正确地释读古代文本，这样的理解有失偏颇。正如2021年11月威尔逊先生在其题为"作为辅助学科的palaeography"的讲座中指出的那样，这个学科的宗旨主要在于通过厘清各个时期文字书写的风格特点，判定相关抄本的抄写年代，欧洲的palaeography的核心任务是判定抄本的年代，这与中国古文字学完全不同。中国的古文字材料，大多是各种形式的出土文献，其书写年代基本上是已经确定的。林沄先生在其《古文字学简论》一书中指出："古文字学的研究对象是待识的先秦文字，其任务是识读未识及误释的先秦文字。"①

二是两者在学科体系中的地位有重要不同。

中国的文字学学科体系颇为复杂纠葛。从逻辑上讲，文字学可分为普通文字学和具体文字学，而具体文字学则包括各种语言的文字学，其中"汉语文字学"就是"汉字学"。"汉字学可以分为古汉字学、传统汉字学、近代汉字学、现代汉字学、汉字发展史、汉字传播学、应用汉字学"②。如果中西对标，欧洲的palaeography大约相当于"汉字发展史"的"应用性学问"，而不是破译考释文字的"古汉字学"。从现实中看，在中国"汉字学"往往被称为"文字学"，而"古汉字学"被称为"古文字学"。由于地不爱宝，近年出土文献大量涌现，"古文字学"成为显学，几乎有枝大于本之势，学界往往

---

① 林沄《古文字学简论》，北京：中华书局，2012年，第8页。
② 邓章应《文字学的学科地位和学科体系再思考》，《宁夏大学学报（人文社会科学版）》2013第2期。

将"文字学"与"古文字学"相提并论，比如，2020年12月复旦大学主办的"文字学与古文字学研究的现状及展望"座谈会。

用中国当前的术语来说，palaeography属于"文字学"，不属于"古文字学"。如果要将palaeography比作与中国文字相关的学问，与其说成是对出土文献中未释疑难字的考释，不如比作对传世写本中各种风格的草体或者其他什么字体风格的了解。这种了解不仅可以保证准确阅读，而且还可借以判定书写者属于什么时代、什么地域甚至具体到是什么人。

译为"古字体学"的理由

我们认为，palaeography译为"古字体学"比较准确得宜。

palaeo的意思是"古"，graphy的意思是"书写"，相当于英语writing。writing有三种含义：一是指具体书写的结果，运笔于书写材料（譬如纸）所留下的字迹；二是指构思撰写的文章；三是指结构性的书写系统（writing system），中文称作"文字"。

中国是表意文字，实际交流所用的文字系统有数千单字。先秦出土文献中的未识字，是当时文字系统的未发之覆。考释者排比相关字形，以观其同，以求其音读语义，是对当时文字系统的厘清和完善，故而中国学者对先秦未识字的考释关乎"文字"，是"古文字学"。

西方是表音文字，其文字系统只有二十几个字母。其中世纪写本的字体随时随地而各有特点。研究者排比字形，以辨其异，借以判定相关写本书写的时代或地域。西方palaeography关注的是字母的具体书写，在现代汉语中相对应的是"字"。

表示具体书写的"字"，与"文字"在运用上有所歧互。在汉语里，"这个人的字很好"，是指他的书法；"这个人的文字很好"，只能是指他的文章。

与 palaeography 相关的是前者。为了沿用前人的"古文书学"译名，我们曾经将"文书"解释为"文字书写"，总归还是不妥。称作"古字学"也不成话。如果用一个复音词来代替"字"，那么"字体"是最合适的选择。

根据《辞海》，"字体"是文字的不同体式，既指汉字发展史上篆书、隶书、草书、行书等等风格大类，也指有代表性的著名书法家所形成的风格独特的书体。① 按照王宁先生的说法，前者是宏观意义上的字体，后者是微观意义上的字体。② 循此以论，应该还有原子意义上的字体。每个人的笔迹都有自己的风格，也就是说每个人都有自己的字体。就像说"每个人都有自己的手稿""每个人都有自己的故居"一样，这样的说法在措辞上似乎难以接受（因为似乎一个人只有达到一定身份，其写在纸上的字才可以称"手稿"，其旧宅才可以称"故居"），但在逻辑上却并没有什么问题。

与文字相对应的语言，也存在类似的情形。我们知道，存在一个所有操某种语言的人的最大公约数的结构性的知识系统，称之为语言。语言的具体运用存在不同层次的风格特点的，称之为方

---

① 《辞海》，上海：上海辞书出版社，1979年，第2301页。
② 王宁《汉字字体研究的新突破——重读启功先生的〈古代字体论稿〉》，《三峡大学学报（人文社会科学版）》2001年第3期。

言。甚至每一个人都有自己的语言运用特点,有时称作"口音"(accent),在语言学上也被称为"个人方言"(idiolect)①。既然可以有"个人方言",那就也可以有"个人字体"。

在所谓"法律证据科学"(forensic sciences)中,有法医鉴定、指纹鉴定,还有所谓"语言指纹鉴定",即可以通过"个人方言"(idiolect)来判断某个文本的作者是谁②。当然也有笔迹鉴定,以确定具体书证材料究竟是何人所书写。

同样的道理,古代写本中的字体,从理论上讲,如果资料足够丰富,也是可以判定抄写者究竟是谁的。个人书写风格互相影响,因而一个团体,一个地区,一个时代,书写应该也有总括的风格特点,成为各个层级的"字体"(比照不同层级的"方言")。而"古字体学",就是要通过对这些字体特点的研究,判定相关写本的书写时代、地域,甚至具体书写人是谁,从而确定相关写本在文本校勘考据时的相对价值。正是在这个意义上,"古字体学"成为为文本校勘服务的"辅助学科"。

总之,将西方的 palaeography 译为"古字体学",一可以与研究公文文书的"古文书学"相区分,二可以与破译考释出土文献中未识字的中国古文字学相区别,三可以彰显其通过厘清不同时期、不同地域,甚至不同个人的字体来确定古代抄本的时代、地域甚至书写者这一核心宗旨,因而是准确得宜的。

中国虽然还没有"古字体学"这个术语,但是,在张涌泉先生为

---

① 宋英杰编著《语言学重点难点探析》,成都:西南交通大学出版社,2014年,第217—218页。
② 苏杰《"语言指纹":识别作者身份》,《中国研究生》2012年第5期。

倡导建立"写本文献学"而撰写的《敦煌写本文献学》一书中,"字体"是其核心章节之一①,而黄永年先生《古籍版本学》在讨论版本鉴别时,首先讨论"字体",认为字体"在版本各种现象中是最精最主要的现象"②。可以说,在写本文献和刻本文献的研究和鉴定方面,"古字体学"是一个呼之欲出的名词,是一个学科建设的发展方向。相信有西方"古字体学"这个他山之石作为借鉴,在不久的将来,中国的古字体学一定会发展起来。

(原刊《文汇报·文汇学人》2022年9月13日)

---

① 张涌泉《敦煌写本文献学》,兰州:甘肃教育出版社,2013年,"绪论篇"之后"字词篇"的首章即为"敦煌文献的字体",第83页。
② 黄永年《古籍版本学》,南京:江苏教育出版社,2009年,第19页。

西方手稿研究窥管

手稿是思想认识借纸笔显影的原始记录，是作者写作过程的直接证据。随着电脑写作日益普及，纸笔意义上的手稿有行将谢幕之势。新旧嬗替之际，中国学术界研究手稿的热情空前高涨。手稿研究当如何措手，展卷踟蹰之时，人们自然而然地再一次将目光投向西方，寻求他山之石。笔者不揣谫陋，谨就管窥所及，对西方手稿研究的情况略为分梳，以为引玉之砖。

接轨与错位

十几年前，舒乙先生已在《人民日报》上发表文章（2002年7月18日，《呼唤手稿学》），呼吁借鉴国外的手稿学，建立中国现代文学的手稿学。

这是职责之言，也是阅历之言。舒先生当时是中国现代文学馆馆长，参观法国国家图书馆，目睹法国人研究"手稿"的热情，感慨现代文学馆所藏珍贵手稿基本无人利用，因而有此倡议。关于"手稿学"的建立，舒先生提出：一要开展"专门研究"，"听说现在文学类硕士、博士的论文题目很让导师们伤脑筋。手稿学是个空白，何不拨点儿学生去研究它"；二要借鉴国外的手稿学，"国外的手稿学是值得我们借鉴的,可以翻译一些他们的研究成果,看看他们的学科体系,看看他们的研究方法,看看他们的具体结论"。

然而十几年过去了,中国现代文学的手稿学终究没有建立起来。东方不亮西方亮,原因何在?

其实这并不一定是"手稿学"逾淮为枳,而是东西方之间"手稿"概念存在李代桃僵。

法国国家图书馆中文网页里的"手稿部"对应的法文是Département des Manuscrits。该部所藏,固然有许多现当代作家原始手稿,但更受重视的恐怕是古写本、古抄卷,其中包括伯希和从中国带回去的敦煌抄卷。

英文 manuscript 绝大多数也被译为"手稿",有时候并不准确。《牛津英语词典》中其首要义项是"写本","抄本"。只有在特定语境下 manuscript 才有"作者亲笔所写"的意思,即 autograph manuscript。

芝加哥大学研究信息媒介的布兰登·霍普金斯(Brandon Hopkins)曾讨论 manuscript 的语义演变。在最为广泛的意义上,manuscript 指所有手写的文字信息。在稍为狭窄的意义上,manuscript 指前印刷文化(pre-print culture,印刷术发明之前的文化)的图书和其他文献。随着 15 世纪印刷术的发明与流行,manuscript 有了更为狭义的用法,指尚未付梓发排的作者原始手稿,相对于文本最终的印刷成品而言。

后两个义项大致可以译为"古写本"和"手稿"。关于两者之间的区别,霍普金斯指出:前者(写本)是一个生产过程的终结,而后者(手稿)则是另一个生产过程的开始;前者意味着举世无双的珍稀性(uniqueness,譬如泥金彩饰古写本),后者则意味着溯至本初的原始性(originality)。

西方研究 manuscript 而久已蔚然成"学"者(即所谓 Manuscript studies),主要针对的是古写本。侧重于古写本点画书写者称为"古文书学"(palaeography),侧重于古写本册叶形制者称为"册叶书学"(codicology)。虽则侧重不同,但都是将写本作为物质对象加以研究,考察其书写材料、页面布局、判断其时代与产地,重建其生产过程,相当于"写本书的考古学"。

研究手稿在与西方接轨时,若不分清"同姓异支"的 manuscript studies,难免会将"抄本研究"误认成"手稿学",从而发生中西手稿研究在对接上的错位。

印刷品拜物与手稿热

在近现代文本传播情境中,手稿是出版印刷前作者亲手所写的文本。手稿付梓后,批量复制的文本因其一致性、终局性而获得了一种权威感,而满纸斟酌之迹的潦草手稿作为已陈之刍狗往往被弃置一旁。

印刷不仅带来权威感,在几十年前甚至还曾引发印刷品拜物情结。20 世纪有不少作家,比如贾平凹,都曾撰文回忆自己的文字第一次变成铅字时欣喜若狂的情形[1]。其中所表现出的对于文本物质形式的执着与热忱,称之为印刷品拜物情结,恐怕并不

---

[1] 贾平凹《变铅字的时候》,《书林》1981 年第 1 期。

为过。

揆其之所以如此的根由,大概可以用美国文本学家杰罗姆·麦根的"文本社会学"理论加以解释。麦根在其《现代校勘学批判》一书中指出,"文学作品是社会的产物,而不是个人的,或者说心理的产物,在与读者的结合确定之前,可以说文学作品甚至还没有获得其艺术存在的形式。为了获取这样一种结合,文学作品也必须在某种合适的社会机构中进行生产,即使有时这只涉及一个爱好者的小圈子"①。在几十年前,印刷代表着权威的认可,是社会文学生产的外化形式,因此,文学青年对铅字的向往与崇拜也就不难理解。

如今印刷文本、电子文本成为主流,手写文本倒成了稀罕之物。"拜物"(fetish)的钟摆于是荡了回去,学界纷纷关注起手稿。

当然,也不是谁的手写稿都能得到关注,受到关注的是名家手稿。似乎只有名家才称得上"手稿",就像只有名人才称得上"故居"一样。

"故居"得到关注,是因其为我们感兴趣的人过往的生活环境提供了直接物证。"手稿"得到关注,是因其为我们所感兴趣的人的创作过程提供了直接物证。

手 稿 种 种

如果将手稿视为作者意图的手写物化结果,那么经作者校订

---

① [美]杰罗姆·麦根《现代校勘学批判》,苏杰编译《西方校勘学论著选》,上海:上海人民出版社,2009年,第275—276页。

过的口授稿、誊抄稿也可以称为"手稿"。保罗·马斯《校勘学》："作者口授的文字如果经过作者的校订则应当视同作者的手稿。"①

如果将手稿视为印刷前(pre-print)的文本形态,那么一些作者用打字机打印的文本,也算是为"手稿"。与中文不同,西文可以用非常简便的机械打字机打印。在利用计算机输入写作之前,西方有许多作家用打字机写作,其最原始的创作稿就是机械打印稿。这种打印稿与电子文本输出打印的文本不同,具有原始性、过程性、唯一性和个人性,被视为"手稿",是合适的。电子文本则不具备以上特性,其被称为"手稿",是在更为宽泛的意义上,语义的重心在"稿"不在"手"。

如果将手稿视为名人手迹,那么图书上的名人签赠、批点,也是作者表达意图的原始证据,似乎也类似于手稿。不过,语义的重心在"手"而不在"稿"。

在常见的以文字为文本载体的手稿之外,还有大量的不以文字为载体的艺术手稿,包括画稿、建筑手稿、设计手稿、乐谱手稿,等等。我们搜索 manuscript,结果中有大量的音乐手稿。托马斯·坦瑟勒《校勘原理》一书指出,"音乐""绘画"也有其文本,也在校勘学适用范围之内②。

这里还是从我们所熟悉的手稿概念出发,去分梳西方的手稿及相关研究。

---

① [德]保罗·马斯《校勘学》,苏杰编译《西方校勘学论著选》,第46页。
② [美]G.托马斯·坦瑟勒《校勘原理》,苏杰编译《西方校勘学论著选》,第185页。

写本书时代的手稿及相关研究

虽说西方自印刷术发明之后，manuscript 方始有相较于印刷成品而言的作者原始手稿的意思，但是在印刷术发明之前，无疑存在作者的亲笔写本或者手稿，同时也存在对手稿的探寻和追捧。各个历史时期的手稿，都有其特殊的研究价值。

对手稿的探寻，乃是由于对文本的可靠性、文本的来源以及文本作者的关切。这种关切，在印刷时代有，在写本书时代也同样存在。

在写本书时代，文献靠抄写传播，手稿本与其他抄本在形式上并没有截然以分的区别。作为最初抄写范本的手稿，是最具权威性的本子。

（一）关于古代手稿的记述

人们对作者手稿的重视，由来已久。关于手稿的记述，在古代屡见载籍。

最早的图书馆收集的写本文献（manuscript，当时只有写本）中，无疑有一部分为作者手稿（autograph manuscript）。借来原本、抄录副本是当时增加藏书的一种主要方式，强势的图书馆（挟帝王之尊）往往留下原本，将所录副本返还。比如亚述国王亚述巴尼拔在建立自己的图书馆时就曾这样做过[①]，埃及国王托勒密一世建立缪斯宫图书馆时曾抵押金钱借抄雅典公共档案馆的官方本

---

① ［法］让-马利·杜朗《楔形字文献：古代两河流域的档案和藏书》，2016 年学术演讲，复旦大学。

子,抄录后留下原本不还,放弃押金①。当然这里所谓"原本"并不一定就是作者手稿,但无疑比过录的副本更接近手稿。

古罗马时期,抄写乃贱役,多委诸奴隶。写作有时采用口授方式,不过作者会对文本予以校正,从而也就相当于手稿。有时作者出于保密的考虑,或者为了向尊长表示效忠输诚之意,也会亲笔书写,所以在当时作者手稿并不鲜见。普林尼《博物志》(13.83)声称曾寓目格拉古兄弟的亲笔书信,还说西塞罗、维吉尔以及奥古斯都的手稿都属常见。② 当时人们看重手稿与古本,主要是因为其近古存真,可借以校正文本。书商射利,将抄本冒为作者手稿之事时有发生。

正如 authority(权威)一词的词源所显示的那样,源于作者(author)即为权威。手稿的价值在于其权威性。同时手稿又有其复杂性。比如如何将记录、反映作者构思结撰、斟词酌句过程的创作手稿与抄工完成的抄本加以区分,就是一个值得研究的问题。

(二) 古文书学及其对手稿的研究

近代以来,人们探究具体文献书写的时代、地域和相关责任人,进行鉴别研究,形成了"文书学"与"古文书学"两门学问。

研究肇源于教派论争。17世纪末年,在耶稣会与本笃会的论战中,耶稣会士质疑646年梅罗文加王颁给本笃会的特许状是伪造的。面对这一挑战,本笃会圣莫尔教团的让·马比荣大师用了数年时间研究各种特许状,总结出检验中世纪文书真伪的一套标

---

① [英] L.D.雷诺兹、N.G.威尔逊《抄工与学者》,苏杰译,北京:北京大学出版社,2015年,第7页。
② 同上书,第31页。

准,最终推出《文书学》(De re diplomatica)一书,就此创立了研究鉴定法律文书和官府文书的"文书学"(diplomatics)。马比荣的年轻同事伯纳德·蒙弗贡大师进而研究希腊文抄本书,于1708年推出《希腊古文书学》(Palaeographia graeca)一书。致力于研究鉴别写本文献"版本"特点的所谓"古文书学"(palaeography)之名就此确立①。

"古文书学"的原则和方法,无疑适用于手稿的研究和鉴别。当代学者根据写本的笔迹和抄本生产过程中的其他特点对相关抄工,甚至抄写坊进行勘同,同时也对主要作家的笔迹进行辨认。②

2010年9月7日至10日,国际拉丁古文书学会在斯洛文尼亚首都卢布尔雅那召开第十七届研讨会,会议的主题为中世纪手稿。会议论文集于2013年出版。从这次会议以及会议论文集来看,对中世纪手稿的研究主要有以下七个方面:

(1) 对手稿的不同状态进行区分,大致分为草稿、未完稿、初完稿、题献稿,等等。

(2) 对作者参与度的不同情形进行区分,大致有以下:作者与秘书、抄写员的合作;部分是作者亲笔的写本;作者监督下的抄本;作者亲自校注过的写本;作者对其著作的抄写;作者亲笔抄稿。

(3) 对手稿进行古文书学考察:重点在于作者的笔迹与其所处时代的书体;独特的缩略;速记符号,等等。

(4) 对手稿进行写本学考察:供自己用的手稿与意在示诸公

---

① [英] L.D.雷诺兹、N.G.威尔逊《抄工与学者:希腊、拉丁文献传播史》,苏杰译,第194—195页。
② 同上书,第272页。

众的写本之间有哪些区别特征(选用材料的不同,叠的构成,装页)。

(5) 考察手稿的文本类型:加洛林法律、医药、历史、弥撒,大学手稿,普通手稿,人文主义者的翻译和对俗语文本的编定。

(6) 特例或例外:"假手于人"的手稿;同一作品的多个手稿;由作者插图的手稿;王室或教皇的手稿;圣徒的手稿;匿名手稿。

(7) 中世纪手稿的地位:中世纪手稿的价值;中世纪手稿到近代手稿的演进。

手稿与文本校勘学研究

手稿对于文本校勘有着至关重要的意义。

古典文本由于时代遥隔,一般没有手稿。保罗·马斯说:"我们没有希腊与罗马古典作家的亲笔手稿,也没有经过与原本校对的抄本;我们所占有的抄本,与原本之间,不知经过多少次辗转传抄,其可靠性因而值得怀疑。"[①]校勘的终极目标被形象地表述为:"重建作者失落了的手稿。"然而史阙有间,文讹无端,这样的目标往往难以达到,人们只能将文本恢复到有证据支持的历时状态。理查德·本特利在《整理〈新约〉刍议》中表示,借助古抄本,"可以将(《新约》)文本恢复到尼西亚会议(公元325年)时期通行的最好本子的状态"。雷诺兹和威尔逊对本特利这种实证态度表示称赞:"值得注意的是,他并不奢望将作者的文本

---

① [德]保罗·马斯《校勘学》,苏杰编译《西方校勘学论著选》,第46页。

恢复到手稿的状态。"①

近现代文本，手稿往往存世，不需重建；甚至已然在握，不需寻找。然而仍然存在校勘问题，因为有异文的存在。有时候不仅有一部，甚至有几部手稿：草稿、修改稿、誊正稿、作者亲笔校样，另外还有已经出版的各版、各印次的文本……这些不同本子之间何者更具权威性，是需要鉴别判断的。

文本权威性（authority）的判断标准，并不是美学上孰优孰劣，而是事实上何者更接近作者（author）的表达意图。或者简截一点来说，不是美，而是真（authenticity）。比如对一首诗的异文的校勘，不是推敲、品评哪一个措辞更富于意境诗情（"于文为优"），而是要判断哪一个措辞更有可能出于作者笔下。

就作者手稿已然失落的古代文本而言，接近作者意味着时代更为靠前，即人们常说的"近古存真"。而就多种出版前文本（诸如草稿、修改稿、誊正稿、校样，等等）仍然存世的现代作品而言，则往往是要判断，哪一个反映了作者的最终意图。英美现代校勘学发展出了所谓"作者最终意图理论"②。一般而言，最全面体现作者最终意图的，应当是交付排印的最终手稿。如果要出版新的整理本，应当以最终手稿作为底本，同时吸收校样中体现作者意志的校改。

在诸多出版前文本之间，作者的意图有时也有其复杂性，或暧

---

① ［英］L.D.雷诺兹、N.G.威尔逊《抄工与学者：希腊、拉丁文献传播史》，苏杰译，第192页。
② ［美］杰罗姆·麦根《现代校勘学批判》，苏杰编译《西方校勘学论著选》，第262页。

昧难明,或游移莫定。作为拜伦文本研究专家的杰罗姆·麦根在其《现代校勘学批判》一书中曾举过拜伦诗作的一些例子,认为由于还没有进入出版阶段,众多"手稿"哪一个是终局性的,作者并没有明确表态。①

当然,文学生产并不是作者一个人说了就能算的。也就是说,作者并不能垄断"权威"(authority),鲜少能实现自治。有过投稿发表、作品出版的经历的人都知道,最终呈现在读者面前的文本面貌,往往有出版者的意志参与其中。文学生产是社会活动,作者与出版者共同拥有权威,因而最能反映文学生产的最终真实结果,并且是读者最初接受的文本的,是作品的初版首印本。② 根据西方有所谓"文本社会学理论",如果要推出新的整理本,底本往往选取初版。

不过值得注意的是,底本的管辖范围只是"非实质性异文"(indifferent readings),也就是只在拼写、标点以及词形的分合等呈现形式上有所不同,在思想内容上并没有什么区别的异文。W.W.格雷格《底本原理》提出要反对"底本专制",认为"只有在非实质性文本因素问题上,我们才有义务(在合理范围内)遵从它,而在实质性文字方面,我们则有选择自由(和义务),正像古典文献整理者那样"③。

---

① [美]杰罗姆·麦根《现代校勘学批判》,苏杰编译《西方校勘学论著选》,第282页。
② 一旦作品被读者广泛接受,甚至作者本人的修改,都会受到一定的限制。比如金庸晚年曾修改自己的某些作品,接受度就比较差。
③ [英]W.W.格雷格《底本原理》,苏杰编译《西方校勘学论著选》,第161页。

手稿与文本发生学研究

面对纷繁复杂的现代文本手稿,英美学者从校勘的目的出发,力图从中确认哪些文字是终局性的最后结果;法国学者则从考察文本发生的角度出发,试图重建文本从无到有的发生过程。这两个学派都可以说是对当时风行一时的"新批评"的反动。"新批评"的口号是"作者已死",反对从作者意图的角度来解读文本("意图谬误"),主张直接细读文本。与"新批评"排除作者的"非历史"态度不同,英美校勘学与法国文本发生学都强调"作者",都主张对复杂的手稿系统进行"历史考察",不过前者旨在确定结果,后者则旨在重建过程。更为形象一点来说,前者聚焦于作者决定留下什么,后者则聚焦于作者曾经涂掉了什么。《文本发生学》一书的作者皮埃尔-马克·德比亚齐对 littérature(文学)一词进行了别样的解读: lis-tes-ratures(读你的涂改)[1]。

文本发生学以现代作家手稿与写作准备资料为研究对象,对作品的形成过程进行阐释。发生学的研究可以分为两个步骤,首先是对手稿和其他起源资料进行汇集、识读和梳理,整理出"前文本",即经过条理化具有可读性的起源资料。其次是对"前文本"进行"发生学批判",也就是结合对作者历史研究,综合运用文学、心理学、社会学、语言学等各种理论方法,对"前文本"进行解释和批评。

总的来说,文本发生学是在时间维度上梳理作品和作者的相

---

[1] 杨国政《文学·涂改·读你的涂改》,《国外文学》2001年第4期。

关资料，但却不同于传统的文学史。虽然它也考证作者的笔记、提纲、草稿、校样等具体文件，但却不同于传统的文献学。它的目标不是建立一个最终文本，而是以实证的方式，重建写作过程的事件链条并予以解释。

元好问《论诗》曰："鸳鸯绣了从教看，莫把金针度与人。"①诗人的草稿是不给人看的。饭店里招待客人以色香味俱佳的菜肴，一般也不肯将后厨开放供人参观。文本发生学则是探寻、展示"鸳鸯"的针脚线头，金针度人，教人写作的奥秘，同时也将厨艺展示当作艺术欣赏。正如塞缪尔·约翰逊所言："目睹伟大作品的胚芽状态，感受其中潜藏着的出类拔萃的可能性，洵为赏心乐事：追踪它们的逐步生长和扩展，观察它们如何有时由于偶然的线索而获得突然的进展，有时则通过持续的沉思冥想缓慢向前……"②

文本发生学研究的成果，除了有论著以外，也有特殊形式的文本整理。比如1984年加布勒对乔伊斯《尤利西斯》的整理，采用了"对观本"（synoptic edition）的形式：右边是正文，左边是作为"对观文本"的"前文本"。这虽然不是文本发生过程的完整展示，但其对复数文本、文本的不确定性的强调，被认为是"后结构主义挑战英美文本整理模式"的一次重要的尝试③。

---

① 〔金〕元好问撰，周烈孙、王斌校注《元遗山文集校补》，成都：巴蜀书社，2013年，第653页。
② ［英］塞缪尔·约翰逊（Samuel Johnson）《诗与散文选》（*Selected Poetry and Prose*），转引自杰德·德普曼（Jed Deppman）等编《文本发生学：文本和前文本》（*Genetic Criticism: Texts and Avant-texts*），宾夕法尼亚大学出版社，2004年，第3页。
③ 参看格特·莱尔努《英美校勘学与加布勒对〈尤利西斯〉的整理》（Anglo-American Textual Criticism and the Case of Hans Walter Gabler's Edition of *Ulysses*），载 *Genesis*，1996年第9期。

手稿的整理出版

对于复杂多样的手稿，应当如何整理出版，G·托马斯·坦瑟勒曾有过针对性的论述。

坦瑟勒在《校勘原理》一书中指出，文本的整理出版分为两种情况：一是文献文本的复制，二是作品文本的重建。所谓文献文本的复制，目的是将相关文本当作原始物证加以展示，在现有出版条件下追求最大限度的物质细节还原。所谓作品文本的重建，目的是在综合考证所有文本证据的基础上，推出一个最能代表作者最终创作意图的文本。

坦瑟勒认为，应当将手稿分为"旨在用于私人目的的写作"和"旨在用于公开发行的写作"两种情形。前者包括诸如书信、日记、备忘，以及散文、小说或者诗歌的草稿。后者则包括诸如已经定稿的小说、诗歌、剧作以及各个领域的非虚构文章。对于原本无意公开的手稿，最好的整理方式是精确影印出版，强调其证据价值。对于旨在公开发行的手稿，最好的整理方式则是斟酌考量所有文本证据，为读者提供最符合作者意图的作品文本。

当然，这也不能一概而论。坦瑟勒指出，有些书信、日记本身就是优美散文，也应当给读者一个机会去欣赏清除其原始物质特点之后的作品文本，因而需要用后一种方式整理出版；而一些小说或诗作的誊正稿甚至稀见印本，作为文学史上的重要路标，值得精确复制，因而也可以用前一种方式整理出版。

这两种性质不同的整理出版，有时候人们也会兼而取之。对于一些书信、日记以及其他私人文件,一方面影印展示,另一方面给出转写释文(transcriptions)。

对于作为原始物证展示的文献文本,坦瑟勒认为,应当是在影印和排印技术的许可范围内,为前代文献提供最为近似的出版文本形式。有些影印无法传达的物质特点,则以文字描述的方式予以说明。任何有悖于精确重现宗旨的做法都是不妥当的。有些手稿的转写释文中往往有整理者的改动,改动者宣称是为了读者的方便,而且改动之后意思并没有受到影响。坦瑟勒认为这并不能赋予改动以合法性:"文献文本的本来面目是什么就是什么,任何旨在消除所谓难点的行为都将形成不同的文本。读者要想得到真正的文献文本,只能面对这些不方便,接受由整理者自觉地述而不作地呈现出的不精确的文本。"①

手稿的鉴定

手稿受到追捧,难免有人作伪以牟利,因而也就存在鉴定问题。"鉴定"一词的英文对译是 authentication,其词源义是"真品",源于"作者"。手稿的鉴定与其他文物的鉴定类似,有着相仿的原则。大略而言,有以下几点:

一是见证有人。一般是作者家人、朋友或者同事的证言。他们曾与作者有过密切接触,见证过作者创作过程,因而所说可信。

二是流传有序。即持有者、保管者或者所在地有明确且连贯

---

① [美] G.托马斯·坦瑟勒《校勘原理》,苏杰编译《西方校勘学论著选》,第210页。

的时间序列。由此形成存藏链条(chain of custody),中间转手环节越少越好。

三是特征吻合。特征包括:特殊的纸张、墨水、印章等;笔迹;语言风格;等等。

特别值得一提的是语言风格。几年前关于某位作家是否有人代笔,在网上引发极为热烈的讨论。当时我曾经介绍过西方法律语言学中的"语言指纹"技术。至今我仍然认为,这是有效的鉴定方法。

(初稿曾在 2018 年 5 月 25—27 日浙江大学主办的"中西比较文献学与书籍史研究工作坊"上宣读,杭州)

中西写本文献中用什么符号表示"删除"

手写难免出错,因而在书写和随后的核对过程中时不时就有修正。修正首先要对错写文字进行消除。消除的方式有两种,一是以刮削、擦除或涂抹等方式使错写的文字消失或不复可读,二是用某种记号让读者对错写的文字略过不读——这些记号就是所谓的删除符号。中西写本文献各有其删除符号。

一

中国典籍提到的删除符号,首先是"点"。《尔雅·释器》:"不律谓之笔,灭谓之点。"晋代郭璞注:"以笔灭字为点。"①汉张衡《文士传》:"吴郡张纯,少有令名,尝谒镇南将军朱据,据令赋一物然后坐,纯应声便成,文不加点。"②"文不加点",是说一气呵成,不曾删改,"点"即以笔灭字之意。唐李商隐《韩碑》诗:"点窜《尧典》《舜典》字,涂改《清庙》《生民》诗。"③"点窜"就是涂改。

---

① 〔晋〕郭璞注《尔雅》,北京:中华书局,2020年,第107页。
② 〔唐〕徐坚等著《初学记》,北京:中华书局,2004年,第429页。
③ 〔唐〕李商隐撰,刘学锴、余恕诚集解《李商隐诗歌集解》,北京:中华书局,2004年,第908页。

其次是"卜"。宋赵彦卫《云麓漫钞》卷三：

> 古人书字有误，即墨涂之，今人多不涂，旁注云"卜"。谚语谓之"卜煞"，莫晓其义。近于范机宜华处见司马温公与其祖议《通鉴》书，有误字，旁注云"卡"，然后知乃"非"字之半耳，后人又省云。①

"卜煞"构词大概与"抹煞"类似。"抹煞"是以抹的方式予以删除，"卜煞"则是以"卜"形符号表示删除。"卜"或者说一竖一点为何可以表示删除？这从"卜"字本身字义上无法得到解释。不过赵彦卫似乎是把这类符号当作文字的省简，当他看到有删除符号为一竖右边三点即作"卡"形，认为那可能是半个"非"字，而表示否定的"非"与删除是可以联系起来的，从而推测有这样一个省简过程：

非 → 卡 → 卜

这个推测的证据基础显然很薄弱。赵彦卫当南宋之际，其时文本传播形式已是雕版印刷，抄本书相应式微，故而赵氏对多样化的删除符号的认识是极为有限的。

近一百多年里，古代文献大量出土，商周甲骨文、战国秦汉简帛书、敦煌纸本书，特别是敦煌文献中的写本书，让我们对删除号

---

① 〔宋〕赵彦卫《云麓漫钞》，郑州：大象出版社，2019年，第39页。

的了解，有了更加广阔丰富的资料基础。已有学者对中国古代写本文献中的删除符号进行了全面的总结和深入的分析。

张涌泉《说"卜煞"》一文总结了敦煌写本中的删除号，计有：一点，竖列的两点、三点、四点、五点、一竖一点（即"卜"）、一竖两点、一竖三点（即"ㄣ"），还有"⏋""］""〇""厶"，等等。关于"卜"的由来，张涌泉先生认为"很可能是由点式演变而来的"，单纯在误字右侧用点表示删除，一来因点的面积小不够醒目，二来因点的位置游移不定所指不够明确，所以先在误字右侧加竖线，再加上一点、两点或者三点，竖线的功能是对点"加以显化和加强针对性"。①

虞万里《郭店简〈缁衣〉"人苟言之"之"人"旁点号解说——兼论古代涂抹符号之演变》一文旨在考证《礼记·缁衣》的一处异文，认为郭店简该句"人"字旁边的点是删除符号。在论证过程中虞万里先生对中国古代删除符号发展演变的历史进行了梳理，指出隋唐间涂抹误字常用竖列的三点，也有用一根竖线通贯字上表示涂灭，从而认为赵彦卫所提到的"卜"和"ㄣ"是两种删除符号的结合，以"加强指误意识"。②

上述两篇文章搜讨细致，引证丰富，可借用几例，以见真确（见下图例）。

---

① 张涌泉《说"卜煞"》，《文献》2010 年第 4 期。又收入其《敦煌写本文献学》，兰州：甘肃教育出版社，2013 年，第 328—347 页。
② 虞万里《郭店简〈缁衣〉"人苟言之"之"人"旁点号解说——兼论古代涂抹符号之演变》，《榆枋斋学林》，上海：华东师范大学出版社，2012 年，第 665—677 页。

中西写本文献中用什么符号表示"删除"　　　151

图1 罗振玉《面城精舍文甲·隋宁贙碑》云："文末'终传令名','令'字下衍'传'字,旁著三点,以表其误。今人作字有误,辄墨注其旁,据此知隋人已然。"(引自虞万里文)

图2 敦煌S.1438号背《书仪·进绣像等》："或颜刻木成形","颜"字讹,抄写者于其右注"卜"表示删除,接写"刻"字。(引自张涌泉文)

图3 敦煌Φ.367号《一切经音义》卷八《妙法莲华经》第八卷音义引经本咒语:"(唎陝茶)摩隥衹唎陝茶羯西"后"唎陝茶"三字右注"卜"表示删除,"衹"右下注"重"字。(引自张涌泉文)

二

　　目前学界关于古代写本文献删除符号的讨论都仅限于中国文献。这里我们对西方写本文献中的删除号略作管窥,以资比较。

　　克莱门茨和格雷厄姆《抄本研究概论》有一节专门讨论抄写讹误的类型与删改的方式。西方写本载体有多种,但最重要也最具特色的是羊皮纸。羊皮纸写本上的删除主要有两种方式,一是擦除(erasure),包括用刀刮削,二是加下划点(subpunction)。subpunction,前缀sub-意思是"下面",词根-punct意思是"点"。subpunction又称expunction。前缀ex-意思是"去掉"(out),与词根-punct(意思是"点")合起来就是"点掉"。另外还有一种沿用至今的方式是横杠通贯(strike through),即以一根横线通贯误字之上表示涂灭。后面这两种方式有时会一并使用。[①]

---

　　① Raymond Clements & Timothy Graham, *Introduction to Manuscript Studies*, Cornell University Press, 2007, p.35.

奥金莱克羊皮纸抄本书(The Auchinleck Manuscript)大约1330年至1340年抄制于伦敦,内容是一些英文传奇和编年史。这套书已知最早的收藏者是奥金克来爵士,并由此而得名,今藏苏格兰国家图书馆,是其最重要的收藏之一。奥金莱克抄本书现存三百多叶,为我们了解当时写本书中的删除符号提供了十分丰富的资料。沃恩(Míċeál F. Vaughan)《奥金莱克抄本中的抄工涂改》对此进行了专门研究。根据他的研究我们可以知道:奥克莱金抄本中最为常见的删误方式是物理刮擦,有些是对已经用删除符号标记过的误字加以刮擦。其次是以加下划点的方式表示删除,再次是横杠通贯误字表示删除,还有若干例是下划点与横杠通贯两种方式并用。[沃恩(Míċeál F. Vaughan)《奥金莱克抄本中的抄工涂改》("Scribal Corrections in the Auchinleck Manuscript"),收入费恩(Susanna Fein)主编《奥金莱克抄本研究新探》(The Auchinleck Manuscript: New Perspectives,pp.195-208,York Medieval Press,2016.]

约举数例,以资说明(见下图例)。

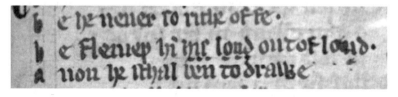

图4 下划点(subpunction)表示删除。《华威的盖伊》(Guy of Warwick,fol. 157ra, line 12; fol.= folium 叶,r= recto 正面,v= verso 反面,a= a 栏,b= b 栏,line=行)。中间一行写作"he fleme þ him his lond out of lond",其中"his lond"两单词下面各加了三个点,表示删除。

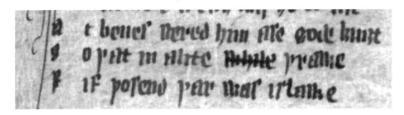

图 5 横线通贯（strike through）表示删除。《贝维斯传》(Sir Beues, fol. 200ra, line 43)。中间一行本来写作"Soþat in a lite while"，后来将"while"用一横线杠掉，改为与"while"同义的"þrawe"，以与下句押韵。

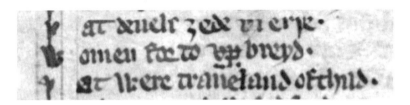

图 6 以上两种方式并见。《圣玛格丽特》(Seynt Mergrete, Fol. 20va, line 22)。上图中间一行原作"women for to vp breyd"，"vp"有横线通贯，同时下加三点以示删除。

　　根据笔迹和书写习惯，学者们断定参与奥金莱克抄本抄写工作的抄工大概有四个或者五个人。根据沃恩的研究，这些人删除误字的方式各有其特点，并没有形成统一的标准做法。同一个抄工也会采用两种以上的删除方式。这些抄工中大概有人承担检查验收的责任，也可能彼此之间互为校对。两种删除符号同时出现的几例，比如上面所举《圣玛格丽特》这一例，就很可能是抄工发现衍"vp"并用横线通贯其间的方式表示删除，后面检查校对的人又在下面加点对删除予以确认。也就是说，两种删除符号一并出现，可能是出于两个人的手笔。

三

总体来看,中国文字书写与西方存在诸多不同。载体材质有纸与羊皮纸之别,笔有软硬之别,文字有表意表音之别,书写方向有竖行与横行之别。然而对比中西写本文献中的删除符号,不难发现,两者之间颇多相似之处。

首先,两者历史上最为常见的删除符号都是"点"。不同之处只在于"点"的位置。中国竖行抄写,表示删除的点在误字的右侧。西方横行抄写,表示删除的"点"在误字的下方,所以称为"下点"(subpunction)。当然,"点"的位置的不同是由于中国和西方文字书写方向的不同,所以这位置上的不同也可以统一为"行间"或者"行边"。

其次,古代写本文献中出现频率不及"点",然而却都沿用至今的删除符号是"线"。不同之处在于"线"的方向。西方是通贯字上的横线,称作 strike-through,中国以前是竖线,现在是通贯字上的横线,称作"杠"。《汉语大词典》"杠"有义项曰:"把有关文字用直线划去。"①当然,"线"在方向上的不同也可以统一为"顺着文字书写的方向"。

还有,都能见到"点""线"并用的例子。不同之处在于,中国"线"和"点"结合在一起,形成"卜"和"卜"。

中西删除符号的相同之处,值得深思。

虞万里先生在讨论"卜"与"卜"的由来时,认为"卜"并非如赵

---

① 汉语大词典编辑委员会、汉语大词典编纂处编《汉语大词典》第 4 卷,上海:上海辞书出版社,1989 年,第 6274 页。

彦卫所说乃"非"字之半,而"应是竖线与三点之结合符号。既然竖线和三点都是唐以前的涂抹删节号,则其在运用过程中为加强指误意识而逐渐结合成一体,是情理中事"①。

东海西海,心理攸同。西方写本文献,比如奥金莱克抄本中误字上的通贯横线(strike-through)与下划点(subpunction)一并出现,共同表示删除。这种情形对虞万里先生的"情理"推测,无疑是一种支持。

然而西方通贯误字的横线并没有移至字下。中国古代写本中通贯误字的竖线如何移至字旁,需要有一个解释。

中国写本中表示涂灭的"点"也有点在字上的例子。《史记·梁孝王世家》"李太后亦私与食官长及郎中尹霸等士通乱"唐张守节正义:"张先生旧本有'士'字。先生疑是衍字,又不敢除,故以朱大点其字中心。"②大概"点"也有一个从字上移至字旁的过程,以保持卷面的整洁美观。出于同样的原因,通贯误字的竖线移至字旁,似乎也就不难理解了。

文字右边的竖线也可能有另外的来源。如前所述,张涌泉先生全面考察敦煌写本文献中的删除符号,除了点、"卜""ㅑ"以外,还有"]""⏋",等等。"]"括在所删文字右侧,明确显示所删文字的起讫范围。"⏋"大约是"]"的省简。由此我们推测,右侧的竖线也有可能是"⏋"的更进一步的省简。

---

① 虞万里《郭店简〈缁衣〉"人苟言之"之"人"旁点号解说——兼论古代涂抹符号之演变》,《榆枋斋学林》,第671页。
② 〔汉〕司马迁撰,〔南朝宋〕裴骃集解,〔唐〕司马贞索隐,〔唐〕张守节正义《史记》卷四十七,北京:中华书局,1982年,第2087—2088页。

四

文本的印刷传播技术,中西之间存在某种影响。文本的抄写传播方式,则很难说有什么影响关系。中西写本文献中删除符号的相似性,大约是由于都有从实际的涂灭到示意的涂灭这样一个发展演变的过程。单个误字的涂灭,比较自然的做法就是点在字上。多个文字的完全涂灭,有的人从通贯字上的直线开始,有的人则是先用线条将所要涂灭的词句包围起来。由此便演化出点、线,以及点线结合的各种删除符号。

文献传播的技术手段,大致说来,经历了抄写复制、印刷复制和电子复制三个历史阶段。电子复制,是近几十年正在发生的事情。印刷复制,也只有一千几百年的历史。在有文字以来的大部分时间里,文献的复制靠的是手工抄写。

文献传播进入印刷复制阶段的时间,中国比西方要早得多。一般认为,中国的雕版印刷肇始于唐代中后期,到宋代时已全面取代抄写。西方则是自15世纪(相当于中国明代中期)谷登堡用金属活字印刷开始,很快取代了抄写。

尽管中国和西方进入印刷复制阶段的时间早晚不同,印刷技术也有雕版与金属活字之异,但是印刷文本对抄写文本的强势取代,则是相同的。雷诺兹、威尔逊《抄工与学者》:"早期印刷者,在将文本印刷之时,倾向于给予印刷文本一种权威和永久性。"[①]"印

[①] [英]L.D.雷诺兹、N.G.威尔逊《抄工与学者:希腊、拉丁文献传播史》,苏杰译,北京:北京大学出版社,2015年,第215页。

刷商对抄本往往缺乏爱惜珍重，一旦用过之后，抄本的终身就托付给了出版商，从此前途未卜。"① 这类故事在中国用印刷文本取代抄写文本时也一定发生过，抄本被当作已陈刍狗，弃置不顾，宋代刊印本所依据的前代抄本早已不见踪影。西方因为这一替换事件发生的时代晚近，抄本幸存者众多。

今天考证古代典籍的文本，需要搜寻近古存真的旧本。绝大多数情况下中国古代典籍只有宋刊元椠明刻本。而西方古代典籍，所能找到的则是相应时期的甚或更为早前的抄本（中国宋元时期，西方只有抄本，没有印本）。

为了描写、鉴别、研究这些典籍旧本，中国文献学有一个非常重要的分支学科叫作"版本学"。与此相对应，西方则有一个学科叫作"写本学"（manuscript studies），又叫"古文书学"（palaeography）。

中国的"版本学"与西方的"写本学"尽管研究的对象有所不同，但仍有许多可以对照的地方。比如说，为了强调对相关文本证据的批判态度，启功在《〈文史典籍整理〉课程导言》一文的摘要中告诫学生"不能迷信宋本"——这里的"宋本"显然指刻印本②；德国古典学家卡尔·莱尔斯则在其《古典语文学家十诫》一文中指出"不可跪拜抄本"③。

尽管有些学者通过对"版本"的扩大解释，试图将写本也纳入

---

① ［英］L.D.雷诺兹、N.G.威尔逊《抄工与学者：希腊、拉丁文献传播史》，苏杰译，第140页。
② 启功《〈文史典籍整理〉课程导言》，《北京师范大学学报（人文社会科学版）》2002年第3期。
③ 苏杰《古典语文学十诫疏证》，《中西古典语文论衡》，杭州：浙江大学出版社，2014年，第5页。

"版本学"的研究范围,但是中国写本文献数量偏少,因而缺乏独立的、系统的研究,却也是不争的事实。随着敦煌写本文献的发现,战国秦汉简牍的出土,以及近年来著名作家手稿研究成为热点,独立的"写本学"的呼声越来越高。

张涌泉先生《敦煌写本文献学》第一章题为"写本文献学:一门亟待创立的新学问"[①],对写本文献学的内容、创立的意义和基础进行了全面的论述,我们极为赞同。这里我们只想补充一句,西方有着悠久历史的"写本学",作为他山之石,对于中国"写本文献学"的创立,无疑有着非常重要的借鉴意义。

(原刊《文汇报·文汇学人》2018年1月26日)

---

① 张涌泉《敦煌写本文献学》,兰州:甘肃教育出版社,2013年,第3页。

康德说过这句话吗?

"生气是拿别人的错误惩罚自己"。这句常见引用的格言是谁说的?

有人说是出自现今台湾的证严法师,有人说是出自美国的爱迪生,但引用最为广泛,最为言之凿凿的,是说出自德国的康德。

数以千计的中文图书中都有冠名康德的这句话,如2015年北京教育出版社《最新高考满分作文1000例》,2015年云南大学出版社《24字社会主义核心价值观大众读本》,2015年北京工业大学出版社《受益一生的北大哲学课》……这些大都是基础教育或者普及性通俗读物,读者面极广。也有权威性稍高一些的辞书或者译著,如1999年湖北辞书出版社出版的张开勤等主编的《新华句典》第七编《警句》"修养"类的第一条:"生气,是拿别人的错误惩罚自己。(康德)"2013年吉林出版集团有限责任公司出版的署名康德著、唐译编译的《康德的批判哲学》附录《康德名言录》,第一条:"生气,是拿别人的错误惩罚自己。"俨然这句流传极广的话是康德最有名的一句话。

中文里的外国名言当然是翻译的结果,照理应当有原文。网上虽未见中德对照版,但有中英文对照版,最常见的对应英文有两种:一是"The angry is that taking the other's mistake to punish oneself";一是"To be angry is to punish oneself with other's mistake"。如此看来,前面的言之凿凿,似乎也算是证据宛然了。

然而进一步搜检,发现情况并非如此。

首先,google 结果显示,上面这两句英文几乎只见于中文网页,并附有对照中文,显然是 made in China 的假洋货。

其次,在"康德名言"(Kant Quotes)里找不到这句话,用英文在 google 网页搜检"Kant"(康德)"anger"(生气)和"punish"(惩罚),结果里也见不到类似的话。用德文搜检也是如此。

第三,类似的英文表述如"Anger is the punishment we give ourselves for someone else's mistake"(生气是我们因为别人的错误而加在自己身上的惩罚),出处标注为"未详"(unknown);"To be angry is to let others' mistakes punish yourself"(生气是让别人的错误惩罚你自己),出处标注为"佛陀"(Buddha)。

这句话也不是佛祖说的。网上还有一句流传更广的英文格言 You will not be punished for your anger, you will be punished by your anger(你不会因为嗔怒而受到惩罚,你的嗔怒就是你的惩罚),一般系于佛祖名下。大概是因为内容相近,前一句也被归于佛祖。不过即使是后一句也有人说是假的(fake Buddha quotes),并长篇大论予以证伪。

搜检得知,生年比康德(1724—1804)早三十六年的英国诗人亚历山大·蒲柏(Alexander Pope,1688—1744)曾说过:"To be angry is to revenge the faults of others upon ourselves."(生气是将别人的过犯报复在我们自己身上)。生年比蒲柏晚八年的英国凯姆斯勋爵亨利·霍姆(Lord Kames, Henry Home, 1696—

1782）编纂的《思考艺术导论》(Introduction to the Art of Thinking,初刊于 1761 年)有意思差不多的一句,是"To be angry is to punish myself for the fault of another"(生气是为了别人的错误惩罚自己)。后来威廉·斯科特(William Scott,1750—1804)编纂的《言说教程：诗文撷英》(Lessons in Elocution, or, A Selection of Pieces, in Prose and Verse, for the Improvement of Youth in Reading and Speaking)照引了亨利·霍姆的相关文字。

如此看来,这句托名康德的话,更早的来源是英国。

在大致搞清楚这句话的来源之后,再来说一说这句话所包含的道理,以及康德对生气和惩罚的基本态度和观点。

人们引用这句话多半是从个体身心健康出发,效果略同于中国乡谚所说"人家气我我不气,气出病来没人替"。"生气是拿别人的错误惩罚自己",言下之意是,不要生气。在"拿别人的错误惩罚自己"和"不拿别人的错误惩罚自己"之间,正确的选择不言而喻。

但是,如果考虑的范围从个体扩大到社会,这道选择题就变得复杂起来。

面对别人的错误或者说侵犯,A.惩罚自己；B.惩罚无辜的其他人；C.惩罚犯错误的人。

前面已将 A 排除。B 也不是正确选项。《论语》说"不迁怒",就是这个意思。正确的选项是 C。这是显而易见的。

对于答案如此昭然若揭的选择题,为何人们还常常纠结于惩罚自己和迁怒他人,而不去惩罚犯错误的人呢？

初中语文教科书中收了《战国策》中的一篇,题为《唐雎不辱使命》，其中有一段唐雎和秦王关于"怒"的对话。秦王说："天子之怒，伏尸百万，流血千里……布衣之怒，亦免冠徒跣，以头抢地尔。"天子一生气，后果很严重，数以万计的人会因此丢掉性命。老百姓生气了，只能摘掉帽子用头撞地。天子权势之大，在惩罚他认为犯了错误的人的同时，还可以随意迁怒无辜的人。百姓无权无势，只能惩罚自己。

唐雎不同意，说这是"庸夫之怒"，不是"士之怒"，于是举专诸、聂政、要离三个著名刺客为例，说："若士必怒，伏尸二人，流血五步，天下缟素。"言下之意，他豁出死去，也能刺杀秦王。

值得注意的是，秦王说"天子之怒，伏尸百万"，"百万"之数虽众，但并不包含"天子"。唐雎说"若士必怒，伏尸二人"，"二人"中有一个就是这个"士"本人。"士"生气，后果也可以很严重，但是他必须为此付出生命的代价。

蒲伯说："生气是将别人的过犯报复在我们自己身上。"霍姆说："生气是为了别人的错误惩罚自己。"两句话意思大致相同，但仍有值得重视的微妙差异。大致说来，"报复"是没有权势之人的措辞，"惩罚"是有权势之人的措辞。"报复"有受到"再报复"之虞，故而有"冤冤相报何时了"的说法，而"惩罚"则没有这种意味。

一般而言，生气，是因为自己的权利或者尊严受到别人的侵犯。报复或惩罚侵犯者，是人的自然反应。之所以没有报复或者惩罚"别人"，往往"非不欲也，是不敢也"，也就是所谓"敢怒不敢言"。有一篇著名的文章《中国人，你为什么不生气？》，就是针对这种怯懦因循有感而发。

读了几篇当代学者关于康德论情绪和宽恕的讨论文章（"What

Can Kant Teach Us about Emotions""A Kantian Account of Forgiveness")。总的来说,康德主张受到侵犯应当生气,犯错误者应当受到惩罚。当然,这种生气,是道义驱动下的生气,也就是所谓义愤。如果没有义愤,不义就得不到纠正。以前学习西方法律思想史的时候,就知道康德关于惩罚的"报应刑"观点,即所谓"以眼还眼,以牙还牙"。

不过,有时候不报复或不惩罚,并不是因为怯懦,而是因为大度,即所谓"犯而不校"。鲁迅《论费厄泼赖应缓行》一文说:"'犯而不校'是恕道,'以眼还眼,以牙还牙'是直道……"①康德虽然主张直道,但也有条件地同意"恕道"。这个条件就是,宽恕不会导致或者鼓励侵犯者继续侵犯自己。

(原刊《南方周末·阅读》2019 年 10 月 10 日)

---

① 鲁迅《坟》,《鲁迅全集》第一卷,北京:人民文学出版社,2005 年,第 289 页。

《释氏源流》与《救赎之镜》
——15世纪东西方插图印本书窥管

　　15世纪,欧洲图书生产从手工抄写发展到雕版印刷并最终走向活字印刷。这个紧凑而又复杂的演变过程,在当时的插图本书籍中得到了最集中的体现。欧洲图书生产技术的革新,在何种程度上曾受到过中国的影响,一直是学术界关心的问题。而要回答这一问题,首先要对这一时期中国和欧洲图书生产的具体情形有一个真切的了解。有鉴于此,我们选择中国明代的《释氏源流》和当时欧洲低地国家的《救赎之镜》作为考察对象,对中国和欧洲古代插图印本书的异同略作管窥,并对其相似以及相异的缘由进行初步的讨论。

一、《释氏源流》古印本与《救赎之镜》古印本

　　《释氏源流》是宣扬佛教的普及性读物,明代释宝成编集,1425年初刻于南京大报恩寺。全书凡四百题,每题一图一文,每文二百余字,多为采自佛经的片段。全书分上下卷,上卷二百题,介绍释迦牟尼生平故事,下卷二百题,介绍佛教在中国传播的故事。该书

在明代流传极广,1436年释宝成修订再版,1486年成化皇帝御制重刊。然而近现代却少有问津者。2012年蔡穗玲的《佛陀传:中国与韩国的雕版插图本》(*The Life of the Buddha: Woodblock Illustrated Books in China and Korea*)出版于德国,是迄今对《释氏源流》唯一全面的研究[1]。该书从文献学的角度对《释氏源流》的版本源流进行了分析和描写,从艺术史的角度分析了雕版插图本的历史特点,从社会文化史的角度对插图本佛传之所以产生的历史文化背景进行了讨论。特别值得一提的是,蔡氏向西方学界全面介绍了《释氏源流》古印本,许多段落都进行了逐句的英译。尽管其对文言字句的理解还存在一些小问题,但无疑具有十分重要的意义。令人遗憾的是,尽管蔡氏的研究是其在德国海德堡大学的博士论文,却不曾因地之宜将中国的雕版插图印本与欧洲当时的插图印本做一比较。

《救赎之镜》(*Speculum Humanæ Salvationis*)是宣扬基督教的普及性读物,用于修道士传教布道。不知何人编集于14世纪初年,在中世纪晚期流传极广,存世抄本超过350种。15世纪后叶开始有印本,总共有四个版本:拉丁文第一版,大约印于1468年;荷兰文第一版,大约印于1471年;拉丁文第二版,大约印于1474年;荷兰文第二版,大约印于1479年。全书共四十五章,每章四图四文。这些印本在西方书籍史、印刷史上占有十分重要的地位,为研究书籍从抄本向雕版印刷嬗变,并进而向活字印刷

---

[1] Tsai Sue-Ling, *The Life of the Buddha: Woodblock Illustrated Books in China and Korea*, Deutsche Morgenländische Gesellschaft, Abhandlungen für die Kunde des Morgenlandes Band 76. Wiesbanden: Harrassowitz Verlag. 2012.

嬗变提供了珍贵的证据资料。直到19世纪末,仍有许多人认为这是最早的活字印本,认为它们出自荷兰哈勒姆城劳伦斯·科斯特(Laurens Janszoon Coster,1405—1484)之手,该城至今仍立有科斯特的雕像以纪念他发明印刷术。后来的研究证明这些说法并没有确切依据,唯一可以确定的是,这些本子的确是在荷兰印刷的。艾德里安·威尔逊(Adrian Wilson)和乔伊斯·威尔逊(Joyce Lancaster Wilson)合撰的《中世纪之镜:救赎之镜 1324—1500》(*A Medieval Mirror: Speculum Humanæ Salvationis 1324—1500*)1984年出版于美国①。该书对《救赎之镜》的抄本和印本进行了全面的考察。

闻见所及,尚未有比较此二书者。从科技史的角度比较中西印刷图书的著作,主要有李约瑟《中国科学技术史》第五卷第一分册钱存训撰《纸和印刷》(1985)、潘吉星《中国科学技术史:造纸与印刷卷》(1998)②等,从美术史的角度比较中西插图书籍的,则有陈琦的《刀刻圣手与绘画巨匠:20世纪前中西版画形态比较研究》(2008)③。关于西方印刷史,学界仍然存在一些误解。比如李喻军(2006)《书籍装帧整体设计》:"中国古代插图就是以木版画为

---

① Adrian Wilson & Joyce Lancaster Wilson, *A Medieval Mirror: Speculum Humanæ Salvationis 1324—1500*, Berkeley: University of California Press, 1984.

② [英]李约瑟《中国科学技术史》(*Science and Civilisation in China*)第五卷第一册《纸和印刷》(*Paper and Printing*),钱存训撰,英文版1985年由剑桥大学出版社出版,中译本1990年由科学出版社出版,2004年又以《中国纸和印刷文化史》为题由广西师范大学出版社出版新译本。潘吉星《中国科学技术史:造纸与印刷卷》,北京:科学出版社,1998年。

③ 陈琦《刀刻圣手与绘画巨匠:20世纪前中西版画形态比较研究》,南京:江苏美术出版社,2008年。

主,早期西方插图就是以铜版画为主。"①而我们所要考察的《救赎之镜》等欧洲早期插图印本显然都是木版画。关于欧洲早期雕版印刷与中国雕版印刷的异同,仍然有一些细节需要厘清。有鉴于此,我们将在已有研究的基础上,对《释氏源流》古印本和《救赎之镜》古印本进行比较,并进而对15世纪中国和西方图书生产工艺的异同进行初步的讨论。

二、历史文化背景比较

(一)宗教文化史背景

《释氏源流》是在儒、释、道互相竞争的历史背景下问世的。

早在13世纪,由居士令狐璋编修、道士史志经引经全解的《老君八十一化图说》刊印流行。德国学者弗洛里安·莱特尔(1990)对该书进行了专门研究,认为《老君八十一化图说》一书是道教为了与儒家和佛家争夺社会、经济和政治资源而编写刊刻的。道教徒将这样的宣传教义通俗图书进呈朝廷,希望能够影响朝廷在道观建立以及税赋豁免等方面的政策制定。②蔡穗玲(2012)认为,释宝成编写刊印《释氏源流》,大概也是出于同样的目的。③ 显然,《释氏源流》不仅进呈了朝廷,而且对朝廷产生了重要影响:在释

---

① 李喻军主编《书籍装帧整体设计》,贵阳:贵州教育出版社,2006年,第71页。
② Florian Reiter, Leben und Wirken Lao-Tsu's in Schrift und Bild, Lao-Chün pa-shih-i-hua t'u-shuo. Würzburg: Königshausen und Neumann, 1990. See Tsai Sue-Long, *The Life of the Baddha: Woodblock Illustrated Books in China and Korea*, pp. 101-102.
③ Ibid., p.104.

宝成初刻印行六十年之后,成化皇帝下令重刻,并亲为撰序。在《释氏源流》刊行后不久,朝廷监察御史张楷(1398—1460)从司马迁《孔子世家》中选取二十九事,请人图绘其状,并为每一事撰写一篇"赞",编写成《圣迹图》手卷,后又命人刻于石版,以广其传。1480年,衢州知府何珣将张楷《圣迹图》扩充刻版印刷,题曰《孔子圣迹图》。大约受《释氏源流》的影响,何珣强调孔子降生的种种神异瑞兆,将孔子予以神化。①

在《救赎之镜》插图印本问世之前,欧洲已有一些插图本基督教布道书流传。其中与《救赎之镜》宗教思想大致相仿同时又影响巨大的有《穷人圣经》(*Biblia Pauperum*)。该书图解《新约》福音书故事,并配以《旧约》故事图画——之所以这样做,是因为当时人们认为《新约》故事在《旧约》中已预有表示,神学上称为"预表论"(typology)。应当说明的是,该书题中虽有"穷人"二字,但并不是廉价书,早期是描金彩绘的羊皮纸手抄书,后来有雕版印刷本和活字印刷本。传教士用这本书向没有什么阅读能力的穷人展示图文,讲解经义,因此得名。《穷人圣经》以图为主,辅以简单的文字。《救赎之镜》所配文字则较为详明,文与图各占版面的一半。

中国的儒、释、道,西方的基督教,在15世纪都采用插图印本书来宣传其道理和教义,背后的缘由也不难理解。首先,以图辅文是人类信息交流的自然需要。图的形象性和直观性可以济语言文字表述之穷,有时候唇敝舌焦讲不清楚的东西,一幅图即可一目了

---

① [美]孟久丽(Julia K. Murray)《道德镜鉴:中国叙述性图画与儒家意识形态》,何前译,北京:生活·读书·新知三联书店,2014年,第193—194页。

然。英谚所谓 A picture is worth a thousand words("一图抵千言"),说的就是这个道理。而中国人常说的"左图右史",则道出了古代读书人阅读的理想状态。其次,宗教宣传的受众往往有一些没有什么阅读能力的文盲,插图就更为必要。陈平原《左图右史与西学东渐》总结道:"利用图像之直观性与亲和力,宣传自家的真理与正道,此乃佛教、道教、基督教等宗教的共同特点。"①

（二）印刷技术史背景

15世纪,中国的雕版印刷技术已经流行几百年,是成熟稳定的标准化图书生产工艺。欧洲这一时期,则是其印刷技术大发展、大变革的关键阶段,上承千百年的抄写书传统,在短短几十年间,先后出现了木版印刷、活字印刷和铜版印刷三种印刷技术。

技术史背景的这种差异,当然对《释氏源流》和《救赎之镜》印刷工艺的总体样貌有所影响。前者稳定单一,各版本之间工艺上的差异不大,后者则具有多样性和复杂性,各版本之间的个体差异也比较大。

（三）宗教史与印刷史之间

传播宗教思想的强大内驱力,在一定程度上成为印刷技术发展的推动因素。在15世纪欧洲早期雕版印刷和活字印刷的图书中,宗教图书特别是插图本宗教图书占据了相当大的比例。可以说,宗教宣传促进了插图印本书的发展。15世纪中国佛教、道教和儒家竞相采用插图印本书这种通俗的普及性宣传工具,在一定

---

① 陈平原《左图右史与西学东渐:晚清画报研究》,香港:三联书店(香港)有限公司,2008年,第2页。

程度上促进了中国插图印本书的发展。当然，从另一方面来讲，采用插图本形式，运用印刷技术，无疑也为更快速、更有效地传播宗教思想提供了有利条件。

比较文学专家埃瑞克·齐奥科斯基（Eric Ziolkowski）教授因《西游记》《哈姆雷特》和《堂吉诃德》不约而同地出现"故事套故事"的结构，将产生这些著作的 16 世纪称为"世界文学史的一个轴心时刻"（an axial moment in world literary history）[①]。从比较文献学的角度看，15 世纪中国和欧洲同时涌现出大量的插图印本宗教宣传书，是不是也可以称为"世界书籍史的一个轴心时刻"？

三、艺术史影响比较

《释氏源流》和《救赎之镜》在当时都有非常重大的影响，前者甚至还出版了成化皇帝御制本。然而我们今天能够直观感受到的，则是它们在宗教艺术史上的影响。

（一）《释氏源流》插图的影响

《释氏源流》的插图，被 15 世纪不少佛寺壁画用为蓝本。比如完成于 1489 年的四川剑阁觉苑寺壁画，完成于 1458 年的山西太原多福寺壁画。

觉苑寺大雄宝殿的佛传故事壁画，从"最初因地"到"译经传

[①] 埃瑞克·齐奥科斯基（Eric Ziolkowski）2016 年 6 月 14 日在复旦大学的讲座"世界文学史的一个轴心时刻：《哈姆雷特》《堂吉诃德》和《西游记》中的'故事套故事'"。

法"共计205幅画面,209个故事。母学勇(1993)编著《剑阁觉苑寺明代佛传壁画》,以清代1794年刻本《释迦如来应化事迹》作为对照①,蔡穗玲(2012)已指出其中的问题②。蔡穗玲(2012)和刘显成(2013)表明,觉苑寺佛传壁画显然是《释氏源流》的翻版③。这里我们不妨略举几例,以见其大概。

例1 《释氏源流》卷上第九九"张弓害佛"插图局部与《剑阁觉苑寺明代佛传壁画》封面(图1)。

图1

---

① 母学勇《剑阁觉苑寺明代佛传壁画》,北京:文物出版社,1993年。
② Tsai Sue-Long, *The Life of Buddha: Woodblock Illustrated Books in China and Korea*, p.17.
③ 刘显成《觉苑寺明代佛传故事壁画艺术探析》,《文艺研究》2013年第8期。

例2 《释氏源流》卷上第一七四"荼毗法则"插图与觉苑寺壁画(图2)。

图 2

例3 《释氏源流》第一七八"双林入灭"插图与觉苑寺壁画(图3)。

图 3

(二)《救赎之镜》插图的影响

《救赎之镜》的插图,也被一些艺术家用作蓝本。尼德兰油画家迪里克·鲍茨(Dieric Bouts,1410—1475)1464年为鲁汶圣彼得教堂所作圣坛三连画,就是以《救赎之镜》第十六章的四幅插图作为蓝本的(见图4)。

图4 《救赎之镜》第十六章插图

第十六章a题为"最后的晚餐",是三连画的中间那一幅。b题为"吗哪赐给沙漠中的犹太子民",是右边上面那一幅。c题为"犹太人吃逾越节羔羊",是左边下面那一幅。d题为"麦基洗德给亚伯拉罕面包与酒",是左边上面那一幅。另外,右边下面还有一幅画,是先知以利亚与天使,和《救赎之镜》无关,此不论(见图5)。①

应当说明的是,周围四幅图故事来自《旧约》,是与《新约》故事"最后的晚餐"具有"预表论"联系的一些故事场景。

从以上所举例子可以看出,《释氏源流》和《救赎之镜》的插图为15世纪寺庙和教堂的宗教画提供了主题和蓝本,从一个侧面反映出它们在当时的巨大影响。

---

① Adrian Wilson & Joyce Lancaster Wilson, *A Medieval Millor: Speculum Humanae Salvationis 1374-1500*, pp.136,137.

图 5 鲁汶圣彼得教堂圣坛三连画

四、印刷工艺比较

通过前面的比较可以看出,15 世纪中国的《释氏源流》插图印本和当时欧洲的《救赎之镜》插图印本在历史文化背景,以及艺术影响等方面都有许多相似之处,具有很强的可比性。这里我们就进入正题,着重考察一下《释氏源流》和《救赎之镜》在图书设计和印刷工艺方面有着哪些异同。

(一) 版面

我们先来看一下这两部书分别长什么样子。

《释氏源流》与《救赎之镜》

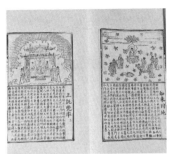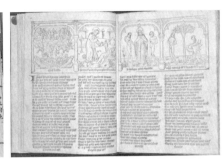

图6　《释氏源流》与《救赎之镜》书影

图6左面是《释氏源流》上卷第二、三页,右面是《救赎之镜》第一章。

两者都是上图下文。前者文前有题,后者图下有题。两者文字皆有出处,前者来源于佛经等,标于文首,如《因果经》《佛本行集经》;后者来源于圣经等,注于栏末,如《启示录》《创世记》。更为显而易见的区别是,前者竖行,阅读顺序自右向左,后者横行,阅读顺序自左向右。还有,前者不分栏,后者分栏。

后面两点"长相"上的不同,显然可以追溯到其父辈祖辈。汉字竖行,肇始于以竹简为书写材料时期。"惟殷先人,有册有典。"(《尚书·周书·多士》)"册"字即象编简为册之形。册收起来即为卷。纵向行文,横向展卷,所以不必分栏。西方较早的书写材料是纸草。纸草卷横向展卷,横向行文,所以必须分栏。西方的纸草,渐次为皮纸、纸所取代,中国的竹简渐次为帛、纸所取代,东西方的书籍形制也都从卷轴演变为册叶,但有革亦有因,中国的竖行和西方的分栏,依然保持着传统的惯性。

当时插图本是否都是上图下文？答案是否定的。前文提到的《老君八十一化图说》和《穷人圣经》就都有上文下图之例（见图7）。

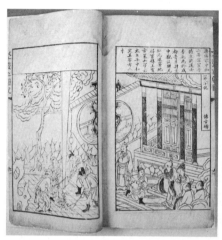

图 7 《老君八十一化图说》与《穷人圣经》书影

大致看来，似乎是文本相对较少，图占绝大部分版面的情况下，东西方都有将文本安排在图上面的例子。直至今天，东西方都以上图下文为常例。这大概可归因于共同的审美心理。

《救赎之镜》插图的边框被艺术化地处理成立柱和拱顶。特别值得注意的是，左右页的边框有所区别。左页拱顶是平顺的⌒形，柱础是圆形；右页拱顶是中分的⌒形，柱础是方形。整部书都是如此。

《救赎之镜》印本的文本和插图对此前的同题抄本书多有因袭，这种边框的处理方式是不是也来自抄本？答案是否定的。以下是第二十四卷印本和抄本的插图对照（见图8、图9）。抄本中左右页插图的边框没有艺术化，也没有加以区别。

图 8 《救赎之镜》印本

图 9 《救赎之镜》抄本

《救赎之镜》印本中对左右页插图的边框进行区分,并非出于艺术的考量,而是有其功能的。谈到这种功能,就必须说到书的装订。

(二)装订

1. 单叶组成册 vs 叠组成册

15 世纪,东西方图书的标准形制都是册子本,但装订方式有所不同。当时中国图书的装订方式,无论是"包背装"还是"线装"①,都是将无字的一面对折在内,以裁切边作为书脊,以折叠边作为书

---

① 蔡穗玲《佛陀传:中国与韩国的雕版插图本》目验《释氏源流》明代印本今为线装,不过她推测有些可能最初是包背装。第 30 页。

口,故而单册容量不宜过厚,一部书往往一函数册。西方的皮纸册子抄写本容量却非常大,比如4世纪著名的《圣经》写本"西奈抄本"和"梵蒂冈抄本",分别有1 460页和1 600页之巨①,可容纳整部《圣经》。皮纸册子的抄制过程,是先将皮纸折叠裁割成"叠"(quire)。"叠"在中间缝线。依次抄好的各"叠",最后连缀成册,就像我们今天普通图书的装订那样。具体如图10所示。

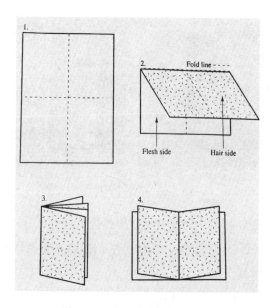

图10 一个四叶叠折制示意图

在抄制写本书时,各页依次抄写。但在制作印本书时,印在同一张上的,大多情况下并不是相邻的页面。这时,在插图上对左右

---

① [英]C.H.罗伯茨、T.C.斯基特《册子本起源考》,高峰枫中译本导言,北京:北京大学出版社,2015年,第17页。

页加以区分,在一定程度上就可以避免错印。

威尔逊 & 威尔逊(1984)指出:"每一章的前两张图,拱顶滑顺,柱础圆形,其设计意图可能是为了指示其应当印在左页,而拱顶中分,柱础方形则指示其应印于右页。"①

根据威尔逊 & 威尔逊(1984)的考察,《救赎之镜》四个印本的主体部分都是由三个十四叶的叠和一个十六叶的叠组成,前面再加上四叶或者六叶独自成为一叠的一个韵文提要(Prohemium)(见图11)。

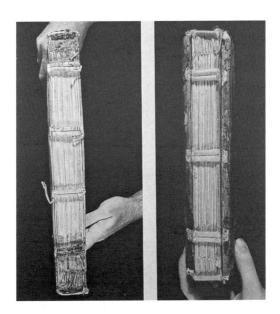

图 11　从书脊看各叠如何缝在一起②

---

① Adrian Wilson & Joyce Lancaster Wilson, *A Medieral Mirror: Speculum Humanae Salvationis 1324 -1500*, p.134.
② 图10、图11 采自 R. Clemens & T. Graham, *Introduction to Manuscript Studies*, Cornell University Press, 2007, pp.15, 22。

《救赎之镜》单面印刷。印好后,各叶背对背、面对面依次相叠,沿中线折叠,各叶依次相套,中间缝线,有点类似中国古籍的"蝴蝶装"。区别在于,中国古籍的"蝴蝶装",是以单叶组成册,而《救赎之镜》,则是先由叶组成"叠",然后再由"叠"组成"册"。整册书在连续两页图文后都有两个空白页,有些本子将两个白页粘在一起。

《释氏源流》也是单面印刷,印好后,将无字的那一面折在里面,将折叠边作为书口,将裁切边作为书背,装订成册,书翻开时,没有白页。

2. 印刷者的便利 VS 读者的便利

由于要由叠组成册,印刷时就不能逐页印刷,而是要比如第 1 页和第 16 页一张,第 2 页和第 15 页一张,第 3 页和第 14 页一张,第 4 页和第 13 页一张,依次类推。《救赎之镜》在颇费周章的同时,还照顾到读者的方便与阅读体验。摊开的左右两页,正好是一章的四个小节。

相比之下,《释氏源流》古印本在这一方面似乎较少留意。1486 年成化皇帝御制本扩大了版面,将上图下文改成前图后文,图和文分别放在一叶的两面,在阅读时就不能同时看到。试对照两版的"四王献钵"和"二商奉食"(见图 12、图 13)。

当然,中国古代的插图印本并非都是这样,比如前文所举的《老君八十一化图说》,就是将摊开的左右页,设计成一张图。

(三)刻版与印刷

根据释宝成的跋识,《释氏源流》初版由顾道珍书,王恭画,喻景瀼刊,再版由王荣显重刊。也就是说,图和文在同一块版上,由同一个人刊刻。

图 12 成化本《释氏源流》之"四王献钵"与"二商奉食"

《救赎之镜》的插图，对此前抄本上的插图多有因袭，未载明原创画家为谁。图与文不同版。插图用水性墨印刷。文本以金属活字排版，用油性墨印刷。威尔逊 & 威尔逊（1984）比较了拉丁文第一版（1468）、荷兰文第一版（1471）、拉丁文第二版（1474）和荷兰文第二版（1479），根据其中的差异与错误，对相关印刷过程进行了考证。特别值得注意的有以下两点。

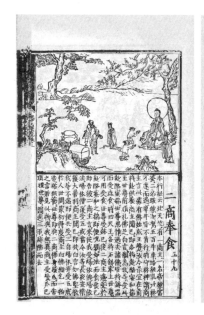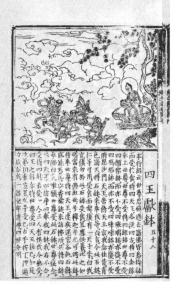

图 13　古印本《释氏源流》之"四王献钵"与"二商奉食"

第一,四版用了同一套插图雕版。

通过比较可知,这四个版本,甚至都不是同一种语言,用的却是同一套插图雕版,随着使用,渐次磨泐残损。①

第二,插图的印刷与文本的排印可能不在同一时间,也不在同一地点。

拉丁文第二版,有二十叶的文本是用雕版印刷的。对于这一现象,威尔逊 & 威尔逊(1984)推测认为:当时插图与文本不是在同一个地方印刷的。插图先印好后,送到活字排印作坊,排印完成

---

① Adrian Wilson & Joyce Lancaster Wilson, *A Medieral Mirror: Speculum Humanae Salvationis 1324 –1500*,p.106.

后,再送回原来的地方装订成册。这个拉丁文第二版可能在转运途中有二十叶毁坏或者丢失。在这种情形下,不是将一组重新印好的插图送到排印坊,而是将所缺文本予以雕版与图版一并印刷。这样做显然较为省时省钱。因为那里没有活字排印版所用的黑色油性墨,所以文本雕版与插图雕版一并用褐色水性墨印刷。①

试比较该版第二章的左页和右页(见图14)。左页的文本是活字排版,用黑色墨水印刷,右边文本是雕刻木版,跟插图一样也是用褐色墨水印刷。

图14 拉丁文第二版《救赎之镜》第二章

---

① Adrian Wilson & Joyce Lancaster Wilson, *A Medieral Mirror: Speculum Humanae Salvationis 1324 - 1500*, p.126.

这里特别值得注意的是,文本雕版印刷被当作活字排印阙如时更方便、更经济的补救措施。显而易见,欧洲在采用活字印刷术之前,已经使用雕版印刷图书。下面我们就专门比较一下欧洲早期的雕版印本与中国的雕版印本。

五、欧洲雕版印本与中国雕版印本

在对《释氏源流》古印本与《救赎之镜》古印本进行个案比较之后,我们稍微放宽视野,对早期欧洲雕版印本与中国雕版印本之间的异同略作讨论。

这是一个很重要的问题,印刷史研究者多有论及,兹举其荦荦大者:

钱存训(1985):

> 欧洲早期雕版书与中国雕版书极其相似,这可能是欧洲印书人仿效中国书的最令人信服的证据。不仅在雕版、印刷和装订的方法等各方面相似,而且在材料的选择和使用方面也无不亦步亦趋。根据记载,欧洲当时的木版刻书是将木材顺纹解成平板。文字先写在纸上,再用米糊将纸反贴在木板上,每块木板上刻书版两页,用水调制印墨,印刷方法是以薄纸覆于版上,于纸背刷印,再把印出的双页对折,使空白的一面向内。这些程序不仅和中国的方法相同,而且都与欧洲通行的作法相反。欧洲通行方法常以横断木纹解板,以油调制印墨,印刷时兼印纸的两面,印时不用刷

印法,而用压印法。①

潘吉星(1996):

  欧洲早期木版印本在形制和制造工艺方面,与中国宋、元雕版印本很相似。据美国印刷技术专家和印刷史家德文尼(Theodore Law de Vinne,1828—1914)的研究,欧洲早期印刷工也是先将画稿和文字用笔写绘在纸上,将纸上墨迹用米浆固定于木板上,再顺着板材的纹理面向刻工自身方向下刀刻之。每块木版刻出两页,将纸铺在蘸有墨的版面上,以刷擦拭。印刷完毕后,沿每一印张的中线向内折成双页,纸上无字的一面折在里头。最后,将折好的各印张装订成册,因而具有中国印本书的外表。欧洲语中的 folio 最初就指这种对折本。因而我们看到,欧洲早期木版书完全是模仿中国印本书的刻版、刷印和装订等全套工艺程序生产出来的。②

张树栋等(2004):

  欧洲人雕版印刷书籍的方法,是先在木板上雕刻阳文的文字或图画,上面蘸墨,然后铺上纸张,用刷子轻轻刷拭印成

---

  ① 这一段文字出自李约瑟《中国科学技术史》第五卷第一册(钱存训撰)《纸和印刷》,英文版出版于 1985 年,中译本 1990 年由科学出版社出版,参看第 279 页,有附注。2004 年该书又以《中国纸和印刷文化史》为题由广西师范大学出版社出版新译本,见第 291 页,删去了附注。此处引文据 2004 年译本。
  ② 潘吉星《论中国印刷术在欧洲的传播》,《传统文化与现代化》1996 年第 4 期。

书页;所用印墨,同中国一样,也是用烟炱和胶混于水中制成;印页均为单面,在一块版上同时印出两面,然后对折。其印刷工艺、原材料等和中国雕版印刷是完全一致的。这一切都表明,欧洲的雕版印刷术是在中国影响下产生的,而且在技术特征上和中国也是完全相同的。①

需要说明的是,钱存训先生所谓"根据记载",按其注文,实际上与潘吉星先生所引据的文献是一样的,都是美国印刷技术史专家西奥多·德文尼(Theodore Law de Vinne)的《印刷术的发明》(*The Invention of Printing*, 1876)一书。不难看出,这几段话内容递相祖述,措辞益趋肯定。钱存训先生说"用水调制印墨",张树栋先生则明确为"所用印墨,同中国一样,也是用烟炱和胶混于水中制成",其结论部分则在潘吉星先生所说的"印刷工艺"之外,特别加上"原材料"三个字,强调说"其印刷工艺、原材料等和中国雕版印刷是完全一致的"。总体判断也从"极其相似"加强到"完全相同"。

潘吉星《中国科学技术史:造纸与印刷卷》(1998)有一节题为"欧美学者论中国雕版印刷对欧洲的影响",其中有这么一句:"欧洲木版印刷技术是从中国传入的,这在中外基本上已取得共识。"②这样说来,不仅欧洲雕版印刷在工艺和材料上与中国"完全相同",而且欧美学者对于欧洲雕版印刷技术源于中国也是众议佥

---

① 张树栋、庞多益、郑如斯等《中华印刷通史》,北京:印刷工业出版社,1999年,第418页。
② 潘吉星《中国科学技术史:造纸与印刷卷》,第605页。

同,好像我们已经可以心安理得、毫无争议地享受这份文化史自豪感。

可是事情似乎并没有这么简单。欧美学者论及雕版印刷者虽说颇有一些,但真正对欧美雕版印刷史进行深入系统研究的,却并不多,西奥多·德文尼的《印刷术的发明》和亚瑟·欣德的《雕版印刷历史概论》(*An Introduction to a History of Woodcut*,1935)是这方面最重要的著作。比较起来,欣德更多的是从艺术层面对存世雕版印本进行考察,德文尼则是从技术层面进行分析,故而德文尼的研究尤为值得重视。恐怕这也是为什么钱存训先生和潘吉星先生在论及欧洲雕版印刷与中国雕版印刷的异同时,真正引据的文献唯有德文尼的著作。

然而令人扼腕的是,细按原作,德文尼对欧洲雕版工艺从中国传入之说,是持怀疑态度的。而欣德也说,西方学者一般认为欧洲的雕版印刷并不是直接效仿中国的图书制作工艺,而是从纺织品印染所用的木版中独立发展出来的。①

如此看来,前引学者对西方学者观点的概括和转述,似乎不无问题,有必要重加检核。

首先,德文尼(1876)第119页至120页对欧洲雕版印刷与中国雕版印刷之间的相似点的列举,并不包括每版刻出两页和印好后如何装订等内容。这是第203页对《穷人圣经》第一版不符合当时欧洲流行做法的描述,德文尼认为那是个特例,称之为"错误"。潘吉星《中国科学技术史:造纸与印刷卷》(1998)在"欧美学者论

---

① Arthur M. Hind, *An Introduction to a History of Woodcut*, New York: Dover Publications,1935,pp.64–78.

中国雕版印刷对欧洲的影响"这一标题下,不提原作者的基本观点,裁剪、嫁接其具体论述,得出与原作者观点不相一致的结论,这种做法,是值得商榷的。

其次,前引学者对德文尼(1876)第 203 页相关内容的转述存在误读。今将相关原文试译如下:

> 该书(笔者按,指《穷人圣经》)第一版的内容为 40 张木版画,单面印刷。翻开时,印面对印面,两页图后总是接着两个白页。该书的组成是两叶一叠,与当时流行的做法不同。当时的抄本书通常由四个对叶(笔者按,共 16 页)的叠组成,四个对折叶套成一叠。这个对常见做法的偏离,显而易见,是由于刻版者的错误——刻版者在一张版面上脸对脸刻了两页,因而各叶无法套叠,也就无法形成较厚的叠。①

显而易见,并不是"将纸上无字迹的那面折在里头",而是将有字迹的那一面相向对折。也就是说,不是"包背装"或"线装"的折法,而是"蝴蝶装"的折法。

第三,潘吉星(1996)说"欧洲语中的 folio 最初就指这种对折本",恐怕也不符合事实。拉丁文 folio 本义是"叶",在图书印刷领域有三个意思。一指开本(format),二指页码(page numbering),三指页面大小(size)。坦瑟勒(2009)指出:"'开本'(format)是指印刷者决定在一个未折叠的印张(无论其尺寸大小)的一面要排放

---

① Theodore Law de Vinne, *The Invention of Printing*, New York: F. Hart, 1876, p.203.

书页单位的数量。"①所排放的这些书页一起上机印刷。"对开"(folio)指两页一印,"四开"(quarto)指四页一印,"八开"(octavo)指八页一印。印好后,对开本的一张要折叠一次,往往要与其他印张套叠在一起。德文尼(1876)第 207 页说"对开本形式"(in folio form)的《穷人圣经》第一版皆印于 1488 年之前,其实是以人们所熟悉的后世术语,来指称该版"一块版上刻两页"(同时也就是两页一印)的这种特殊情形。按照德文尼(1876)的论述,当时欧洲并没有"具有中国印本书外表"的包背装或者线装图书,而"欧洲语中的 folio 最初就指这种对折本",也就成了无稽之谈。

第四,说到欧洲雕版印刷与中国的异同,我们不能只关注其同,还要讨论其异。

关于欧洲雕版印本与中国雕版印本的相似之处,德文尼(1876)有如下论述:

> 中国的方法与欧洲早期对这一工艺的实践颇多共同点。如先在纸上用墨笔写样画稿;将样稿移至木版,刻成阳文;用水性墨;只印一面。②

关于欧洲雕版印本与中国雕版印本的不同之处,各家所论,有以下几点:

---

① [美]坦瑟勒(G. Thomas Tanselle)《分析书志学纲要》(*Bibliographical Analysis: A Historical Introduction*),苏杰译,杭州:浙江大学出版社,2014 年,第 74—76 页。

② Theodore Law de Vinne, *The Invention of Printing*, pp.119-120.

一是所用的墨不同。

尽管相对于活字印刷所用的油性墨而言,中国和欧洲的雕版印刷用的都是水性墨,但是墨的配方似乎有所不同。中国雕版印本的墨几乎都是黑色的。而根据德文尼(1876),欧洲雕版书有一个突出的特点是几乎不用黑色墨①,大多是一种锈褐色(rusty brown)的②,"棕黄色的"③,或者说是黄褐色的水性墨(watery yellow-brown ink)④。

根据梅茨格(2005),欧洲写本时代所用墨水有两种,一种是烟炱和胶加水混合成的墨,用于在纸草上书写;另一种是用栎瘿(富含丹宁酸和五倍子酸)加水加绿矾(硫酸亚铁)再加胶制成的墨,用于在皮纸上书写,因为前一种墨在皮纸上不易黏附。⑤ 德文尼(1876)提到,15 世纪一个意大利印刷坊的开销账簿上所开列印刷用墨的原材料中有栎瘿和绿矾,他说:"栎瘿和绿矾究竟起什么作用,尚不清楚: 它们是书写用墨的重要成分,也许当时的意大利印刷者认为印刷用墨中也不可或缺吧。"⑥ 早期欧洲雕版印本所用的墨恐怕对书写用墨也有所承袭,因而与中国雕版印本所用的墨有

---

① Theodore Law de Vinne, *The Invention of Printing*, p.248.同一段,德文尼指出欧洲雕版书值得注意的另外一点是,未见印于皮纸者。不过,印刷所用的墨似乎与用于皮纸书写者差相仿佛。德文尼在第 278 页还讨论道,现在墨色棕黄,也许是褪色的结果。不管是不是褪色所致,其印刷用墨的成分与中国应当是有所不同的。

② Theodore Law de Vinne, *The Invention of Printing*, pp.203,209.

③ 钱存训:《中国纸和印刷文化史》,第 290 页。

④ Adrian Wilson & Joyce Lancaster Wilson, *A Medieval Mirror: Speculum Humanae Salvationis 1324–1500*, p.126.

⑤ Bruce M. Metzger and Bart D. Ehrman, *The Text of The New Testament*, Oxford: Oxford University Press, 2015, pp.10–11.

⑥ Theodore Law de Vinne, *The Invention of Printing*, p.54.

所不同。

二是所用的纸不同。

钱存训先生说欧洲早期雕版印刷是"以薄纸覆于版上"。不过,欧洲雕版书所用的纸张与中国的相比要厚得多。德文尼(1876)说这些纸非常厚、硬、粗,像今天用于包装的牛皮纸一样,认为这纸必须打湿弄软之后才能印刷。① 他对这个工序的推测未必可信,但当时欧洲所用纸张与中国的差异,则是显而易见的。

三是页面的安排和书册的装订方式不同。

从德文尼(1896)和威尔逊 & 威尔逊(1984)描述的各种雕版印本来看,大多数是要由叠组成册的,这与中国雕版印本的做法迥然有别。比如《默示录》(*Apocalypse*)第一版即按以下方案排版:

```
1——16    3——14    5——12    7——10
2——15    4——13    6——11    8——9
```

即第 1 页安排在第一张的右半面,第 16 页安排在第一张的左半面,第 2 页安排在第二张的左半面,第 15 页安排在第二张的右半面,依次类推。② 最后这单面印刷的十六页背对背、面对面套叠在一起,形成一叠(gathering),然后由若干叠组成一册。《救赎之镜》还特别在插图的边框上对左右页进行严格区分,以指示印刷时所

---

① Theodore Law de Vinne, *The Invention of Printing*, p.248.说纸必须弄湿了才能印,不见得对;但可以肯定的是纸张的厚和硬。

② Ibid., p.213.

应放的页面。①

与之相关联的,是装订位置的不同。德文尼(1876)指出,中国印本书是将折叠边作为书口,将裁切边作为书脊,这与西方的做法恰恰相反。②

最后是所用的版不同。

墨、纸、装订方面的异同,可以从现存早期雕版印本中直观看到。欧洲早期印刷所用雕版的具体情形,证据则要少得多。因为欧洲雕版印刷只有百十年时间,很快就淹灭于活字印刷的滚滚洪流。留存下来的印本已然鲜少,雕版更是难得一见。今天讨论当时所用的版,往往要依据活字印刷时代插图所用的雕版,以及少数现存雕版印本中所留下的木纹痕迹。

德文尼(1876)在论及中国雕版的取材时指出,"与西方的做法不同,其版是顺着木材的纹理,纵向锯切为方板。版厚约半英寸,不过,在中国的工艺中,并不强调将版做成统一的厚度。每块版要大到足以容纳两个页面……"③,同时在注文中补充道:"美国版刻者所用的版,是错着木材的纹理,锯成圆盘,厚 0.92 英寸。这样锯成的木版,木头纹理像柱子一样,与刻版者的奏刀和印刷的文路相垂直,可以刻得更为精细,而且,在印刷的时候,可以比顺着纹理锯成的版承受更大的压力。"显然,德文尼所说的"西方的做法""美国的做法",所指都是活字印刷中的插图雕版。因为要与金属活字一

---

① Adrian Wilson & Joyce Lancaster Wilson, *A Medieval Mirror: Speculum Humanae Salvationis 1324 –1500*, p.134.
② Theodore Law de Vinne, *The Invention of Printing*, pp.115–116.
③ Ibid., p.114.

起排版，故而对厚度有严格要求。

德文尼(1876)对其所经眼的欧洲早期雕版印本进行了书志描写，记录了相关技术细节。其中《穷人圣经》第一版，根据其雕版断痕和木纹，可以考见该版是顺着木纹锯切的，而且一块版刻了两页。① 这与中国雕版的做法是一致的。

《穷人圣经》第一版的这种情形，在当时究竟是常例还是特例？从其他印本来看，一块版刻相邻两页似乎并非常例，故而德文尼(1876)称之为"错误"②。至于顺着木纹锯切成版是否当时常例，尚有待进一步的证据。

钱存训先生据此认为"这些程式不仅和中国的方法相同，而且都与欧洲通行的作法相反。欧洲通行方法常以横断木纹解板……"其所谓"欧洲通行的作法"，显然是指后来活字印刷中插图雕版的通行做法。细究起来，这里的"不仅和……相同，而且与……相反"的句式似乎有点问题，因为这个句式给人的感觉是"不仅和中国的方法相同，而且与欧洲原来通行的作法相反"。

要论定欧洲雕版印刷与中国雕版印刷之间存在影响承袭关系，当然希望两者之间相同点越多越好。但是因此只见其同不见其异，将特例当作常例，甚至当作毫无例外的通例，并对特例中不能令自己满意的地方进行有意无意的曲解，强异以为同，这就不是科学的态度了。我们知道，一个文化在接受外来影响的时候，往往会同时保留自己的一些特异性。我们不可能"全盘西化"，西方的雕版印本也不可能"全盘东化"。"完全一致""完全模仿"不仅不符

---

① Theodore Law de Vinne, *The Invention of Printing*, p.203.
② Ibid., pp.113–114.

合事实,而且不合乎常理。

就目前所能看到的证据而言,我们只能说欧洲雕版印刷技术极有可能(probability)曾受到中国的影响,还不能言之凿凿地说确定无疑(certainty)。

六、结　　论

由于图画的形象性和直观性所带来的解释力和说服力,以及其对于文盲、半文盲人群的亲和力,15世纪中国和欧洲的宗教都采用插图印本来宣传其教义,明代释宝成的《释氏源流》和同时期荷兰的《救赎之镜》是具有代表意义的两种。通过彼此对照我们发现,在相似历史文化背景因素驱动下而形成的这两部书,其插图在宗教艺术史上都有着十分重要的影响,其编集印刷有以下值得注意的异同。

（一）编集:《释氏源流》是采自佛经等的片段短文,文前揭橥出处,《救赎之镜》是采自圣经等的片段短文,文末注明来源;《释氏源流》文前有标题,《救赎之镜》图下有标题。

（二）排版:两者大多数版本都是图文各半,上图下文;《释氏源流》每页一图一文,《救赎之镜》每页两图两文。

（三）刻印:《释氏源流》图文同版,一版两页,皆刻木为版,《救赎之镜》图单独刻木为版,一版一页,文则为金属活字排版(有一版部分文本为雕版);《释氏源流》各版皆重新雕版,《救赎之镜》四版用同一套图版,文本另排;两者皆为单面印刷;《释氏源流》图版边框左右页无别,《救赎之镜》图版边框左右页严格区别。

（四）装订：《释氏源流》单张折叠，印面朝外，以折叠边为书口，以裁切边为书背，装订为两册或四册；《救赎之镜》两张背对背相粘为书叶，相邻叶套叠，折叠中心缝为一叠，各叠依次前后相叠，订为一册。

通过共时考察我们认识到，在当时中西各种插图印刷书中，《释氏源流》和《救赎之镜》是具有代表性的，在谷登堡活字印刷流行之前，欧洲低地国家已经在插图本宗教宣传书制作方面采用雕版印刷，《救赎之镜》第二版部分活字印叶有缺时，雕版作为省时且经济的补救措施。通过历时分析我们认识到，以《释氏源流》《救赎之镜》为代表的中西插图印本书的异同都植根于各自的图书制作历史传统。欧洲早期雕版印本书的装订，基本上采用了西方抄本书装订的方式，用墨与中国也有所不同，并不能说是"完全模仿中国印本书"。

七、几点思考

前人留下了辉煌的精神遗产，这些遗产主要通过图书传承。东西方对各自的典籍的学习和研究，形成了各自的学术传统。西学东渐，自两种传统相逢开始，就有了比较。首先是思想内容（content）的比较。对哲学、文学以及历史的比较，已经形成了比较哲学、比较文学以及比较史学等学科，可称蔚然大观。但是对于承载这些思想内容的载体容器（container）有系统的中西比较，仍是方兴未艾。比较文献学，特别是从无字句处读解图书形制材质所隐含信息的版本学的中西比较，可以说还大有可为。与思想内容的比较一样，载体容器的比较也无非是勘同辨异。在我们对15世纪中西方插图印本的比较中,既发现时有会心的"同",也发现饶有意趣的"异"。熟悉亲切与陌生新奇兼而有之,这种感觉,就像是"有朋自远方来",不亦乐乎!

其次,比较从个案开始。个案不是孤立的,必须由点及面进行共时考察,讨论个案异同的代表性。个案是处于历史演变之中的,必须进行溯源探流的历时考察,讨论个案异同背后的缘由。对于其"同",比如插图本上图下文的版式,比如图书形制从卷子到册子的嬗变,如果历史上没有接触和影响,就可能是由于人的生理或者认知心理的相似性,即钱锺书先生所谓"东海西海,心理攸同"。对于其"异",比如西方文献的分栏,对左右页的区分,比如中国文献的竖行,这些差异,都需要从历史上去探究其原因。总之,比较不仅要描写异同,而且要解释异同,不仅要知其然,而且要知其所以然。

最后,比较必须坚持实事求是的科学态度,从证据出发,不能结论先行。比如中国印刷史研究中有些学者为了证明欧洲雕版印刷完全模仿中国雕版印刷,只见其同,不见其异,甚至强异以为同,其效果却是过犹不及,实在不足为训。

(原刊《薪火学刊》第七卷,复旦大学出版社,2021年,第191—217页)

《诗经》典故词语与《汉语大词典》订补

孔子说:"不学《诗》,无以言。"①自春秋战国以来,人们在语言交流中常常有对《诗经》的明引暗用,形成了数量众多的以《诗经》为典源的典故词语。《汉语大词典》(以下称"《大词典》")是通行的权威词典,收录《诗经》典故词语最多。由于当年编纂条件所限,《大词典》在各方面还存在不少问题,目前已启动修订再版工作。利用暑假,我们将自己学习《诗经》、查检《大词典》过程中碰到的一些问题稍作梳理,为《大词典》的订补工作献可替否,略陈管见。

《大词典》在处理《诗经》典故词语方面存在的问题,主要表现在立目、释义和书证等几个方面。词目相当于干,义项相当于枝,书证相当于叶。由于当时收集书证只能靠手工做卡片,故而这方面的不足最明显,有许多义项只有孤例。现在有了语料库和电脑检索,随手就能补充许多书证。有鉴于此,这里我们的讨论不涉及书证补充,主要集中于立目和释义上的错误和问题。不妥之处请大家指正。

---

① 程树德《论语集释》,北京:中华书局,1990年,第1168页。

一、据讹文立误目

作为立目基础的文献用例,首先要保证文本正确。根据讹误的单文孤证,难免会设立错误的词目。

【一虎不河】《诗·小雅·小旻》:"不敢暴虎,不敢冯河。"《论语·述而》:"暴虎冯河,死而无悔者,吾不与也。必也临事而惧,好谋而成者也。"原谓空手搏虎,徒步渡河,喻有勇无谋,冒险行事。后在元剧中以"一虎不河"比喻不顾一切。元无名氏《小张屠》第二折:"报娘恩三年人甫,恩临大怀耽十月,情多几儿救母绝嗣,我为亲人一虎不河。"(1/45)①

按:《大词典》据孤例立"一虎不河"词目,不妥。其所引《小张屠》,校勘和句读存在不少问题,几乎不能通读。校勘方面来说,"人甫"应为"乳哺","一虎不河"应为"暴虎凭河","几儿救母"应读为"弃儿救母"。"人""乳"、"一""暴"、"不""凭",既非形近,亦非音近,之所以如此讹变,有其特殊原因。宁希元《〈元刊杂剧三十种〉中文字待勘符号的辨正》(1982年)②指出:"古人写书,凡遇原稿有

---

① "1/45"表示引文出自《汉语大词典》第1卷,总第45页。下同。参见汉语大词典编辑委员会、汉语大词典编纂处编《汉语大词典》第1卷,上海:上海辞书出版社,1986年。第2卷出版于1988年,第3卷、第4卷出版于1989年,第5卷、第6卷出版于1990年,第7卷、第8卷出版于1991年,第9卷、第10卷出版于1992年,第11卷、第12卷出版于1993年。

② 宁希元《〈元刊杂剧三十种〉中文字待勘符号的辨正》,《关陇文学论丛》第一集,兰州:甘肃人民出版社,1982年,第208、213页。

疑误之外,多涂去误字,并旁注待勘符号作'卜',以便日后据别本校改,俾成定本,然后雕版成书。""末句'一'、'不'两字,均为待勘符号之形误,当依文义改作'暴虎凭河'。"句读方面来说,这一段是韵文,应依宁希元《元刊杂剧三十种新校》(1988)①读为"报娘恩三年乳哺恩临大,怀耽十月情多,弃儿救母绝嗣我,为亲娘暴虎凭河"。其中"大""多""我""河"为韵脚字(可参看李蕊《元曲用韵研究》②第七章《韵谱》)。在《大词典》1986年出版第一卷时,宁希元的考证早已公开发表,编纂者失于稽考,因有此误。

二、据异文立歧目

《诗经》文本存在不少异文,有些异文是同一词语的不同书写形式,《大词典》或皆予立目,而未加比对,以致释义参差,书证歧出。

【脩脩】1.鸟羽尾疲敝貌。《诗·豳风·鸱鸮》:"予羽谯谯,予尾脩脩。"2.端正整齐貌。三国魏甄皇后《塘上行》:"边地多悲风,树木何脩脩。"(1/1493)

【翛翛】1.羽毛残破貌。《诗·豳风·鸱鸮》:"予羽谯谯,予尾翛翛。"毛传:"翛翛,敝也。"3.象声词。三国魏甄皇后《塘上行》:"边地多悲风,树木何翛翛。"(1/1600)

---

① 宁希元校点《元刊杂剧三十种新校》,兰州:兰州大学出版社,1988年,第232页。
② 李蕊《元曲用韵研究》,北京:社会科学文献出版社,2015年。

按：两个词目书证都有甄皇后《塘上行》同一句。前者释义为"端正整齐貌"，后者释义为"象声词"。这类词语，应合参梳理。马瑞辰《毛诗传笺通释》："'予尾翛翛'，《传》：'翛翛，敝也。'瑞辰按：《正义》曰：'予尾消消而敝。'又曰：'消消，定本作翛翛'。据《释文》'翛，素彫反'，音正同消，是翛翛与消消音义正同。《唐石经》作脩脩，《九经三传沿革例》引监本、蜀本、越本皆作修修，脩、修古通用。《说文》无翛字，当从《唐石经》作脩脩为正。修与消一声之转，故脩、修可读如消也。"①今按，"翛翛""脩脩"，当读"消消"，亦即"萧萧"（例如宋李纲《摘鬓间白发有感》诗："萧萧不胜梳，扰扰仅盈搦。"②）。羽毛、头发、林木，稀疏参差，皆可谓之"萧萧"/"消消"/"翛翛"/"脩脩"。

【傞傞】1.醉舞失态貌。《诗·小雅·宾之初筵》："侧弁之俄，屡舞傞傞。"《晏子春秋·杂上》："晏子饮景公酒，日暮，公呼具火。晏子辞曰：'《诗》云，"侧弁之俄"，言失德也。"屡舞傞傞"，言失容也。'"(1/1561)

【媻媻】醉舞不止貌。《说文·女部》："媻，从女，此声。《诗》曰：'娄舞媻媻。'"段玉裁注："媻媻，《诗》作傞傞。《传》曰：'傞傞，不止也。'古此声、差声最近。"参见"傞傞"。(4/5408)

按："媻媻"据毛传准诸"傞傞"释义为"不止"，"傞傞"却据《晏

---

① 〔清〕马瑞辰《毛诗传笺通释》，北京：中华书局，1989年，第474页。
② 〔宋〕李纲《李纲全集》，长沙：岳麓书社，2004年，第289页。

子春秋》释义为"失态",不妥。《晏子春秋》此处不是严格的训诂,应当依准毛传为是。

三、狃于双音成词惯例而牵强立目

文献中对于《诗经》典故的运用,有些典面是四个字或者三个字。由于双音节词目占绝大多数,编纂者有时会削足适履,截取其中二字,从而造成词目不完整。

> 【友纪】犹纲纪。《诗·大雅·云汉》:"旱既太甚,散无友纪。"郑玄笺:"人君以群臣为友,散无纲纪者,凶年禄饩不足,人无赏赐也。"章炳麟《箴新党论》:"今满人习于承平之乐,惟声色狗马是务,诸所举措,纷无友纪。"(2/2598)

按:马瑞辰《毛诗传笺通释》:"《白虎通》:'友者,有也。'《释名》:'友,有也。相保有也。'《论语》'有朋自远方来','有'或作'友'。此诗'友'即'有'之假借,'散无友纪'谓群臣散无有纪也。《笺》说失之。"①"散无有纪"句式相当于"乱靡有定"(《诗·小雅·节南山》)②)。从句式结构、《大词典》所列书证以及我们搜检所见,应当立目的是"散无友纪"或"无友纪"(如"无聊赖")。"散无友纪"

---

① 〔清〕马瑞辰《毛诗传笺通释》,第984页。
② 〔汉〕毛亨传,〔汉〕郑玄笺,〔唐〕陆德明音义《毛诗传笺》,北京:中华书局,2018年,第263页。

例多不举。"无友纪"例如下。章炳麟《〈张苍水集〉后序》："是时故老犹在,捃摭讨论,易得其次,而皆回沉无友纪,是编次者之咎也!"①《沈尹默赠陈独秀诗》:"筋骸嗟散漫,腰脚无友纪。"②

【夷届】终止;止息。《诗·大雅·瞻卬》:"蟊贼蟊疾,靡有夷届。"郑玄笺:"届,极也。其为残酷痛疾于民,如蟊贼之害禾稼然,为之无常,亦无止息时。"清陈确《翠薄山房帖》:"俾后学之心,颠倒回惑,垂五百年,靡有夷届。"(2/3241)

按:郭在贻《训诂学》:"《诗·大雅·瞻卬》:'蟊贼蟊疾,靡有夷届。'其中'夷'为语助词……"③从句式结构、《大词典》所列书证以及我们的搜检来看,应该立作词目的是"靡有夷届"。

有些在《诗经》中根本不能成词的两个字因误解文义而牵强立为词目。

【几见】1. 谓见之不久。《诗·齐风·甫田》:"未几见兮,突而弁兮。"郑玄笺:"人君内善其身,外修其德,居无几何,可以立功。犹是婉娈之童子,少自修饰,丱然而稚,见之无几何,突耳加冠为成人也。"(4/5516)

按:释义"见之不久"对应的是"未几见"。"未几",不久。《大

---

① 章太炎《章太炎全集·太炎文录初编》,上海:上海人民出版社,2014年,第206页。
② 安庆市历史学会、安庆市图书馆编《陈独秀研究参考资料》第1辑,安庆市历史学会,安庆市图书馆,1981年1月,第97页。
③ 郭在贻《训诂学》(修订本),北京:中华书局,2005年,第98页。

词典》割裂词语,立目、释义皆误。

【无以】1. 不采用。《诗·邶风·谷风》:"采葑采菲,无以下体?"郑玄笺:"此二菜者,蔓菁与葍之类也,皆上下可食。然而其根有美时,有恶时,采之者不可以根恶时并弃其叶。喻夫妇以礼义合,颜色相亲,亦不可以颜色衰弃其相与之礼。"(7/9705)

按:"无以下体"的结构是"[无[以下体]]",意思是"不要因为其根(不好而一并放弃其叶)"。编纂者大概受上一句"采葑采菲"的影响,将"以"解释为"采用",立目、释义皆误。

有些对《诗经》典故的运用,典面是根本不能形成一个语言单位的两个字,也被立为词目。

【驹谷】指散放在山谷中的马。语本《诗·小雅·白驹》:"皎皎白驹,在彼空谷。"宋胡锜《代马莋谢表》:"驹谷逍遥,惯饱南山之味;駬原濡沃,备尝齧圃之劳。"参见"駬原"。(12/17618)

【駬原】指生活在平原地区供役使的马。语本《诗·小雅·皇皇者华》:"皇皇者华,于彼原隰……我马维駬,六辔既均。"宋胡锜《代马莋谢表》:"驹谷逍遥,惯饱南山之味;駬原濡沃,备尝齧圃之劳。"参见"驹谷"。(12/17634)

按:胡锜该句的确是用《诗经》典故。"驹谷逍遥"是说马在山谷中逍遥自在。"駉原濡沃"中的"濡沃"来自《皇皇者华》中的"六辔如濡""六辔沃若"①,是说马在原隰上辔头鲜明。"驹谷"和"駉原"都不成词,以此孤例立目,显然不妥。

四、溯源错误

追溯词源是典故词释义的重要环节。有些词语,并非源于《诗经》,却被错误地溯源至《诗经》。有些词语虽然的确源于《诗经》,但被溯源至错误的篇目。

【下贲】敬语。下降,降临。语出《诗·小雅·白驹》:"贲然来思。"贲然,盛饰光采之貌。宋周密《齐东野语·蜜章密章》:"王崇述神道碑云:没代流庆,密章下贲。"(1/324)

按:"下贲"典源并非《诗经》,而是《易经》。《易·贲》:"六五,贲于丘园,束帛戋戋。"李鼎祚《集解》引荀爽曰:"贲饰丘陵,以为园圃,隐士之象也。五为王位,体中履和,勤贤之主,尊道之君也。"②晋葛洪《抱朴子外篇·钦士》:"是以明主旅束帛于穷巷……而以致贤为首务,得士为重宝。"③后世以此为主上征聘之荣宠的典实,分别构成"下贲""宠贲""褒贲"等典故词。《大词典》正确揭示"宠贲"

---

① 〔汉〕毛亨传,〔汉〕郑玄笺,〔唐〕陆德明音义《毛诗传笺》,第210页。
② 〔唐〕李鼎祚《周易集解》,北京:中华书局,2016年,第153页。
③ 〔晋〕葛洪撰,杨明照校笺《抱朴子外篇校笺》,北京:中华书局,1991年,第325页。

的典源为《易·贲》,但将"下贲"误系于《诗经》,而对"褎贲"则未能揭示其为典故词。

【言宴】言谈说笑,谈笑欢乐。语出《诗·卫风·氓》:"总角之宴,言笑晏晏。"《三国志·蜀志·杨戏传》"浚至太常,封侯"裴松之注引三国蜀陈术《益部耆旧传杂记》:"县长蜀郡成都张君无子,数命功曹呼其子省弄,甚怜爱之。张因言宴之间,语功曹欲乞继,功曹即许之,遂养为子。"唐于濆《古宴曲》:"重门集嘶马,言宴金张宅。"(11/15366)

按:"言宴"相当于谈宴,恐与《卫风》"总角之宴,言笑晏晏"① 无涉。《释文》:"'宴'本或作'卯'。"马瑞辰曰:"作宴者,因下'晏晏'而误也。卯即丱字之省,为总角貌。卯与宴古音正合。"②"谈宴",犹"谈䜩",亦作"谈燕",谓边宴饮边叙谈。《大词典》有"言燕",释义为"言谈和宴饮"。书证是宋王安石《回文太尉书》:"久远言燕,岂胜怅仰。"(11/15370)

【藩维】1.《诗·大雅·板》:"价人维藩。"后以"藩维"指藩国。南朝梁沈约《封授临川等五王诏》:"藩维广树,经朔攸属。"清顾炎武《书太虚山人象象谭后》:"使是书之论得行于数十年之前,足以隆藩维而重国势,当不至于今日。"(9/13125)

---

① 〔汉〕毛亨传,〔汉〕郑玄笺,〔唐〕陆德明音义《毛诗传笺》,第87页。
② 〔清〕马瑞辰《毛诗传笺通释》,第213页。

按:"价人维藩"的"维"是判断词,相当于"乃","是"。动宾结构"维藩"后来成为典故词,表示护卫朝廷的重臣。这类结构的词语一般不会将语素颠倒过来。"藩维"应当是联合结构,意思是藩屏和纲维。后周太祖《授钱宏俶天下兵马元帅敕》:"为民物之纲维,实朝廷之藩屏。"①顾炎武《书太虚山人象象谭后》:"呜呼!自天子而下,一等为亲王,又一等为郡王,此皆天子之子若孙,不相悬也。其在于《诗》曰'本支百世',故天子本也,亲王枝也,宗室叶也……《诗》曰:'宗子维城。无俾城坏,无独斯畏。'呜呼!先帝畏之矣。使是书之论得行于数十年之前,足以隆藩维而重国势,当不至于今日。"②其中"藩维"不是藩国,指亲王宗室,实乃天子之藩屏纲维。

【麟角】1. 麒麟之角。《诗·周南·麟之趾》:"麟之角,振振公族。"后因以"麟角"指宗藩之盛。清纳兰性德《曲阜》诗:"小臣久已瞻麟角,何幸趋承俎豆余。"(12/18103)

按:七律《曲阜》整首诗如下:"万骑新过五父衢,玉銮停御璧池初。弦歌疑尚闻兴阕,荆棘还看自翦除。秘笈琳琅怀里玉,宝光腾跃壁中书。小臣久已瞻麟角,何幸趋承俎豆余。"③这是纳兰性德随扈过曲阜时所写,用典使事多关乎孔子。《幼学琼林》:"麟吐

---

① 〔清〕董诰等编《全唐文》卷一百二十三,北京:中华书局,1983年,第1239页。
② 〔清〕顾炎武《顾亭林诗文集》,北京:中华书局,1983年,第153页。
③ 〔清〕纳兰性德《通志堂集》,上海:华东师范大学出版社,2019年,第68页。

玉书,天生孔子之瑞。"①明郭子章《圣门人物志》:"颜氏祷尼丘之山,生孔子。孔子未生时,有麒麟吐玉书于阙里,其文曰:'水精之子,继衰周而为素王。'颜氏异之,以绣绂系麟之角,信宿而去。妊十一月,生孔子……"②纳兰性德诗中的"瞻麟角",恐怕与《诗经》无关,而是指以上关于孔子的传说。

【旟旐】泛指旌旗。《诗·小雅·出车》:"彼旟旐斯,胡不旆旆。"《汉书·扬雄传上》:"腾清霄而轶浮景兮,夫何旟旐郅偈之旖柅也!"清魏源《默觚上·学篇十四》:"彼熊罴、蛇虺、旟旐、众鱼之幻,何足语知道。"(6/9602)

按:魏源例中的"熊罴、蛇虺"出自《诗·小雅·斯干》"吉梦维何?维熊维罴,维虺维蛇"③,"旟旐、众鱼"出自《诗·小雅·无羊》"牧人乃梦,众维鱼矣,旐维旟矣"④,都是梦境。

五、释 义 错 误

释义是对相关语例用法的归纳。同一词语在不同的语境中含义会有所不同,而且还各有文体和修辞方面的特殊性。如果不能准

---

① 〔明〕程登吉原编,〔清〕邹圣脉增补《幼学故事琼林》,上海:上海古籍出版社,1992年,第117页。
② 〔明〕郭子章撰,王红军校注《圣门人物志》,桂林:漓江出版社,2013年,第211页。
③ 〔汉〕毛亨传,〔汉〕郑玄笺,〔唐〕陆德明音义《毛诗传笺》,第256页。
④ 同上书,第258页。

确理解语例,归纳语义,就会形成错误的释义,分列不必要的义项。

【伐棠】《诗·召南·甘棠》:"蔽芾甘棠,勿翦勿伐,召伯所茇。"召伯辅佐周武王,德政行于南国,百姓相戒勿剪伐其所憩之棠树。后遂以"伐棠"谓大臣未能如召伯之建功立业,以至国灭身亡。清魏源《定军山诸葛武侯祠》诗:"垂李缅郑国,伐棠咏江汉。"(1/1190)

按:这里又是以孤例立目。"伐棠"的确语出《诗经》,但是《大词典》所引魏源《定军山诸葛武侯祠》中的"伐棠",其含义却绝对不是"谓大臣未能如召伯之建功立业,以至国灭身亡"。"垂李"语出《吕氏春秋·下贤篇》:"[子产]相郑十八年,刑三人,杀二人,桃李之垂于行者,莫之援也。"① "垂李""伐棠"分别用子产和召公喻指诸葛亮,皆是后人追思前贤之意。"伐棠"因需与"垂李"对仗,故措辞如此,其实是"勿伐棠"的意思。两句的意思是,人民像郑国人缅怀子产,江汉人歌咏召公一样,缅怀歌咏诸葛亮。

【率土】1."率土之滨"之省。谓境域之内。《诗·小雅·北山》:"率土之滨,莫非王臣。"王引之《经义述闻·毛诗中》:"《尔雅》曰:'率,自也。自土之滨者,举外以包内,犹言四海之内。'"2.犹王土。指京畿地区。唐张署《赠韩退之》诗:"涣汗几时流率土,扁舟西下共归田。"(2/2123)

---

① 〔战国〕吕不韦撰,陈奇猷校释《吕氏春秋校释》,上海:学林出版社,1984年,第880页。

按：正如王引之所说，"率土之滨"是"举外以包内"，省称为"率土"，首先也是指边远地区，而不是京畿。唐德宗贞元十九年，同为监察御史的张署与韩愈一起被贬，张署被贬为郴州临武令，韩愈被贬为连州阳山令①。张署到任后写了《赠韩退之》诗："九疑峰畔二江前，恋阙思乡日抵年。白简趋朝曾并命，苍梧左宦一联翩。鲛人远泛渔舟水，鹏鸟闲飞露里天。涣汗几时流率土，扁舟西下共归田。"②其中"涣汗"指帝王圣旨，"率土"用"率土之滨，莫非王臣"意，点明忠君之悃的同时，希望恩旨降到谪宦之所。

【公徒】1. 诸侯的步兵。《诗·鲁颂·閟宫》："公徒三万，贝胄朱綅。"高亨注："徒，步兵。每辆兵车随有徒兵约三十人，兵车千辆有徒兵三万。"2. 指乡勇。陈璞《三元里忆辛丑乡勇杀虏事》诗："异类人心愤，乡愚胆战粗。国殇今共礼，贝胄愧公徒。"(2/1812)

按：该诗前面还有四句："当事低眉语，前村奋臂呼。解纷来长吏，敌忾有田夫。"③用"当事""长吏"的"低眉""解纷"与"前村""田夫"的"奋臂""乱忾"相对照，"贝胄愧公徒"是诗词中常见的主宾倒置，相当于"公徒愧贝胄"，意思是说，朝廷兵众应感惭愧，觉得对不住所穿的军服。"公徒"不是指乡勇。另外，《大词典》所引"乡

---

① 参看罗联添《韩愈研究》，天津：天津教育出版社，2012年，第136、137页。
② 〔清〕彭定求等编《全唐诗》卷三百十四，北京：中华书局，1960年，第3538页。
③ 〔清〕陈璞《尺冈草堂遗集》卷一，《清代诗文集汇编》第676册，影印清光绪十五年息庐刻本，上海：上海古籍出版社，2010年，第569页。原文诗题作"经北门三元里忆辛丑乡民杀虏事"。

愚胆战粗",误。原文为"乡愚战胆粗","心"与"胆"对仗。

【食苹】1. 亦作"食萍""食荓"。指天子宴群臣嘉宾。亦指参加天子宴贤臣的宴会。语出《诗·小雅·鹿鸣》:"呦呦鹿鸣,食野之苹。我有嘉宾,鼓瑟吹笙。"2. 比喻秉志高洁,不慕爵禄。南朝宋鲍照《与伍侍郎别诗》:"民生如野鹿,知爱不知命……伤我慕类心,感尔食苹性。"(12/17284)

按:鲍照《与伍侍郎别诗》:"民生如野鹿,知爱不知命。饮龁且攒聚,翘陆欻惊迸。伤我慕类心,感尔食苹性。漫漫鄢郢途,渺渺淮海径。子无金石质,吾有犬马病。忧乐安可言,离会孰能定。钦哉慎所宜,砥德乃为盛。贫游不可忘,久交念敦敬。"①是说人生如野鹿,"攒聚"食苹于一时,终于"惊迸";尔我皆"食苹""慕类"之鹿,不得已而分别,故而伤心。皆是说聚散无常,忧乐无定,并非喻指"秉志高洁"。且既称"伍侍郎",何来不慕爵禄之说?

【食苹鹿】比喻秉志高洁,不慕爵禄的人。语出《诗·小雅·鹿鸣》:"呦呦鹿鸣,食野之苹。"唐萧颖士《仰答韦司业垂访》诗之一:"呦呦食苹鹿,常饮清泠川。但悦丰草美,宁知牢馔鲜。"参见"食苹"。(12/17284)

按:萧颖士当安史之乱之际,避处山野。"食苹鹿"引以喻己,

---

① 〔南朝宋〕鲍照撰,丁福林、丛玲玲校注《鲍照集校注》,北京:中华书局,2012年,第511页。

答韦司业垂访雅意,但言"物各有所好,违之伤自然"①,不可能自称自赞为"秉志高洁,不慕爵禄"。

【鸣野食苹】语出《诗·小雅·鹿鸣》:"呦呦鹿鸣,食野之苹。"毛传:"鹿得萍,呦呦然鸣而相呼,恳诚发乎中,以兴嘉乐宾客,当有恳诚相招呼以成礼也。"后以"鸣野食苹"比喻诚心待人,同其甘苦。宋苏辙《笏记》:"醉酒饱德,虽喜太平之风;鸣野食苹,未展尽心之报。"(12/17849)

按:苏辙两句皆用《毛诗序》意:"《既醉》,太平也。醉酒饱德,人有士君子之行焉。"②"《鹿鸣》,燕群臣嘉宾也。既饮食之,又实币帛筐篚,以将其厚意,然后忠臣嘉宾得尽其心矣。"③《笏记》该句上下文如下:"臣伏蒙圣慈,以臣生日,特遣中使降诏书,赐臣羊、酒、米、面者。枉蒙寄任,空阅岁时,每遇初生,辄被好赐。醉酒饱德,虽喜太平之风;鸣野食苹,未展尽心之报。臣无任感天荷圣激切屏营之至。"④"鸣野食苹"显然是指领受天子的飨宴,而不是"诚心待人,同其甘苦"。

【瞻乌】1.《诗·小雅·正月》:"哀我人斯,于何从禄?瞻乌爰止,于谁之屋?"毛传:"富人之屋,乌所集也。"郑玄笺:"视

---

① 〔唐〕萧颖士撰,黄大宏、张晓芝校笺《萧颖士集校笺》,北京:中华书局,2017年,第139页。
② 〔汉〕毛亨传,〔汉〕郑玄笺,〔唐〕陆德明音义《毛诗传笺》,第388页。
③ 同上书,第207页。
④ 〔宋〕苏辙《苏辙集》,北京:中华书局,1990年,第1071页。

乌集于富人之室，以言今民亦当求明君而归之。"后以比喻乱世无所归依之民。《后汉书·郭太传》："太傅陈蕃、大将军窦武为阉人所害，林宗哭之于野，恸。既而叹曰：'人之云亡，邦国殄瘁。瞻乌爰止，不知于谁之屋耳。'"唐刘知幾《史通·编次》："盖逐鹿争捷，瞻乌靡定，群雄僭盗，为我驱除。是史传所分，真伪有别。"柳亚子《题钱剑秋〈秋灯剑影图编〉》诗："逐鹿瞻乌事总非，东南王气欲安归。"(7/10866)

按："瞻乌"是动宾结构，不是偏正结构，大概是"观望民心之所向"的意思。后两例"逐鹿""瞻乌"并举，两者都是动词性的。正如"逐鹿"不能解释为"争夺统治权"的"群雄"一样，"瞻乌"也不应解释为"无所归依之民"。

【畔援】亦作"畔换"。亦作"畔涣"。1. 跋扈，专横暴戾。《诗·大雅·皇矣》："帝谓文王，无然畔援。"郑玄笺："畔援，犹跋扈也。"《汉书·叙传下》："项氏畔换，黜我巴汉。"颜师古注："畔换，强恣之貌，犹言跋扈也。"2. 取舍；求取。宋张载《正蒙·三十》："圣人于物无畔援，虽佛肸、南子，苟以是心至，教之在我尔，不为已甚也如是。"明唐顺之《答吕沃州书》："兄云山中无静味，而欲闭门独卧以待心志之定，即此便有欣慕畔援在矣。"清谭嗣同《仁学》二二："然治平至于人人可奢，物物可贵，即无所用其歆羡畔援，相与两忘而咸归于淡泊。"3. 违离，改易。宋王安石《谢公墩》诗："万事付鬼篆，耻荣何足论。天机自开阖，人理孰畔援。"(7/10941)

按,《诗·大雅·皇矣》:"帝谓文王,无然畔援,无然歆羡。"①"畔援",跋扈,大致相当于天主教七宗罪中的"傲慢";"歆羡",大致相当于七宗罪中的"贪婪"。王安石《诗义钩沉》:"人心未尝不正也。有所'畔援',则不得其正。有所'歆羡',则不得其正⋯⋯有所'畔援''歆羡',不得其欲而怒,则其怒也,私而已。文王之怒,是乃与民同怒,而异乎人之私怒也。"②英文中"傲慢"(arrogant)的词源义是"自以为是"(assuming),王安石对"畔援"的解释,可与之同参。这样分析下来,不应别立义项 2"取舍;求取"。张载《正蒙·三十》句"圣人于物无畔援"③,正是圣人不会傲慢,自以为是。唐顺之例"欣慕畔援"和谭嗣同例"歆羡畔援",显然都正用《皇矣》经义。也不应别立义项 3"违离,改易"。从上引王安石经说,其诗句"人理孰畔援"中的"畔援",是跋扈自恣,不得其正之意。

【藩翰】1.《诗·大雅·板》:"价人维藩,大师维垣,大邦维屏,大宗维翰。"毛传:"藩,屏也;翰,干也。"后因以"藩翰"喻捍卫王室的重臣。《三国志·蜀志·先主传》:"宗子藩翰,心存国家,念在弭乱。"⋯⋯3. 指布政使。清吴敏树《湖北按察使贵阳唐子方先生哀辞》:"公往以名举人,为县令湖北。以才能发闻,涖陟藩翰。"(9/13125)

---

① 〔汉〕毛亨传,〔汉〕郑玄笺,〔唐〕陆德明音义《毛诗传笺》,第 371 页。
② 〔宋〕王安石撰,邱汉生辑校《诗义钩沉》,北京:中华书局,1982 年,第 234 页。
③ 〔宋〕张载《张载集》,北京:中华书局,1978 年,第 42 页。

按：清代唐树义，字子方，由湖北县令渐次升任湖北布政使，为方面大员，故吴敏树说他"渐陟藩翰"。但不能倒过来说"藩翰"有一个用法是特指布政使。宋欧阳修《贺延州程太尉戡加节度使再任启》："久郁岩廊之用，屡淹藩翰之居。"①所谓"藩翰之居"，是指当时程戡职任"经略安抚使"。难道《大词典》再加一个义项"指安抚使"？显然不妥。义项3不当别立，应并入义项1，"喻捍卫王室的重臣"。

【陵谷】1.《诗·小雅·十月之交》："高岸为谷，深谷为陵。"毛传："言易位也。"郑玄笺："易位者，君子居下，小人处上之谓也。"后因以"陵谷"比喻君臣高下易位。《魏书·拓跋渊传》："臣以疏滞，远离京辇，被其构阻，无所不为。然臣昔不在其后，自此以来，翻成陵谷。"(11/16359)

按：广阳王拓跋渊与城阳王拓跋徽俱为北魏王朝宗室。《魏书·拓跋渊传》："[渊]累迁殿中尚书，未拜，坐淫城阳王徽妃于氏，为徽表讼，诏付丞相、高阳王雍等宗室议决其罪，以王还第。"后来拓跋徽进一步向灵太后构陷拓跋渊，说"广阳以爱子握兵在外，不可测也"，灵太后使问拓跋渊，拓跋渊具言对曰"被其构阻"。② 显而易见，二人并非君臣关系，《大词典》据此孤例立"比喻君臣高下易位"义项，非是。

---

① 〔宋〕欧阳修《欧阳修全集》，北京：中华书局，2001年，第1462页。
② 〔北齐〕魏收《魏书》，北京：中华书局，1974年，第429—432页。

【退食】1.语出《诗·召南·羔羊》:"退食自公,委蛇委蛇。"郑玄笺:"退食,谓减膳也。自,从也;从于公,谓正直顺于事也。"朱熹集传:"退食,退朝而食于家也。自公,从公门而出也。"后因以指官吏节俭奉公。南朝梁任昉《梁武帝断华侈令》:"若能人务退食,竞存约己,移风易俗,庶期月有成。"……3.归隐;退休。《后汉书·杨秉传》:"〔杨秉、韦著〕俱征不至,诚违侧席之望,然逶迤退食,足抑苟进之风。"唐方干《与桐庐郑明府》诗:"莫道耕田全种秫,兼闻退食亦逢星。"(10/14807)

按:义项3"归隐;退休"不成立。前一例《后汉书》,《大词典》另有【逶迤退食】据此例设立义项"谓从容谦退,公正廉洁"(10/14944)。后一例方干《与桐庐郑明府》诗:"字人心苦达神明,何止重门夜不扃。莫道耕田全种秫,兼闻退食亦逢星。映林顾兔停琴望,隔水寒猿驻笔听。却恐南山尽无石,南山有石合为铭。"[1]"退食"正用《诗经》"退食自公"义,谓郑明府公余休息时,并非归隐,退休。"字人",抚治百姓。"种秫"用陶渊明"公田种秫"典。既谓"明府",又曰"字人",显然并未归隐。

六、其 他 问 题

《大词典》在关于《诗经》典故词语的处理方面,还有书证误系、

---

[1] 〔清〕彭定求等编《全唐诗》卷六百五十二,第7492页。

引文有误、标点不当、前后不一等问题,一并附记于此。

【柯斧】1. 装柄之斧。晋葛洪《抱朴子·百里》:"而秉斤两者,或舍铨衡而任情;掌柯斧者,或曲绳墨于附己。"《水浒传》第九七回:"忽见崖畔树林中,走出一个樵者,腰插柯斧。"《西游记》第五九回:"那樵子撇了柯斧,答礼道:'长老何往?'"……3.《诗·豳风·伐柯》:"伐柯伐柯,其则不远。"郑玄笺:"伐柯者必用柯,其大小长短,近取法于柯。"后因以"柯斧"喻法规。晋葛洪《抱朴子·良规》:"严操柯斧,正色供绳,明赏必罚,有犯无赦。"(4/5969)

按:义项1"装柄之斧"所列第一例葛洪《抱朴子外篇》"掌柯斧者,或曲绳墨于附己"①,与义项3"喻法规"所列最后一例葛洪《抱朴子外篇》"严操柯斧,正色拱绳……"②,措辞用意大致相仿,其中"柯斧"都是喻指规矩。

【醉酒饱德】《诗·大雅·既醉》:"既醉以酒,既饱以德。"又序:"既醉,太平也。醉酒饱德,人有士君子之行焉。"后用为酬谢主人宴饮之辞。《太平广记》卷四九二引唐无名氏《灵应传》:"妾以寓止郊园,绵历多祀,醉酒饱德,蒙惠诚深。"(9/13942)

【饱德】1. 饱受恩德。语出《诗·大雅·既醉序》:"《既

---

① 〔晋〕葛洪撰,杨明照校笺《抱朴子外篇校笺》,第52页。
② 同上书,第283页。

醉》,太平也。醉酒饱德,人有士君子之行焉。"唐孙揆《灵应传》:"醉酒饱德,蒙惠诚深。"(12/17320)

按:"醉酒饱德"引《诗》序:"既醉,太平也。"①"既醉"二字应加书名号。与【饱德】引《灵应传》同一句,彼处注"孙揆撰",此处注"无名氏",可加以统一。

【侈哆】1. 口大张貌。语本《诗·小雅·巷伯》:"哆兮侈兮,成是南箕。"清许缵曾《睢阳行》:"祝史乘机垄断张,阿母新来口侈哆。"因以谓谗言中伤。宋李纲《摘鬓间白发有感》诗:"纵横蹈危机,侈哆困贫喷。"(1/1345)

按:李纲《摘鬓间白发有感》诗该句非"贫喷",而是"烦喷"②。"烦喷"是由《左传·定公四年》"喷有烦言"③凝缩成的典故词,意思是纷杂的指责和议论。李纲《自湘乡趋邵阳以避谤不敢取道衡岳有感五首》其一也用到"烦喷"一词:"叹息迂程避烦喷,坐令南岳阻跻攀。"④

【芸黄】草木枯黄貌。语出《诗·小雅·苕之华》:"苕之华,芸其黄矣。"一说黄盛貌。《诗·小雅·裳裳者华》:"裳裳

---

① 〔汉〕毛亨传,〔汉〕郑玄笺,〔唐〕陆德明音义《毛诗传笺》,第388页。
② 〔宋〕李纲《李纲全集》,第289页。
③ 〔春秋〕左丘明撰,〔唐〕孔颖达正义《春秋左传正义》,北京:北京大学出版社,2000年,1776页。
④ 〔宋〕李纲《李纲全集》,第305页。

者华,芸其黄矣。"毛传:"芸黄,盛也。"

按:"芸黄,盛也"当从各校点本作"芸,黄盛也"。"芸其黄矣",句式相当于"浏其清矣"(《诗·郑风·溱洧》)①。《说文·水部》:"漻,清深也。"段玉裁注:"盖《郑风》毛作'浏',韩作'漻'。"②《大词典》编纂者受词头"芸黄"的影响,将毛传"芸,黄盛也"点为"芸黄,盛也",不妥。(9/12799)

(原刊《薪火学刊》第三卷,复旦大学出版社,2016年,第198—211页)

---

① 〔汉〕毛亨传,〔汉〕郑玄笺,〔唐〕陆德明音义《毛诗传笺》,第125页。
② 〔清〕段玉裁《说文解字注》,上海:上海古籍出版社,1988年,第547页。

《歧路灯》校勘评议

清代李绿园所撰《歧路灯》是一部具有鲜明特色的古典白话小说，也是记录近代河南方言的资料宝库。近些年《歧路灯》成为古代文学、汉语史等多个学科领域的研究热点，留下了十分丰富的文献。毫无疑问，无论是哪个领域的专书专题研究，都应当以准确的文本作为前提和基础。然而令人遗憾的是，《歧路灯》在这一方面仍然存在不少问题。这些问题，可归因于《歧路灯》文本史，亦即其文本传播和文本整理过程的特殊情形。近些年笔者对西方文本传播史和校勘理论有所涉猎，深感中西会通，颇有可为。参考西方文本校勘理论，我们可以对《歧路灯》的文本问题有更加清楚的认识，而《歧路灯》文本史的特殊情形，也为西方校勘学理论与中国文本整理实践相结合提供了一个可贵的案例。有鉴于此，我们将结合西方校勘学的有关理论，对《歧路灯》文本校勘中存在的问题进行分析评议。

先说《歧路灯》文本传播的特殊情形。《歧路灯》撰成后，并未刊刻印刷，而是以手抄本的形式在河南流传。这种传播方式滋生了大量异文。值得注意的是，《歧路灯》是在雕版印刷时代以抄写的方式传播，因而在汇集众本校勘整理时就要用与刻印本文本校勘有所不同的方法。但是由于宋元以来中国古代文献绝大多数都是印本,对于抄本文献的校勘整理,至今仍没有成熟的理论和方法①。

西方直到15世纪才开始印刷图书,故而与中国"宋刊元椠"同时期的西方古典文献,都是抄写本。抄本在西方文献中蔚为大宗,抄本研究的历史源远流长,早已形成系统的理论和方法。杰罗姆·麦根在其《现代校勘学批判》指出,古典文本校勘与近现代文本校勘有着不同的文本史语境。前者是抄写传播,文本史是多元的(polygenous),每一个抄本都不相同。后者是印刷传播,文本史是一元的(monogenous),同版同印次的本子一般相同。相应地,对于校勘中所涉及本子的处理,古典文本校勘主要采用"谱系法",近现代文本校勘则采用"底本法"②。

以抄本形式传播的《歧路灯》在中国古典文献中是特殊情形,与西方古典文献相比,则属于一般情形,可以采用"谱系法"通过异文比对确定所有现存抄本的谱系,可以参考"折中法"的一些基本原则,尤其是根据抄写者习惯倾向总结出的"取难不取易""取短不取长""取俗不取雅"等经验法则③。

可惜此前中国学界对于西方校勘学没有太多的了解,故而无论是20世纪20年代冯友兰、冯沅君兄妹对《歧路灯》的初步点校④,还是60年代开始栾星先生对《歧路灯》的全面校勘整理,都

---

① 参看张涌泉《敦煌写本文献学》第一章"写本文献学:一门亟待创立的新学问",兰州:甘肃教育出版社,2013年,第3—25页。
② [美]杰罗姆·麦根《现代校勘学批判》,苏杰编译《西方校勘学论著选》,上海:上海人民出版社,2009年,第253—254页。
③ Bruce M. Metzger and Bart D. Ehrman, *The Text of The New Testament*, Oxford University Press, 2005, pp.302-304.
④ 冯沅君标点,冯友兰校阅《歧路灯》第一册(前二十六回),朴社,1927年。

不曾像西方校勘学的谱系法那样,通过对抄本异文的系统比对,得出所有抄本的谱系。不过,栾星先生对这些问题还是有着非常深入的思考,通过从空间上考求传抄的地理路线,将所搜集到的十一个本子(九个抄本,洛阳清义堂石印本,朴社排印本)分为两个系统①。令人扼腕的是,这些珍贵的抄本,除了一种以外,在"文革"中已悉数化为纸浆,我们今天已无法用西方的谱系法来验证栾星先生的判断。

总体上看,栾星先生的校注本(以下称"栾校本")做了许多工作,贡献卓著。但是也有不少可訾议的地方。比如栾先生在书后的《校勘说明》里提到,他所做的工作包括对一些情节"酌予去留",对一些议论"酌予去留",对个别冗赘处作了删削,如情节不连缀处,"曾少施针线"。这些就不全是改正抄写者的错误,恢复作者的文本,有不少其实是在臆改作者的文本。更为糟糕的是,栾先生的校改没有标记,让人无法复按,虽说有校勘记手稿,但随着绝大多数抄本被毁,各抄本的本来面貌已无法重建了。

栾校本于1980年在中州书画社出版之后,陆续又有几家出版社出版点校本,其中值得一提的是齐鲁书社的本子,出版于1998年。

齐鲁书社本(以下称"齐鲁本")版权页注明"昭鲁、春晓校点",《校点后记》末尾却署曰"昭甸",看来校点者无意显露自己的真实名字。《校点后记》说是以上海图书馆所藏清抄本(以下称"清抄本")作为底本,"由于底本完好,比较接近原稿,全书的

---

① 栾星《〈歧路灯〉校勘说明》,〔清〕李绿园著,栾星校注《歧路灯》,郑州:中州书画社,1980年,第1015—1019页。

整理只是在保留底本原貌的基础上作了些适当的校改。但因各抄本抄写的时代不同,抄写者的水平不一,错抄、脱漏及拙劣妄改的现象难以避免。我们在底本中遇到这种情况,仔细斟酌文意,参照他本作了审慎的处理"。尽管齐鲁本的校点者没有明说所参照的"他本"具体为何,但通过比对可以看出,其所谓"他本",正是栾校本。

栾校本 1980 年出版,初印即 40 万套,十八年间,已成为影响巨大的通行本。其间出版的权威工具书《汉语大词典》,有许多书证的列举,甚至有些词目的建立,都是以栾校本《歧路灯》作为依据。这进一步增加了栾校本的权威感。

齐鲁本以上图清抄本为底本,以栾校本为参校本,按理说未经充分论证,是不应该依据参校本改动底本的。由于这参校本是权威通行本,故而在异文权衡取舍时,天平难免向栾校本倾斜,绝大部疑难异文最终都是依准栾校本。而且,这"审慎的处理"也是没有标记的。

例如《歧路灯》第九十四回:"各田里烟册花户","田里",清抄本作"图里"。图是当时地方区划名,相当于里,显然作"图里"为是。第五十一回:"早已慌坏了本街保正、团长。"清抄本作"图长"。图长即里长。这两处异文,清抄本是作者原文,栾校本乃出于妄改①。齐鲁本在这些地方都依准栾校本,沿袭其误。

L.D.雷诺兹、N.G.威尔逊《抄工与学者》指出:"通往科学校勘的第一步,是拒绝将通行本作为讨论的基础,同时摈弃那种将使用

---

① 参看苏杰《〈歧路灯〉校点与明清社会生活》,《明清小说研究》2010 年第 2 期。

抄本看成是对传承的背离而不是回归的不讲逻辑的保守主义。"①照此看来,齐鲁本当然不是科学的校勘。

2008年齐鲁书社本出了第二版。这一版没有标明校点者,而且将第一版的《校点说明》予以删除。即此可见,出版者也没有把这个校点本当作独立的学术性的整理成果。

2004年中华书局出版《歧路灯》校点本,收入"中华古典小说名著普及文库"丛书,校点者署为"李颖"。对照下来,其实就是去掉注文的栾校本,甚至连一些明显的排印错误都没有改。

还有其他几家出版社也出版了《歧路灯》校点本,其实都是翻印栾校本,皆属"自郐以下",就不再讥评了。

我们曾有几篇论文,对通行的栾校本予以考证校补。这里我们继续这方面的工作。在分析致误之由时,对西方校勘学的一些经验法则有所援引讨论。

一、因改从易晓而失原书之真

西方校勘学经常援引的一个原则是 Lectio difficilior potior,直译为"难的异文更可取",用顺口一些的话来讲就是"取难不取易"。道理其实很简单,因为抄写者对于自己看不懂的疑难词句,往往会加以改动,将其改为平易通顺的词句。特别是那些乍一看读不通,细一想有其道理的异文,更有可能是作者的原文。

---

① [英]L.D.雷诺兹、N.G.威尔逊《抄工与学者:希腊、拉丁文献传播史》,苏杰译,北京:北京大学出版社,2015年,第216页。

从栾校本《校勘说明》"酌予去留""少施针线"等措辞不难看出,栾星先生并不是十分矜慎保守的校勘整理者,显然不仅面对异文时舍诘曲而就平易,甚至会率臆改动,以使文本更加好读。因此栾校本在这一方面存在的问题颇多。这里仅举数例,予以说明。

  1. 王中牵马,与邓祥、德喜儿跟着。只听德喜叫道:"大爷叫王中上车,邓祥替你骑马。上了船,叫王中骑马而回。"于是王中上车,孝移直吩咐了四十多里话。(7—66)①

  按:"骑马而回",清抄本作"骑回马去"。乍读之下,"骑回马去"似乎有些拗口,但细加琢磨,却有其特殊的语义,即把马骑回去。言下之意,骑马是一项任务。《歧路灯》第三十五回:"绍闻笑着举手道:'我与你两个看个回奉杯儿。'慧娘笑了笑,推回手去。"(35—327)"推回手去"即把手推回去,可为参证。

  2. 王中来到,孝移道:"你的话,我明日到路上说。你可打算行李,休遗漏下东西。"王中道:"明日要送到河上,看上了船回来。"(7—66)

  按:"上了船",清抄本作"过了船",是。"过",过付,转移。"过了船",着重指行李装了船。清沈曰霖《晋人麈·异闻·捏骨相》:

---

① 引文据栾校本,括号内标注的是栾校本的回次与页码。

"见油篓微破,惧其溢也,别以他篓过之。"①是其例。孝移叮嘱王中休遗漏下东西,王中回答说,明日会亲眼看着装船,如此才接得上话头。

3. 班役道:"小的叫张法义,因伺候老爷们上京,都是指日高升,这个张升名子叫着好听些。小的不敢动问,老爷是高迁那一步功名?小的好便宜伺候。"(7—67)

按:"那一步功名",当据清抄本作"那部功名"。下文是"孝移道:'是保举贤良方正。'张升道:'这是礼部的事,将来还要到吏部哩。'"不难看出,班役问的是功名所属之"部",而不是哪个阶段。

4. 文王只知天王命己为西伯,却自己与天王毫无裨补,心中总是不安。(9—98)

按:齐鲁本同栾校本作"裨补"。当从清抄本作"补称"。"补称",补益,报称。《续资治通鉴长编》卷二八三载宋代沈括奏曰:"臣自惟超冒时久,无一补称,衅累日深。"②《历代名臣奏议》卷二三二载宋代张浚奏曰:"臣以庸陋之才,荷陛下委任,夙夜忧思,不

---

① 〔清〕沈日霖《晋人麈》,《丛书集成续编》(第96册),上海:上海书店出版社,1994年,第655页。
② 〔宋〕李焘《续资治通鉴长编》第12册,北京:中华书局,2004年,第6934页。

敢少忽，独患智识止此，无以补称。"①是其例。

二、因妄增求全而失原书之真

西方校勘学经常援引的另一个原则是：*Lectio brevior potior*，直译为"短的异文更可取"，用顺口一些的话来讲就是"取短不取长"。因为抄写者总是倾向于在自认为有所脱漏之处予以增补。其实抄写者眼中的"脱漏"往往是作者的习惯用法，或者有其措辞上的其他考虑。举两例说明。

5. 论起八股，甚熟于"起、承、转、合"之律；说起《五经》，极能举《诗》《书》《易》《礼》《春秋》之名。(8—88)

按：清抄本无"春秋"二字，当据删。"起承转合"对"诗书易礼"，栾校本"春秋"二字于文为赘。盖抄写者或整理者因"五经"之名，遂补出"春秋"二字。

6. 五六位大人，起身出棚，百十员官员都起了身，跟着大人，站在黄河岸等候。(4—40)

按："百十员官员"，当从清抄本作"百十员官"。《歧路灯》第一

---

① 曾枣庄、刘琳主编《全宋文》第 188 册，上海：上海辞书出版社，合肥：安徽教育出版社，2006 年，第 78 页。

百零七回:"及下船时,跪下几十员官,中军官喝一声'免!'都起身雁行而立。"(107—997),可为参证。

三、因删改粗鄙而失原书之真

在文本抄写流传的过程中,抄写者有时会删改其中一些鄙俗淫猥的词句,西方文献学中称之为"删洁"(bowdlerize)。这一类倾向在中国文献传播中显然也存在。关于这一点,我们以前曾有专文论列①,这里也仅举两例加以说明。

7. 张美道:"前日小的在窗子外边过,听老爷与盛老爷说,这京里讨小,价儿太贵,不如河南讨价儿贱些。小的想老爷如今就上浙江,不走河南,不如讨个到船上便宜些,何论贵不贵。"绍闻还不甚解。希瑗明白了,笑个狻猊大张口,说:"那是我们吃桃,谭老爷说这桃小,价儿且贵,不如我们那里,一个钱买两三个桃,京里一个桃,就是十个钱。与娶妾何干?"张美笑道:"我是讨喜钱讨惯了,所以错听。"一男一女笑的去了。(105—981)

按:"我是讨喜钱讨惯了,所以错听"一句,清抄本作"小的驴耳朵错听",应是原文。因嫌粗鄙,才改为今本的样子。

---

① 苏杰《略论〈歧路灯〉文本流传过程中的窜改》,《薪火学刊》第二卷,上海:复旦大学出版社,2015年,第240—242页。

8. 盛公子道:"你说见笑,这却可笑了。那弃产收值,是我近日的常事,稀松平常,关什么哩。"(68—652)

按:末句"关什么哩",清抄本作"关什么屄哩"。这一个字的粗口,不大可能是抄写者所加,应是作者原文。

四、因避俗趋雅而失原书之真

文本中的方言俗语,在抄写流传中往往会被更为雅正的词语所替换。汪维辉《唐宋类书好改前代口语——以〈世说新语〉异文为例》对这一现象进行了揭示①。在《歧路灯》文本传播和整理过程中,无疑也有这种倾向。《歧路灯》中所记录的方言俗语,是我们今天研究近代河南方言史的宝贵资料。尽管这类替换大多并不改变文义,但是对作者原来措辞的校勘复原,对于汉语史研究有着十分重要的意义。

在文献的流传过程中粗鄙秽亵的情节与表述往往会被删改,方言俗语也往往被替换为雅正的同义词,因此,西方校勘学总结出了另一个校勘原则,"取俗不取雅"。鄙俗的表述和情节,常常更有可能是原文。举例说明。

9. [岳叔滑九皋说]:"我在城里住了十三四天,也知道姐夫在萧墙街教学,因不是有脸面事,没好去瞧瞧侄女、外孙。"

---

① 汪维辉《唐宋类书好改前代口语——以〈世说新语〉异文为例》,《汉学研究》第18卷第2期,2000年。

(40—377)

按:"外孙",上图清抄本作"外甥",应据改。中原地区或称外孙为外甥。例如《歧路灯》第八十七回:"兴官上来与巫外婆磕头,巴氏道:'外甥长成好样范儿,外边人人夸你是举人进士。'"(87—826)第九十三回:"过了一日,巴氏来望女儿外甥,巫氏加意款待。"(93—870)巫氏翠姐是主人公谭绍闻的继室妻子,巴氏是巫翠姐的生母,兴官是巫氏生的儿子,书中叙事,巴氏以"外甥"指称外孙。

10. 却说十四日,王春宇自汉口回来,来看姐姐、外甥。带了些游商于外各处土产东西,自姐姐、外甥、甥媳、外孙,莫不各有送的人情,逐个有问。(99—926)

按:"外孙",当据清抄本作"甥孙"。王春宇是谭绍闻的母舅,其所谓姐姐指绍闻母亲王氏,外甥指绍闻,甥媳指巫翠姐,甥孙指兴官等。甥孙乃姊妹之孙。

11. 惟有杜氏,并不知老两口子,秘地做了这杀人冤仇之事。总缘杏花儿生的丑蠢,也就毫不防范。况且本自独宠专房,因此诸事俱不小心。(67—639)

按:"本自",似是而非。清抄本、齐鲁本作"本身",当据以改正。"本身",自身,自己。《歧路灯》用例颇夥,如第三回:"我明日就送他的本身衣裳来。"(3—29)第七十一回:"日日只向盛宅想讨本身二百两银子,以作目前排遣之用。"(71—677)第九十回:"单说绍闻观风回来,细想本日道台所出题目,像为本身父子而设。"(90—847)

12. 原来孝移待客规矩,是泛爱的朋友,都在前厅里款待;心上密友,学内厢房款待。(4—35)

按:两处"款待",清抄本皆作"管待";"心上密友"前,清抄本有"是"字。当从清抄本改为"管待",增"是"字。"管待",款待。《儒林外史》第七回:"荀家管待众人,就借这观音庵里摆酒。"①《歧路灯》用例极多,这里只举两例,如第四回:"珍错相兼,水陆并陈。从人皆有管待。"(4—43)第十四回:"原来谭孝移灵柩,占了正厅,管待宾客,只在二门里东厢房里。"(14—151)句中"是"乃概括之词,相当于"凡是",故"心上密友"前的"是"字不可省。《红楼梦》第八十回:"若静日静夜或清早半夜细领略了去,那一股香比是花儿都好闻呢。"②是其例。

13. 嵩淑道:"门生的《五经》,还是初年读过。舍弟的《五经》,是今年六、七月读的。"(7—79)

按:"初年"似通而不通,应据清抄本作"幼年"。从明清之际到现在,"幼年"一词所指的时段缩小了很多。现代汉语中的"幼年"

---

① 〔清〕吴敬梓《儒林外史》,北京:中华书局,2013年,第46页。
② 〔清〕曹雪芹、高鹗《红楼梦》,北京:中华书局,2019年,第549页。

与"少年""青年"形成一个序列,"幼年"是十岁以下。明清之际"幼年"的所指范围要宽泛得多,不仅包括"少年",甚至还包括"青年"的早期。《歧路灯》清抄本第四十六回,县令程公因张绳祖、王紫泥两个劣秀才引诱谭绍闻嫖赌,斥责道:"你们不行正务,专一哄人家幼年后生作此不法之事,若不详革衣顶,按律治罪,何以惩众?"彼时谭绍闻已为人父,仍称"幼年"。第一百回,谭绍闻谈及舅家做生意致富,说:"舅与妗子,幼年不是富厚日子,到如今生意发财,与表兄买了两所市房,五顷多地,菜园一个,又有孙子孙女。"(100—932)所谓"幼年",也是指年轻时。

14. 斟酒斟的猛了,烫着手,几乎把盏盘摔在地下。(9—96)

按:齐鲁本同栾校本作"烫",清抄本作"烧"。此处必是"烧"字。本书用词,"烫"与"烧"判然有别。"烫",用热水加热使烫。《歧路灯》有"烫莲粉","烫甜水鸡蛋儿","烫酒"。前两者是用滚开的水将生的莲粉或鸡蛋烫熟,后者是用热水将酒烫热。第九回:"孝移起来,坐到椅子上如呆。德喜取茶,不吃。烫了一碗莲粉,吃了几匙儿放下。"(9—100)第十回:"忽一日,孝移不吃夜间晚酌,蒙头而睡,说是胸膈作酸。德喜儿泡莲粉,不吃;问说烫甜水鸡蛋儿,也摇手不用。"(10—112)第十回:"孝移直觉得喜从天降,还疑是梦由心生。遂吩咐烫酒。邓祥早已安排停当,摆酒上来。"(10—102)"烧",用沸水烫伤。《歧路灯》第三十二回:"绍闻先要茶吃。冰梅将兴官儿送与慧娘,掇上三盏茶来,递与母亲一杯,递与夫主一杯,又递与孔慧娘一杯。孔慧娘道:'茶热,怕兴官儿烧着,不吃罢。'"

(32—295)第四十八回:"夏逢若早走向女人一边,叫了一声:'娘,带个手巾不曾?谭绍闻贤弟热茶烧手,把衣服湿了。'"(48—450)

15. 那丹徒至亲的一二位京官,彼此答拜、请酒的话,亦不必言。(7—76)

按:"至亲",当从清抄本作"关亲"。清胡文英《吴下方言考》卷四:"关亲,犹言痛痒相关之亲也,今吴中凡有丝萝皆曰关亲。"①

16. 这钱书办取出个旧文袋来,倾出茶叶,泡了三盖碗懒茶,送与二位,自己取一碗奉陪。说道:"前日少敬。"阎楷道:"不敢。"钱书办道:"昨日的话,我还知道不清白,烦仔细说一说。"(5—53)

按:"昨日",应从清抄本作"前日"。此处"前日"义同昨日。《儒林外史》第二十回:"次晚,遣一个老成管家来到书房向匡超人说道:'家老爷拜上匡爷。因昨日谈及匡爷还不曾恭喜取过夫人,家老爷有一外甥女……'匡超人听见这话,吓了一跳,思量要回他已经娶过的,前日却说过不曾;但要允他,又恐理上有碍。"②亦其例。

17. 至邯郸县黄粱梦祠,孝移说:"昨年在京做梦,曾到此

---

① 〔清〕胡文英《吴下方言考》卷四,北京:中国书店,1981年,第33页。
② 〔清〕吴敬梓《儒林外史》,第130页。

处,遇见一个官儿,请我做参谋。"(10—117、118)

按:"昨年",当从清抄本作"前年"。清黄宗羲《〈明夷待访录〉题辞》:"前年壬寅夏,条具为治大法,未卒数章,遇火而止。……癸卯,梨洲老人识。"①文中"前年"即指去年。《歧路灯》"前年""去年""昨年"并见错出,往往无别。如第三十一回载夏逢若道:"小的与谭绍闻是朋友。前年小的往谭宅去,碰上这茅家去拜这谭绍闻,第二天小的同谭绍闻回拜去。"(31—289)从叙事上看,茅拔茹之去而复返,其间只经过一个寒暑,因而所谓"前年"云云,实际上指的是去年。

18. 为人端方耿直,学问醇正。下了几次乡试,屡蒙房荐,偏为限额所遗。(1—2)

按:"乡试"应据清抄本改为"乡场","限额"应据清抄本改为"额限"。

明清之际,参加科举考试可称"下场"或"下…场",如:《歧路灯》第一回:"我素日常有此心,要上丹徒,一者丁忧两次,还有下场事体,二者也愁水旱路程。"(1—6)第七回:"我也有个抄本儿,及下场时,四道经题,俱抄写别人稿儿。出场时,连题也就忘了。"(7—78、79)第七回:"因查这科《五经》下场的,有贵昆仲,及娄年兄等五人,所以请来一问。"(7—79)也可称"应试"或"应…试",如:《歧路

---

① 〔清〕黄宗羲撰,孙卫华校释《明夷待访录校释》,长沙:岳麓书社,2011年,第5—6页。

灯》第七回:"谭孝移是今春上京,娄潜斋是今冬上京,两家公子将来又以《五经》应童子试,可谓桥梓并秀。"(7—80)第六十一回:"自幼原有三分浮薄聪明,也曾应过祥符童试,争乃心下不通,因曳白屡落孙山。"(61—565)第八十五回:"央这老人家看课,好应考试。"(85—812)第九十六回:"一面料理家务,得空就读书。三年一应乡试,中了上京,不中还照常照料家事。"(96—903、904)错合成"下…试",不妥。

"额限",规定数量的限制。"限额",规定的数额。"额限"重心在"限",语义较为抽象。"限额"重心在"额",语义较为具体。"为额限所遗",意思是因名额限制,未获录取。"额限"见于清代文献,如袁枚《续新齐谐·打破鬼例》:"汝误矣。廪有粮,官有俸,皆国家钱粮,不可虚糜,故有额限,不得不然。"①"限额"《大词典》首见例是毛泽东《在中国共产党第八届中央委员会第二次全体会议上的讲话》一:"我们第一个五年计划,限额以上的建设项目,一部分是苏联帮助我们设计的,大部分是我们自己设计的。"②

19. 盛爷性子你们是知道的,必是刻下要唱堂戏,你们只管挨迟,他在家下就要跳的。(80—773)

按:"只管",清抄本及齐鲁本俱作"只是",当据改。"只是",一直,一味。《歧路灯》用例极多:如第十二回:"端福只是抓住棺材,

---

① 〔清〕袁枚《续子不语》,杭州:浙江古籍出版社,2015年,第47页。
② 汉语大词典编辑委员会、汉语大词典编纂处编《汉语大词典》第11卷,上海:上海辞书出版社,1993年,第16334页。

上下跳着叫唤。"(12—134)第十三回:"这妮子他大,只是死缠,叫我把这丫头领出来,寻个正经投向。"(13—141)第十六回:"隆吉恐怕希侨太露轻薄,只是怂恿下棋。绍闻也说不吃酒,要回去。"(16—168)第十七回:"王氏道:'没本事吃,你少吃一盅儿该怎的?'绍闻道:'他们只是胡闹哩。'"(17—181、182)

20. 即着女驿丞投启订期,速回驿伺候;若是有慢,即行枭首为令。(10—109)

按:"速回驿",应从清抄本作"星速"。"星速",速如流星,形容急速。《南齐书·萧遥光传》:"遥光当据东府号令,使遥欣便星速急下。"①《儒林外史》第八回:"王太守接了羽檄文书,星速赴南赣到任。"②皆其例。《歧路灯》第一百零四回:"忽一日有个省城信息,说皇上命山东巡抚、都御史王恁提督浙江军务,星速到任。"(104—972)亦可参观。

五、因不明用典而失校

《歧路灯》旨在用封建礼教劝化世人,故而对儒家典籍多有引用。栾校本对用典详为注释,是其一大成绩,但是误漏亦时或有之,仅举两例,以为说明。

---

① 〔南朝梁〕萧子显《南齐书》,北京:中华书局,1972年,第788页。
② 〔清〕吴敬梓《儒林外史》,第53页。

21. 东宿笑道:"年兄所举,俱系城内知交;若说'辟四门'时,年兄又说乡间全不知道,未免觉得有遗贤良。"(7—80)

按:新任学院要求各县学举荐儒童能背《五经》者,祥符教谕周东宿请程嵩淑举荐,两人引经据典,互为雅谑。"辟四门",出自《尚书·舜典》:"询于四岳,辟四门。"蔡沉《集传》曰:"开四方之门,以来天下之贤俊。"①"辟四门"是朝廷广纳贤才的意思。栾氏未注,可补。文中"四门",双关指祥符城之四门,故而"辟四门"的意思是举荐乡间之贤才。末句清抄本作"野有遗良",本于《尚书·大禹谟》"野无遗贤"②,也正对应"说乡间全不知道",于义为长。另外"野有遗良"四字当用引号标出,以显示周东宿只是逞其辞锋,玩文字游戏而已。

22. 做官从来重循良,泽被生民永不忘;
休说山东棠荫远,到今朱邑在桐乡。(55—516、517)

按:该回书说到谭绍闻欲改过从善,延请名师,访到灵宝籍饱学儒生智周万,因谭绍闻先祖在灵宝为官,有德政,当地百姓为立谭公祠,有此渊源,智周万遂一诺无辞,可见遗爱他乡,仍可荫庇子孙。作者结篇的这四句诗,说的就是这个道理。

首句"从来",不合平仄,清抄本作"从古",合律,应据改。第三句"山东",栾注曰:"战国时把华山、函谷关以东称山东。在这里山

---

① 〔宋〕蔡沉《书集传》,北京:中华书局,2018年,第18页。
② 同上书,第25页。

东用以指灵宝。灵宝旧城在函谷关外în。"未切中肯綮。清抄本"山东"作"陕东",是。这句用的是召公的典故。周代召公封于燕,周公封于鲁,二人皆命太子之国,自己留下辅佐成王。召公与周公分陕而治,召公治陕西,周公治陕东。召公有德政,在棠树下施政听讼,去后百姓思人敬树,不敢剪伐,为之歌咏,即《诗经·甘棠》篇。"休说陕东棠荫远",意思是,召公子孙在陕东,其棠荫遗爱在陕西,不要以为相隔遥远就不能惠及子孙。

六、因不明格律而失校

像其他古代章回小说一样,《歧路灯》行文中有一些诗词,特别是在回末。这些诗几乎全是格律诗,讲究平仄。整理者对此或未予注意,因而颇有失校。

23. 去岁庙前颜色旧,今年轩上子平新。
侈谈云雨池中物,恐是邯郸梦里人。(8—91)

按:"云雨",清抄本、齐鲁本作"云雷"。栾注:"池中物,指蛰伏之物。语出《三国志·吴书·周瑜传》。这里借来描写侯冠玉对谭绍闻的胡乱奉承,犹如说绍闻为蛟龙蛰伏池中,有飞腾日。""云雨"义长。《三国志·吴志·周瑜传》:"刘备以枭雄之姿,而有关羽、张飞熊虎之将……恐蛟龙得云雨,终非池中物也。"①另从平仄来看,

---

① 〔晋〕陈寿撰,〔南朝宋〕裴松之注《三国志》,北京:中华书局,1982年,第1264页。

"雷"字平声出律,"雨"字仄声合律。

24. 有诗单讲他与衙役对坐之苦:
从来良贱自有分,何事凤鸱与并群;
貂腋忽然添狗尾,无烦鼻嗅已腥闻。(30—285)

按:"自有分",清抄本作"自攸分"。"攸",语助,无义。"良贱自攸分"即"良贱自分"。末三字按照格律应为仄平平,"有"字仄声出律,"攸"字平声合律,应是作者原文。

25. 有诗赞韩节妇之贤:
嫠妇堪嗟作未亡,市棺此日出内藏。
到今缕述真情事,犹觉笔端别样香。(41—385)

按:"出内藏",清抄本作"出私藏"。按照格律末三字应为仄平平,内字仄声出律,"私"字合律,应是作者原文。

七、因不明句法而失校

《歧路灯》作者对叙事套语的运用,有自己的惯例;叙事行文的有些句子,显示出特殊的句法。不明乎此,在校勘整理中难免失校。

26. 不说绍闻、希瑗在鼎兴客寓与希侨阔叙一晚,次早回国子监。且说盛希侨不耐旅舍繁嚣,早起即叫能干家人另觅

京城出赁房屋。"(103—957)

按：清抄本作："却说盛希侨率领弟友，同到鼎兴客寓，并僮仆十余人，店主各分房屋住下。盛希侨不耐旅舍烦嚣，早起即吩咐能干家人，另觅京城赁官房屋。"

齐鲁本作："却说绍闻、希瑗在鼎兴客寓与希侨阔叙一晚，次早回国子监。且说盛希侨不耐旅舍烦嚣，早起即吩咐能干家人另觅京城赁官房屋。"

这一段情节，清抄本以盛希侨为叙事焦点，以套语"却说""且说"顺承叙事。"率领弟友"，弟即希瑗，友即绍闻。栾校本则有焦点的转换，先以绍闻为叙事焦点，后以希侨为叙事焦点，以套语"不说""且说"为转折标记。齐鲁本叙事文字取栾校本，套语却取清抄本，不妥。

27. 当日聂先生乃误受冠县骆寅翁之荐，延之幕中……不知费了多少委曲周旋才辞了他。前日他求销售东西，他跟的尚升到了签押房磕头。我问聂先生近况，尚升说："聂先生到了济南府，各色儿去干，不上半年，把束金化完了。一年没馆，就是夏天当皮服，冬天典纱衣。不得已了，才弄些东西走衙门。"(71—685)

按："他跟的尚升"相当于"跟他的尚升"，指他的小厮尚升。《歧路灯》第九十八回："阎楷跟的小厮拿过三百两。"(98—916)，可以参看。清抄本及齐鲁本夺"的"字，变成了聂师爷与尚升一起到签押房磕头,大误。

28. 真正城内关外,许多客商、住衙门哩,都来贺礼,足足坐了八十席。(74—718)

按:"都来贺礼",似通非通。清抄本及齐鲁本俱作"都来封贺礼",于文为优。"贺"可用如动词,如"都来贺喜""都来贺节",是可以通的。但是"贺礼",不能分析为动宾结构,只能是"相贺之礼"。类似的用法还有"聘礼",是"相聘之礼"。因而"都来贺礼"句缺少动词。作者在这类语境下常用的动词为"封",例如《歧路灯》第六回:"近的叫福儿走走,不可叫他在亲戚家住;远的叫王中问阎相公讨个帖儿,封上礼走走。"(6—63)第四十九回:"王隆吉道:'若是曹相公看见,我又不曾与他贺神封礼,脸上不好看像。'"(49—457)第一百回:"俺娘家几门子人,都来当客封礼。"(100—933)

29. 德喜道:"凭他怎的跳,也要生个法子拿得。若有车时,不拘横顺放在车上,就捞的去。又没有车,要用手拿,两挂堂帘大长,这毯子一大堆,况这两夹板灯扇子,八个架子,又怕撞坏了人家哩。你来把这几样收拾妥当,俺们情愿拿去就是。"(80—773)

按:"又怕撞坏了人家哩"一句,应据清抄本和齐鲁本删"撞"字。"坏了",弄坏了,包括碰坏了,折坏了,扯坏了,拉坏了,等等。"撞坏了",义偏枯。动词"坏了"加宾语,《歧路灯》用例颇夥,如第十七回:"绍闻也醉了,还略明白些,说道:'可惜坏了东西。'"(17—178)第七十三回:"唯恐修此道者疑,一疑便坏了鼎器。"(73—708)现代汉语有"坏了规矩""坏了风气","坏了"后一般只跟抽象名词。从《歧路灯》来看,当时也是可以跟具象名词的。

30. 举凡前代盛时,姻家之陪奁,本家之妆盒,金银钗钏环镯,不论嵌珠镶玉的头面,转至名阀世阅,嫌其旧而散碎,送至土富村饶,赫其异而无所位置,只得付之炉中倾销,落得几包块玉瑟珠,究之换米易粟而不能也。(81—780)

按:"转至……送至……",清抄本及齐鲁本作"转之……送之……",当据以改正。"转之""送之"后省介词"于",本自可通。其例不劳远求,下句"付之炉中"亦省介词"于"。

31. 话犹未完,孝移已进门来。问道:"你两个笑什么?"潜斋道:"做先生的揽了一宗事体,东翁休要见责,少时告禀。"孝移已猜透几分,便不再问。(4—35)

按:"便不再问",当从清抄本作"更不深问"。更不,不再。《歧路灯》第二十一回:"逢若更不推辞。"(21—208)第六十七回:"张类村心下明白,更不搀言。"(67—641)《儿女英雄传》第三十回:"何小姐听了,更不推让","公子更不答言,双手端起酒来,咕嘟一饮而尽"[①],皆

---

① 〔清〕文康《儿女英雄传》,北京:华夏出版社,2013年,第436、444页。

是其例。

32. 尔时天下保举贤良方正人员,告病者共有七人,部批候验。大人遂差仪制司司官,照司务厅册子所注各员寓处,亲行检验。别处不必详说。单讲到了读画轩,验了万全堂包丸药儿票儿……(10—113)

按:齐鲁本同栾校本。"不必详说",清抄本作"不必更详"。"不必更详",相当于说"从略"。整段说的是:共有七人告病,司官亲往各处("各员寓处")检验,别处(其他六处)一概从略,单讲谭孝移寓处。"不必更详"屡见载籍,如《朱子语类·仪礼·士冠》:"礼家之意,莫是冠礼既详其筮,则于昏礼不必更详,且从省文之义如何?"①清陈廷敬《午亭文编·与徐少宗伯论〈一统志〉书》:"推此而论,志与史各有详略之可言矣。宗工巨卿,史所详者,志不必更详;片长轶事,史不及载者,志不可不载。"②清方苞《望溪集·书孟子荀卿传后》:"至篇之终,忽著墨子之地与时,而不一言其道术,盖世以儒墨并称久矣,其传已见于荀卿所序列,而不必更详也。"③

33. 恰好谭孝移仍要递告病呈子,娄潜斋是真正经术之士,明决果断,即于本日帮长班的,把呈子投讫。(10—113)

---

① 〔宋〕黎靖德编《朱子语类》,北京:中华书局,1986 年,第 2195 页。
② 〔清〕陈廷敬《午亭文编》,《清代诗文集汇编》第 153 册,影印清康熙四十七年林佶写刻本,上海:上海古籍出版社,2010 年,第 405 页。
③ 〔清〕方苞《方苞集》,上海:上海古籍出版社,2009 年,第 50 页。

按:"帮长班的",应从清抄本作"帮办的"。娄潜斋帮的是谭孝移,而不是其长班,绝无仆役唱主角,朋友为辅助的道理,如此措辞,很是别扭。"帮办",帮助办理。《歧路灯》第二十八回:"王氏道:'就是说孔宅行聘的事。我是个妇道人家,大相公年轻,万望替俺帮办帮办。'"(28—262)第一百零二回:"因场期已近,这谭绍闻、盛希瑗俱要帮办娄朴进场事体。"(102—949)是其例。"帮办的"的"的"字,相当于"着",可读解为"帮办着把呈子投讫"。《歧路灯》第一百零五回:"一男一女笑的去了。"(105—981)"笑的"即"笑着"。

八、因不明文义而失校

《歧路灯》异文,有些只是措辞不同,文义不变,有些虽只一两个字的不同,却有着十分微妙而重要的文义差异,不可不辨。

34. 孝移因向绍衣道:"我今日竟得南归,一者族姓聚会,二者你兄弟南来,未免蓬麻可望。"绍衣道:"叔叔回来不难。合族义塾,便是大叔这一房的宅院……"(1—8)

按:"竟得南归",清抄本、齐鲁本作"竟欲南归",当据以改正。孝移所言,非是感慨此番南归探亲的不易("竟得[dé]南归"),亦非强调南归的必要性("竟得[děi]南归"),而是因为"只听得一片读书之声,远近左右,声彻一村",深受触动,为了让儿子有一个好的读书成长的环境,临时产生了移家南归的想法("竟欲南归")。

35. 潜斋道:"耘老与孝移相与何如?"耘轩道:"盟心之友,连我与程老都是一样的。"(4—35)

按:"盟心之友"当从清抄本作"盟心之交"。《歧路灯》有"性命之交"(10—115)、"生死之交"(12—134)、"君子之交……小人之交……"(18—191)、"一面之交"(33—307)、"道义之交"(38—352)、"势利之交"(104—968),等等。潜斋问"相与何如",即"相交何如",故答以"……之交"。

又,清抄本"连我与老程都是一样的","我"字被点去,旁加"你"字,显然应读为"连你与老程都是一样的"。在座四人,潜斋问及耘轩与孝移交情,耘轩的回答,意思是说他与其他三人,包括谭孝移、娄潜斋、程嵩淑,都是盟心之交。栾校本作"连我与程老",排除掉了潜斋,不妥。齐鲁本作"连你我与老程",不知"我"已被点去,亦不妥。

36. 乔龄道:"今科进场,你与令弟俱是《五经》么?"程嵩淑笑道:"榜已张了两个月,老师忽然下问及此,恐是礼部磨勘败卷,要中这落第的秀才么?"(7—79)

按:"恐是"当从清抄本作"想是"。"想是"="想必是",语气肯定,却并不当真,与开玩笑的口吻正相适应。"恐是"="恐怕是",语气犹疑,却有认真的意思。现代汉语"想必"一词的意思,在《歧路灯》中往往用"想"一个字来表示,例如第七回:"他还说他要著一部《五经正解》哩。如今中了举,想就顾不得著书了。"(7—80)第十回:"内中有位冯道长讳恩者,为人忠正,天下闻名,老兄想也是知道的,所言尤为直切,独被遣戍。"(10—106)第十一回:"二人说不几句,只见孝移眉目蹙然,想是作楚之甚。"(11—123)第十七回:"希侨道:'谭贤弟,你一定要回去,想是怕盛价?'"(17—174)

37. 学院又叫来登榜者,说道:"你们场完时,五人俱拨府学。"(7—82)

按:栾校本及齐鲁本皆作"来登榜"。应据清抄本作"未入榜"。据前文,"祥符等县申送默诵《五经》童生娄朴等共十四名"(7—81),"及考完,各县《五经》童生,随县进了七人。其未入榜者,学院有拨入府学的话儿"(7—81)。已进七人,则未进者亦七人。除去娄朴、谭绍闻二人,余下五人。所以学院口中的"五人俱拨入府学",正对应上文"学院有拨入府学的话儿"。

38. 孝移见情意恳切,说道:"明日径造,不敢有违。但这盛价老实过当,可称家有拙仆,是一乐也。"柏公道:"做官时原有一两个中用的,告休之后,他们自行投奔,另写荐帖,跟新官去了⋯⋯"(9—93)

按:从情理和句法上来讲,都是"另讨荐帖"优长。听差"自行投奔"时向原主人"讨荐帖",乃人之常情。若说是仆人自己"另写荐帖",乖于事情;若说是主人"另写荐帖",句法不顺。

39. 柏公道:"俗之一字,人所难免。黄山谷曰:'士夫俗,

不可医。'士即读书而为仕者,夫即仕而为大夫者。这俗字全与农夫、匠役不相干。"(9—94)

按:"士即读书而为仕者,夫即仕而为大夫者"一句,清抄本作"士即读书而为士者,夫即读书而为大夫者",齐鲁本作"士即读书而为仕者,夫即读书而为大夫者"。

"士夫"其实是"士大夫"的缩称。《唐六典》:"凡习学文武者为士。"①士本来包括文士和武士,后来特指文士,即读书人。士入仕为大夫,合称士大夫。比较清抄本与栾校本,可折中校为:"士即读书而为士者,夫即仕而为大夫者"。齐鲁本当改处未改,不当改处而改之。

40. 孝移再为致谢,因指圖上杨慎名子说道:"可惜这升庵先生,一个少年翰撰,将来位列台鼎,堂构前休,如今在云南受苦。或者将来圣恩赐还,也未定得。"(9—96)

按:"翰撰"似通而不通。杨慎"授翰林院修撰",但是未见"翰林院修撰"缩称"翰撰"之例。当从清抄本作"翰选"。"翰选"类似"馆选",即在翰林院担任清要之职。明代王肯堂进士及第后,授翰林院检讨,其父王樵与之书曰:"汝在三甲,上而官府,下而亲眷乡族,皆有侮心,一闻翰选,便又改容易貌。世态日陋一日,正可付之一笑。"②

---

① 〔唐〕李林甫等《唐六典》,北京:中华书局,1992年,第74页。
② 〔明〕王樵《方麓文集》卷九《与仲男肯堂书》,天津图书馆藏明万历刻本,第36a页。

《歧路灯》在问世后的一百多年间只能以手抄本的形式传播，形成了极为庞杂的异文系统。虽说中国在抄本文献研究方面还几乎没有什么理论和方法，但是他山之石，可以攻玉，西方抄本文献研究的一些理论和方法可以作为我们的借鉴。可惜《歧路灯》的大多数抄本已在"文革"中被毁，我们今天已无法重建《歧路灯》的文本谱系。如今通行的栾校本并不是严格的科学校勘的产物，存在很多问题。西方校勘学的"取难不取易""取短不取长""取俗不取雅"等经验法则，为我们分析讨论栾校本和齐鲁书社校本中存在的问题提供了一个有益的参照。通过以上四十例异文取舍的讨论，我们认为，西方校勘学的一些理论和方法，可以适用于中国文献的校勘整理，《歧路灯》文本需要在新的资料和理论方法条件下进行重新校勘整理。

（原刊《薪火学刊》第四卷，复旦大学出版社，2017年，第211—231页）

略论《歧路灯》文本流传过程中的窜改

清代李绿园所撰《歧路灯》是一部经典白话小说。人们往往拿成书年代大致相同的《儒林外史》和《红楼梦》与之相比较,但《歧路灯》文本的传播与接受,却远远落后于前两者,两百多年间只是以传抄的方式流传于河南,直到1980年河南学者栾星先生在搜集整理诸多抄本的基础上所完成的校注本由中州书画社出版,《歧路灯》才得以真正地广泛传播。栾星校注本印行极广,影响极大,此后关于《歧路灯》的文学研究、语言研究,以及权威工具书《汉语大词典》的书证引文,都将栾校本倚为定本。然而栾星先生每每以己意改动原文[1],且不出校记,其实很多地方并不可靠。我们在阅读的过程中与上海图书馆所藏清抄本对校,发现异文颇夥。其中有些异文,比如结构助词"的""哩"时相替换,文义没有太大差异,或许为抄写者无心之失;有些异文,文旨大异其趣,应该是抄写者或者学者有意的窜改。这里略举几例,对窜改的原因、窜改的结果及其对我们今天研究的意义,展开初步的讨论。

---

[1] 《歧路灯》栾校本书后"校勘说明"中提到:"对个别冗赘描写作了删削。对情节上的不连缀处,曾少施针线。"参见栾星《〈歧路灯〉校勘说明》,〔清〕李绿园著,栾星校注《歧路灯》,郑州:中州书画社,1980年,第1019页。

总的来说，正确的文本，是《歧路灯》语言研究、文学批评和历史考据的前提。文本校勘(textual criticism)在西方又被称为"初级考据"(lower criticism)，因为只有在考定文本之是非的基础上，才能进行所谓的"高级考据"(higher criticism)。

即便并非出于有意窜改的"非实质性异文"，对于以相关语言成分为对象的研究，也会构成严重的、甚至致命的妨碍。例如冯春田先生关于《歧路灯》结构助词"哩"的研究[①]，尽管已注意到《歧路灯》栾校本"最大的缺憾是没有校勘记，校者'略施针线'处也未做标志"，但其"调查及统计"仍然"据栾星校注、中州书画社1980年版《歧路灯》"，并未检核抄本。根据我们的比对，栾校本与清抄本之间关于结构助词"哩"的异文有一百多处，已经严重影响到冯氏相关统计分析的准确性。

有意窜改所形成的"实质性异文"，让有些研究关于《歧路灯》叙事行文之得失、人物评价之优劣、作者思想认识之高下等方面的结论失去了基础。对相关窜改之处的揭示，将会颠覆《歧路灯》研究的某些结论。

一、所谓"叙事纰漏"

《歧路灯》以祥符县乡绅谭孝移、谭绍闻父子为叙事主线，勾勒出内容十分丰富的清代社会生活画卷。前半段着力刻画的正面人物之一是祥符教谕周东宿。

[①] 冯春田《〈歧路灯〉结构助词"哩"的用法及其形成》，《语言科学》2004年第4期。

周东宿,名应房。按照作者为人物拟名富含寓意的一贯做法,这名字值得深入分析。所谓"东宿"指东方苍龙七宿,所谓"应房"指"上应房星",即苍龙七宿的第四宿。《晋书·天文志》:"房四星,为明堂,天子布政之宫也,亦四辅也……房星明,则王者明。"①关于周东宿之"明鉴""明决",书中多处述及。比如保举谭孝移为"贤良",勉励谭绍闻于幼时。按照作者的逻辑,周东宿必能仕途通达,故而在周东宿喝斥多嘴门斗时,作者自注一笔曰:"这也是周东宿后来还要做到知府地位,所以气格不同。此是后话,不提。"(4—39)②在秀才们众口纷纭,难以成议时,周东宿"一言而决",因为"这周东宿是将来做黄堂的人,明决果断……"(5—48)所谓"黄堂",本是太守厅事正堂,指代知府之职。

然而这两处关于祥符县教谕周东宿后来位至知府的预言,在栾校本中竟没有了下文,"周东宿官至知府的明确预示在后文中落空"③。李延年先生认为这是作者叙事上的"纰漏"之一,特为撰文揭示。其实这所谓的"叙事纰漏"并非作者的疏失,根据清抄本就会得出不同的结论。

> 1. 嗣娄朴谒见房师,邵肩齐说及前事,娄朴茫然不解。或言这是济南郡守娄公,在前青州府任内,雪释冤狱,所积阴骘。后娄朴讯及乃翁,潜斋忾而不答,只道:"我职任民社,十五年于今,只觉民无辜,心难欺,何尝念及尔辈子孙。烛影而已。"

---

① 〔唐〕房玄龄等撰《晋书》,北京:中华书局,1974年,第300页。
② 引文后括注为栾校本的回次和页码,下同。
③ 李延年《〈歧路灯〉叙事纰漏举隅与订误》,《明清小说研究》2006年第3期。

(102—953)

按：这一段，清抄本多出一大段文字，具体如下：

> 后来娄朴谒见房师，邵肩齐说及前事，娄朴茫然不知。原是娄潜斋做青州知府时，属县有烈女綦氏，被紧邻一个少年，黑夜跳墙，欲奸綦氏，被綦氏声唤，少年逾墙而走，遗鞋一只。綦氏随时自缢。禀官到县，县尊因少年美品，无端生疑，刑房是其族兄，教供以求活命。县公竟办成和而非强。申详到青州府，细看情节不符，口供互异，心中看是贪夜图奸，并不曾见面，跳墙遗鞋一只。街房看是两美必合，丑声沸腾，女儿忿极自缢。一旦以黑夜未曾见面之人，闺幼遭此浮议，贞女岂能受此。县尊凭一面之供，办成和字，娄太守屡次批驳，不肯依他。后来上台委登州知府周东宿会审，方得雪释。上帝注娄公之子成进士，綦氏烈魂不散，深感娄太守明照，场屋所以显灵。这原是推原所自，可见做官者于名节攸关之事，可不小心哉。

这一回题为"书经房冤鬼拾卷"，说的是娄潜斋之子娄朴在会试场中，得鬼相助，是因为乃翁为官清明。这一段详述其雪释冤狱的情由，多涉鬼神难凭之事，其为栾校本所删，大概是当时所谓"取其精华，弃其糟粕"的古籍整理指导思想所致。但是其中有这样一句："后来上台委登州知府周东宿会审，方得雪释"，却甚为关紧，因为这正照应了前文"周东宿官至知府"的"明确预示"。

二、因言辞粗鄙、行文俚亵而删洁

书中人物言辞粗鄙之处,通行本时或删洁。

2. 盛公子道:"你说见笑,这却可笑了。那弃产收值,是我近日的常事,稀松平常,关什么哩。"(68—652)

按:最末清抄本作"关什么屌哩",是一句粗口,显然是作者原文。

对于如厕之事,往往用委婉语(euphemism)加以避讳,古今中外皆有其例。比如中国古代称"更衣",韩国厕所叫"化妆室",英语中更是有所谓"委婉语更迭"(euphemism treadmill)现象,即一个委婉语被用久了之后,委婉意味逐渐磨损,嫌于直白不雅,于是又发明用新的委婉语取代。比如,*Toilet* 是 18 世纪厕所的委婉语,取代了之前的 *House-of-office*,而更早被取代的则是 *privy-house* 或者 *bog-house*。① 这种文化对文本传播难免会有影响。

另外,说到厕所,据说中国周代已有类似于"洋茅厕"的设施②,而《晋书》和《世说新语》所载豪奢之极的厕所也为人们津津乐道,但是普通民众的如厕习惯,明清小说却为我们展示了另外一

---

① Bell, Vicars Walker (1953). *On Learning the English Tongue*. Faber & Faber. p.19. "The Honest Jakes or Privy has graduated via Offices to the final horror of Toilet."

② 尚秉和《历代社会风俗事物考》卷二十八"厕溷",北京:中国书店,2001 年,第 323 页。

种情形。从文学作品来看,明清之际,人们小便并不一定去东厕,往往找个隐蔽的地方就可解决。如《金瓶梅》第五十二回,潘金莲在雪洞里净手①,第五十四回韩金钏在蔷薇架下"打沙窝儿"②,第八十二回潘金莲在大厅院子墙根下溺尿③,又如《红楼梦》第七十一回鸳鸯在湖山石后小解④。《歧路灯》也多类似叙述,但栾校本或有删削,致使文义不明。

3. 又过了十余日,一日晚上,孝移同绍衣夜坐,星月交辉之下,只听得一片读书之声,远近左右,声彻一村。(1—7、8)

按:清抄本"夜坐"之后有"出来解手"四个字。此四字绝无可能是后世抄书手所加。相反地,后世抄写者或学者却极有可能因此四字不雅,又无关紧要,故而删除。

4. 学台立起身来告便,伺候官引路,到西边一座书房。院子月台边一株老松树,其余都是翠竹。六位大员各有门役引着,陆续寻了撒脬地方。到了书房,门役捧盥盆各跪在座前,洗了手,坐书房吃茶。(95—888)

按:第一句应当在"院子"后断句,读作"到西边一个书房院

---

① 〔明〕兰陵笑笑生原著,白维国、卜键校注《金瓶梅词话》,长沙:岳麓书社,1995年,第1397页。
② 同上书,第1461页。
③ 同上书,第2490页。
④ 〔清〕曹雪芹、高鹗《红楼梦》,北京:中华书局,2014年,第970页。

子,月台边一株老松树,其余都是翠竹"。"书房院子",主要用来读书、会客的偏院。例如《歧路灯》第五十三回:"奶奶,大相公,想我大爷在日,休说这样人不敢近前,就是后书房院子,离家甚远,这样人何尝有个影儿?"(53—496)这里是临时用作解手、休息的处所。当时人们往往将偏院用作解手之地,例如《歧路灯》第七十九回:"日色傍午,煞住锣鼓。众客各寻退步,到账房院解手散话。"(79—764)"陆续寻了撒脬地方"后当据清抄本增"各自解手"四个字,标点为"六位大员各有门役引着,陆续寻了撒脬地方。各自解手。到了书房……"盖学台解手地方是书房院子的月台,六位大员各有解手之所,而"各自解手"是总括的说法,包括学台和六位大员。先在院子里解手,然后到书房吃茶。

5. 到了日夕,院中渐渐人影稀疏。将近燃烛,院中人不辨色时,全姑提个小灯笼,引全淑后院路儿。全淑道:"我的路生。"全姑道:"扶住我的肩膀。"少刻回来,银烛高烧……(108—1008)

按:这一段描写的是主人公谭绍闻之子谭箦初与薛全淑新婚坐帐的情形。全姑是新娘薛全淑昔日的玩伴,是新郎谭箦初已经收房的侍妾。"全姑提个小灯笼,引全淑后院路儿"一句,应据清抄本作"全姑引全淑认后边路儿,提个小灯笼,走入深过道儿"。幽深过道,人迹罕至,暮夜寻至,乃是为了解手。"过道"往往用作解手之所。《歧路灯》第六十七回:"张类村指着一个过道道:'此处可做中厕,即以此砖砌个墙影影身子便好。'"(67—637)

6. 绍闻道："先生上那里去了？"冰梅笑道："像是后院去了。"言未已，巫氏进楼来，向盆中净了手。（75—724）

按：文中所谓"先生"指的是谭绍闻的继室巫氏，谭绍闻不务正业，巫氏教孩子识字，谭绍闻戏称之为"先生"。冰梅是谭绍闻的侍妾。"像是后院去了"，应据清抄本作"像是往后园猪圈上去"。从回来即洗手的情节来看，应该是如厕解手。古代猪圈就是厕所。《汉书·燕刺王刘旦传》："厕中豕群出，坏大官灶。"颜师古注："厕，养豕圂也。"①杨树达《积微居小学金石论丛·释圂》："按豕在口中得为厕者，《晋语》云'少溲于豕牢而得文王'，知古人豕牢本兼厕清之用。故韦昭云'豕牢，厕也'。"②不料明清之际，此义尚存。

西方校勘学有一个经验法则，叫作"取俗不取雅"，因为文本在传播过程中，人们习惯于用雅饬的表述方式去替换鄙俗的表述方式。《歧路灯》对如厕所之事的记述，栾校本每有删削，大概也是出于类似的心理动因。

三、因议论陈腐、思想陋劣而删改

7. 到了次日，盥洗更衣，想要回拜来客，忽而端福儿抱着一部书儿到跟前。孝移接过看时，乃是一部《金瓶梅》，问道："谁叫你拿的？"端福道："先生说，爹爹没见过这一部书，叫我拿到家里，叫爹爹看。"孝移接过一看，猛然一股火上心，胃间

---

① 〔汉〕班固撰，〔唐〕颜师古注《汉书》，北京：中华书局，1962年，第2757页。
② 杨树达《积微居小学金石论丛》，北京：商务印书馆，2017年，第49页。

作痛,昏倒在地。王氏急急搀起。这胃脘疼痛病犯了,少不得覆被而寝,呻吟之声不绝。(11—123)

按:这一段,说的是谭孝移因挂念儿子谭绍闻(乳名端福儿)教育问题,托病辞官,回到家中,看到所请先生竟让儿子读《金瓶梅》,一时急火攻心,犯了旧症,后来竟不治而亡。清抄本后面多了一段议论曰:"原来君父者,人之天也。谭孝移京中告病,原非无因。但部内册籍,谭忠弼名下已注明'患病回籍'四字,即此便成卧病之兆。所谓君父之义,无所逃于天地之间者也。"

谭孝移告病,原非不治重症,主要是担心儿子,故而在事君之义上未免有所欠缺,迹涉欺罔,不料竟一语成谶。作者以"君父之义,无所逃于天地之间"来论断,也是当时主流思想的反映。到了现代,这些议论就显得其是陈腐,故而被删略。

8. 这德喜儿后来吊死在冠县野坟树上。乡保递了报状,官府相验,衣襟内还缝着一封书。冠县行文到济宁查照,济宁应复回文,潜斋甚为不怡,向娄朴道:"我不料这个奴才,竟未回去,把他命也送了。"心中好过意不去。(80—778、779)

按:德喜儿是谭家仆人,背弃主人,投奔娄潜斋,娄潜斋责其回归旧主,不料其于穷途末路竟寻了短见。这一段后面,清抄本多了一段议论曰:"此非是娄潜斋疏于打算,未曾料他不回去,这正是奴仆背主之现报也。总之,君父之义,无所逃于天地之间。奴仆之与主人,亦君父之义也。天下有臣背其君、子背其父而得善其后者乎？看官曾经过其人否耶？"

作者再次以"君父之义，无所逃于天地之间"来发议论，借以劝告世人。这段文字遭到删略，原因同前。

9. 最好看者，四抬八抬排了半截大街；最堪笑者，黄伞搅蓝伞，金瓜搅银瓜，龙旗搅彪虎旗，乱跑乱奔，忽前忽后，参差纷错。看的人山人海，无不手指颐解……那街上看的男女拥挤上来。抚台的军牢皂隶乌鞘鞭子只向空中乱挥，争乃人众只管排挨，把榆次公一顶旧轿挤得玻璃窗子成了碎瓷纹。猛听的喊道："树上小孩子压断树枝跌着了！"鼓乐旁边，又添上唤儿叫女之声。古人云"观者如堵"，不足喻也。（108—1005、1006）

按：这一段描写的是主人公谭绍闻的族兄、河南巡抚操办其侄谭篑初与其外甥女薛全淑的婚事的盛况。栾校本"抚台的军牢皂隶乌鞘鞭子只向空中乱挥，争乃人众只管排挨"，清抄本作"抚台的军牢皂隶乌鞘鞭子乱打，争乃近前者受创，后边那里知晓，只管排挨"。栾校本"树上小孩子压断树枝跌着了"，清抄本作"树上小孩子压断树枝跌死了"。栾校本"鼓乐旁边，又添上唤儿叫女之声"，清抄本作"鼓乐旁边，又添上哭儿叫女之声，满街都是大笑"。

按照清抄本，抚台的军牢皂隶是直接用皮鞭打围观的百姓，并且将人打伤，树上看热闹的小孩竟是跌死了，在父母哭儿叫女声中，满街都是大笑。作者以此情此景来形容自己极力赞扬的谭氏望族嫁娶盛况，真不知是何心肝！以前李绿园受到诟病的只是其道学气，而此类描写所透露出的作者下意识里的冷血，极为令人反感。通行本的校改，显然是出于对作为河南先贤的作者的回护。

四、因人物形象而删改

《歧路灯》塑造了众多人物形象，其中着墨最多的当然是主人公谭绍闻，其次便是谭家忠仆王中，另外谭绍闻的朋友、旧家子弟盛希侨也是作者着力刻画的人物。有些细节描写，作者可能觉得无损于相关人物形象，甚至为该人物增添光辉，但是现代读者、特别是20世纪七八十年代特殊时代背景下的读者，却可能有不同的理解。通行本相较于清抄本的许多窜改，应是出于人物形象的考虑。

10. 隆吉道："难得！难得！就是咱两个亲表兄弟，我得了这银子，我就要瞒你；纵然我想给你些，又怕你得了少的，还想多的，只怕还告我哩。好个王中，难得！难得！"绍闻道："不在这一千银子，只在这个心肠。他有这宗好处，久后咱家兴官、用威相公，谁敢错待他？良心也过不去。直是如今已不作家人相待，只还不曾退还他家投词。久之，怕他家子孙，受人家的气，说是谭家世奴。怎的与他结门亲事，与他成了姻眷，可免得晚生下辈口舌。此事最难掉转，我还不曾有个主意。叫他走到别省外府，这里现在少不了他，他也不会走的；等他儿子远离，现在才出了满月，慢慢的想法子。"（100—931）

按：王中忠而见疏，被少主人谭绍闻逐出家门，分以老主人所许之菜园，以为日用过活。后来王中在菜园地上挖出窖藏白银一千余两，全部交给谭绍闻还债，故而谭绍闻之表弟王隆吉有此一翻感叹。谭绍闻回答第一句"不在这一千银子，只在这个心肠"，清抄本作"王中前者得子脐风，多亏你姑娘带着老樊去南园看他的喜，治好了儿子脐风。若是他没这宗好处，你姑娘未必看他，这孩子就难保了"。

按照清抄本，谭绍闻认为母亲带着爨妇老樊前去看王中生子之喜，老樊用偏方治好了王中儿子脐风，已经是对王中的报偿了。这一方面将王中的义举视为理所当然，坦然受之，另一方面贪他人之功，从而让自己心安理得。值得一提的是，这发生在谭绍闻改过迁善之后。从这个细节看，谭绍闻不知感恩，甚至有点冷血，令人极为反感。大概正是由于这一点，通行本才改为"不在这一千银子，只在这个心肠"。

11. 王氏道："你知兴相公有了丈母家也不？"王象荩道："已料知。道台大人家眷在后轩上住，那一位全淑姑娘，小的见过。当时心里有这个想头。如今少爷在浙江，想必与兴相公定下这门亲事。奶奶今如此说，这是天从人愿，小的有何不依。明日就上大爷坟上告禀。"话统说明，把一个王氏喜的到不可解地位。（106—994）

按：谭绍闻的儿子兴相公与王中的女儿全姑从小一起长大，谭绍闻前面盘算的"与他结门亲事"，竟是令全姑作兴相公的侍妾，因此谭绍闻母亲王氏与王中说知时，特地点明兴相公已有了门当户对的未婚妻。王中满口答应，王氏喜不自胜。清抄本在这一段之后还有一句："王中退回，心中说道：'择婿小户，轻易难得土堆上灵芝。这也罢了。'"通过估算、否定择婿的其他可能性，来表示女儿得为侍妾，仍为高攀主家，值得欣幸。作者以所谓旧家子弟为中心构建故事，一味强调王中的忠心不二，大概觉得这样的描写合情合理，但在现代读者看来，未免令人皱眉，故而通行本删削该句。

12. 绍闻道："我不吃酒，且误了说话。你且坐下。"王象荩坐在一个草墩上，看绍闻吃。（85—811）

按：清抄本"王象荩"后有"不敢违命"四字。尽管王中的年龄与谭绍闻父亲相仿，但在少主人跟前一直毕恭毕敬。主人命坐，不敢违命。这里作者极力描摹主仆即君臣的场景。通行本删去此四字，大概也是觉得有点过了。

书中对下层劳动人民描写，也时见删改。

13. 这女儿已长成了一个半女半媳的身材，脸儿好看，脚也缠的小了，头发梳的光光哩，爬角上绑了一撮菜子花儿，站在门边，睁着两只黑白分明的眼，望着贴的画儿观看。（83—793）

按：这写的是王中的女儿全姑。清抄本在"头发梳的光光的"后面，有"满面铅粉"四个字。这大概不符合20世纪七八十年代人们对劳动人民形象的预期,故而删略。

14. 今日道台大人来了,百姓一时妄传,说是来摘印的。一传十,十传百,个个鸠形鹄面,把隍庙团团围住,一齐呼喊起来。(94—880)

按:郑州因水患遭灾,知州季伟开仓赈饥,百姓感戴。道台谭绍衣勘灾,百姓以为是来罢季知州的官,故而群聚喊冤。清抄本末句作:"乡里百姓,一发呆蠢,听的雨就是风,仗着鸠形鹄面,一齐胡喊起来。"作者曾做过知县,大概其心目中的百姓,就是这样一副模样。但这与20世纪七八十年代人们所熟悉的劳动人民的形象出入甚大,故而被删改。

15. 绍闻道:"我家里何如？有家书么。"盛希侨道:"我来时,曾到萧墙街,家里都很好。"(102—954)

按:后一句清抄本作:"盛希侨道:'我来时,不曾到萧墙街,大约没什么意思。'""没什么意思"①,没有什么不好,大概一切都好。清抄本此处有眉批曰:"此处做底不好。盛公虽心里甚有谭弟,岂有进京不望其家问代信否。"

盛希侨为人伉爽而疏略,如此描写,符合人物性格。通行本改为"曾到萧墙街,家里都很好",恐怕有代作者弥缝的意思。

---

① 对"没……意思"的解释,说详拙撰《〈歧路灯〉词语札记》,《中西古典语文论衡》,杭州:浙江大学出版社,2014年,第193—197页。

在对校清抄本的基础上，我们对《歧路灯》通行本窜改原文之例略为分析，得出以下几点结论：(1) 通俗文学在文本传抄过程中往往窜改原文；(2) 20 世纪七八十年代"取其精华，去其糟粕"的古籍整理指导思想，以及主流意识形态对"劳动人民"形象的突显和重视，有时成为窜改原文的动因；(3) 以《歧路灯》通行本为基础的语言研究、文学批评和历史文化研究，如果不参考清抄本，有可能得出不准确的结论。

（原刊《薪火学刊》第二卷，复旦大学出版社，
2015 年，第 237—247 页）

《歧路灯》与明清书籍文化

　　清代乾隆年间李绿园(1707—1790)所撰白话小说《歧路灯》，以明代嘉靖年间为历史背景，生动描写了当时士人的生活状态。本文拟对该书中涉及书籍文化的内容略加钩稽讨论。我们之所以选择这样一个题目，是出于以下几点考虑：

　　首先，方兴未艾的书籍史研究需要拓宽视野，挖掘新的资料。美国学者周绍明在其《书籍的社会史：中华帝国晚期的书籍与士人文化》一书中引用钱存训的研究，指出"中国文献很少记载印刷的技术过程"，"即使在最近的1987年，钱存训如此深切地感受到中国文献记录中的空白，他访问了北京和上海的雕版印刷作坊，试图记录下他已研究了半个世纪的这一生产过程的第一手资料"①。

　　第二，文学作品中蕴含着丰富的书籍史信息。学者们在这一方面已经做了一些工作。较早的比如1987年王国强《〈从金瓶梅词话〉看明代的书帕本》以《金瓶梅词话》和《醒世姻缘传》两部古典小说中的相关描述为依据，对所谓"书帕本"的性质展开讨论，认为书帕本"是盛行于明代万历以前的主要是官宦之间相互往来中的

---

① ［美］周绍明《书籍的社会史：中华帝国晚期的书籍与士人文化》，何朝晖译，北京：北京大学出版社，2009年，第9—10页。

一种普通的礼物"①。后来他又发表文章补充了《欢喜冤家》《醉醒石》《豆棚闲话》中的有关记述,进一步申证自己的观点。②

第三,《歧路灯》对于明清书籍文化有全面生动的记述,还没得到充分挖掘。《歧路灯》涉及书籍文化的内容,不仅比上面提到的《金瓶梅词话》《醒世姻缘传》要多,也比同时期成书的专门描写士人生活的《儒林外史》更为丰富。李绿园三十岁中举,虽会试不第,却被朝廷铨选,宦游海内,官场阅历极为丰富。虽然小说情节出于虚构,但反映出的社会物质文化生活,无疑是客观真实的。然而几十年来,《歧路灯》研究很少从书籍文化的角度展开讨论,刘畅《〈歧路灯〉与中原民俗文化研究》没有相关的内容③,直到2017年,侯会《金粟儒林篇:从清代说部看士人生活》结合《醒世姻缘传》《儒林外史》和《歧路灯》三部小说,对清初知识分子的生活状态进行了多方位的论述,其中有一节题为"《歧路灯》里刻书潮",对小说中相关内容进行了述列。不过,作者的视角偏向于所谓"银钱经济",而且嫌于简略,颇多未及。④

有鉴于以上几点,我们不揣谫陋,就《歧路灯》记述的相关内容,对明清书籍文化展开梳理分析,以期为明清书籍文化和书籍史的研究提供新的线索和资料。尽管《歧路灯》中记述了当时的"刻

---

① 王国强《从〈金瓶梅词话〉看明代的书帕本》,《图书馆研究与工作》1987年第4期。
② 王国强《关于书帕本的补充材料》,《郑州大学学报(哲学社会科学版)》1990年第5期。
③ 刘畅《〈歧路灯〉与中原民俗文化研究》,济南:齐鲁书社,2009年。
④ 侯会《金粟儒林篇:从清代说部看士人生活》,北京:中华书局,2017年,第167—169页。

书潮",然而《歧路灯》成书后一百多年间却只能以抄写的形式在河南流传,直到20世纪才有印本。栾星先生用十年时间辑校注释,1980年在中州书画社出版校注本(下称"栾校本"),是目前的标准文本,《汉语大词典》等大型权威工具书都将其作为书证依据。我们曾参考上海图书馆所藏清抄本(以下称"清抄本")和齐鲁书社校点本(以下称"齐鲁本")予以对勘,发现在与书籍文化相关部分颇多关键异文。故而我们在考察书籍文化内容的同时,也对相关文本展开讨论。

绍闻衣德:刻印先人著述

《歧路灯》对刻书一事着墨极多,这与该书的主题密切相关。

《歧路灯》撰作于清乾隆年间,故事依托明代嘉靖年间,以河南开封谭孝移、谭绍闻父子人生轨迹为叙事主线。谭绍闻在父亲去世后,年幼为匪人引诱,背弃父亲临终"用心读书,亲近正人"的遗训,赌博、嫖娼、狎优,荡尽家产,后来在义仆王中的规谏和几位父执辈的指教帮扶下,最终迷途知返,重新通过读书博取功名。小说的核心教训,亦即所谓歧路明灯,就是"用心读书,亲近正人"。

这"满天下子弟的'八字小学'"(95—894)[①],全书共出现十二次。前四个字是"用心读书",作者对"书"的意义反复提撕,进行了多方位的揭示。后四个字是"亲近正人"。作者以道德标准对书中士子进行了区分。大致说来,主人公谭绍闻先父谭孝移来往的朋

---

① 引文据《歧路灯》栾校本,郑州:中州书画社,1980年。括注回次和页码。

友和仆人，先祖灵宝公影响下的子民，都归为正人，而这些正人，也是谭绍闻最终得以由歧路返归正途的凭依。在谭绍闻失怙后，引诱其嫖赌，使其走上歧路的一群人，则是小人。在一帮君子儒、小人儒的映衬下，谭绍闻与其族兄谭绍衣则是叙事议论的焦点。

首先，作者将主人公命名为"绍闻"，是有深刻寓意的。谭家原籍江苏丹徒，因先祖在灵宝为官，卒于衙署，寄葬祥符，遂流寓中州。绍闻一辈在江苏丹徒的大宗族兄名曰"绍衣"。"绍衣""绍闻"并皆出自《尚书·康诰》："今民将在祇遹乃文考，绍闻衣德言。"孔传："今治民将在敬循汝文德之父，继其所闻，服行其德言，以为政教。"①分而释之，"绍闻"就是承继父祖所闻，"绍衣"就是承继并服行父祖之德言。而这"所闻""所言"往往外化为"书"。绍闻字曰念修，义取《诗》"无念尔祖，聿修厥德"②，即"念祖修德"，追怀先祖，修养己德。

绍衣是作者的理想人格形象，人如其名，能继承并珍视祖辈的教训德言，用心读书，两榜进士出身，官至河南巡抚。这样的人生轨迹，可称"正途"。相比之下，有着相似家世背景的绍闻，则因幼年失怙，为匪人引诱，不能顾名思义，念祖修德，而是废书不读，亲近小人，从而误入"歧路"。两种形象相反相照，彰显了"歧路灯"题中之义。

第一回谭孝移收到谭绍衣的来信，请他回原籍江苏丹徒商议续修族谱，由此开启一部书的情节。第九十五回谭绍衣升至开

---

① 〔清〕王先谦《尚书孔传参正》，北京：中华书局，2011年，第650页。
② 〔汉〕毛亨传，〔汉〕郑玄笺，〔唐〕陆德明音义《毛诗传笺》，北京：中华书局，2018年，第355页。

(封)归(德)陈(留)许(昌)道,到任后首次与绍闻相见,问起谭孝移著述的刻印情况,是点明题旨的关键情节,故不惮文繁,具引如下:

> 观察道:"我问你一宗事,侄儿不知,贤弟是必知的:叔大人有著述否?"绍闻道:"没有。"观察道:"当日叔大人到丹徒上坟修族谱时节,就在我院住了一个多月,我叔侄是至亲密的。彼时详审举动,细听话音,底是个有体有用的人,怎的没有本头儿? 即令不曾著书立说,也该有批点的书籍;极不然者,也应有考试的八股,会文的课艺。"绍闻道:"委的没见。"观察道:"我们士夫之家,一定要有几付藏板,几部藏书,方可算得人家。所以灵宝公遗稿,我因亲戚而得,急镂板以存之。总之,祖宗之留贻,人家视之为败絮落叶,子孙视之,即为金玉珠宝;人家竞相传钞,什袭以藏,而子孙漠不关心,这祖宗之所留,一切都保不住了。所谓'臧穀亡羊',其亡必多。这是铁板不易的话。"(95—892、893)

这段话有数处措辞引据儒家经典,点校者未明究竟,颇有错讹。

首先,栾校本"细听话音",齐鲁本同,清抄本作"细听话言"。谨按:常言"听话听音",栾校本或缘此而讹。清抄本是。《诗·大雅·抑》:"其维哲人,告之话言,顺德之行。"毛传:"话言,古之善言也。"①

其次,栾校本"臧穀亡羊",齐鲁本同,清抄本作"将祭亡羊"。

---

① 〔汉〕毛亨传,〔汉〕郑玄笺,〔唐〕陆德明音义《毛诗传笺》,第416页。

谨按：应据清抄本为是。"臧榖亡羊"出《庄子·骈拇》，臧榖二人牧羊，臧因读书，榖因游戏，皆亡其羊。原因虽异，其亡则一。①"臧榖亡羊"于此无所取义，似是而实非。"将祭亡羊"出自《孔子家语·好生》："鲁公索氏将祭而亡其牲。孔子闻之，曰：'公索氏不及二年将亡。'后一年而亡。门人问曰：'昔公索氏亡其祭牲，而夫子知其将亡，何也？'曰：'夫祭者，孝子所以自尽于其亲。将祭而亡其牲，则其余所亡者多矣。'"②文中孔子对"祭"的本义进行了讨论，即所谓"自尽于其亲"，竭诚于其父祖，思继其事，思述其志。其实也就是绍闻命字的寓意，"念祖修德"。索氏将祭而亡其牲，表明其已将亡亲忘诸脑后，揆此可知"其余所亡者多矣"。在点明题旨的这一段文字中，"将祭亡羊，其亡必多"一句甚为关键，故作者缀了一句"这是铁板不易的话"。讹为"臧榖亡羊"，则不知所云。另外，顺便一提，《汉语大词典》据此文立有词目"铁板不易"，书证首列"清李绿园《歧路灯》第九十五回：'所谓"臧榖亡羊"，其亡必多。这是铁板不易的话。'"亦为讹文，应改。

在谭绍衣一再追问下，最终逼出谭孝移八字遗训："用心读书，亲近正人"。

> 绍闻道："大人见背太早，愚弟不过十岁，只记得教了八个字，说是'用心读书，亲近正人'。"观察站起身来道："这是满天下子弟的'八字小学'，咱家子弟的'八字孝经'。"篑初道："只这八个字，不成部头，又不成片段，如何刻印呢？"观察道："镂

---

① 〔清〕郭庆藩《庄子集释》，北京：中华书局，2012年，第332页。
② 〔三国魏〕王肃《孔子家语》，沈阳：辽宁教育出版社，1997年，第26页。

之以肝,印之以心,终身用之不尽。"(95—894)

谭绍衣为之"站起身来",强调当奉为家传"八字孝经"。面对侄子谭篑初"不成片段,如何刻印"的疑问,谭绍衣将"刻印"二字化为比喻,谓"镂之以肝,印之以心",拳拳服膺,以为立身之则,照世之灯。

家刻户印:士人的刻书热情

中国人崇拜祖先,对先人遗留文字的传承,满怀宗教热情。就《歧路灯》所叙而言,有条件的,都要有刻一付版,而在刻印时,竭力保存文本的原始面貌。

谭绍衣偶然得到谭绍闻一支先祖灵宝公的遗稿,"急镂版以存之"。到祥符为官后,谭绍衣借观风为由考察谭绍闻,侄子谭篑初名列前茅,于是后堂相见,并将自己所刻印《灵宝遗编》相示,说到该书得到之因由和刻写之过程:因"此册虫蚀屋漏略而不全,发刻时,缺者不敢添,少半篇者不肯佚,又不敢补"(92—864),态度极其认真诚敬。"侄儿是灵宝公的嫡派,所以今日交与你。我明日即传刻字匠来衙门来,照样儿再刻一付板交与你。祖宗诗文,在旁人视之,不过行云流水,我们后辈视之,吉光片羽,皆金玉贝珠。"(92—864、865)非但以书相赠,而且还要再刻一付版。即此一斑可以推知,家刻祖先遗文,在当时士大夫阶层,应是蔚然成风。

书中详表刻印祖先诗文的另一事例,也与谭绍闻先祖灵宝公有关。谭绍闻的老师智周万是灵宝人。谭绍闻先祖曾在灵宝为官,棠阴遗爱,百姓感念,有此因缘,智周万才愿意坐馆谭家,教导绍闻。作者设计这样一个人物这样一段情节也是有其深刻用意的。第五十五回为谭绍闻延师事,张类村先问谭绍闻的字(台甫),书中首次出现"念修",类村说"大约是'念祖修德'意思"(55—513),于是执名责实,以为规劝。正因为谭绍闻"无念尔祖",故而设计出智周万对灵宝公的感念,以为对照。而其之所以来到省城,则是为了刻印先人诗稿,与谭绍衣念之在兹之事正相合。

除了祖先遗文外,当时士人对劝孝、劝善之书的刻印,也带有传教热情。比如谭孝移的朋友苏霖臣编刻的《劝孝书》凡四册,前两册是《孝经》通俗注解,后两册是《孝子故事集》。程嵩淑当面称赞苏霖臣道:

"我一向把你看成唯诺不出口,不过一个端方恂谨好学者而已。前日你送我这部书,方晓得你存心淑世,暗地用功,约略有二十年矣。一部《孝经》,你都著成通俗浅近的话头,虽五尺童子,但认的字,就念得出来,念一句可以省一句。看来做博雅文字,得宿儒之叹赏,那却是易得的。把圣人明天察地的道理,斟酌成通俗易晓话头,为妇稚所共喻,这却难得的很。"(90—850)

值得注意的是,其中"著成通俗浅近的话头",清抄本"著"作"注",齐鲁本亦作"注"。按,当以作"注"字为是。虽说注疏类亦可笼统称"著述",但是承接注疏对象时,却不能如此措辞,只能说"注《孝经》",不能说"著《孝经》"。

苏霖臣则对后两本绣像孝子故事集自己做了介绍说：

"后二本二百四十零三个孝子，俱是照经史上，以及前贤文集杂著誊抄下来，不敢增减一字，以存信也。一宗孝行，有一宗绣像，那是省中一位老丹青画的，一文钱不要，一顿饭不吃，情愿帮助成工。"(90—850、851)

《孝子故事集》，除了二十四孝外，还有所谓百孝、二百四十孝，多是从经史子集中撷取片断文字而成，苏霖臣这"后二本"即是此类。虽说四册一起刻印，而且统括以"孝经"为名，但是"《孝经》注"和《孝子故事集》显然性质有所不同，故而书中一再提到"头二本""后二本"，以示区别。如第九十一回"巫翠姐看孝经戏谈狠语，谭观察拿匪类曲全生灵"开篇第一段：

却说绍闻回到书房，只见兴官摊着霖臣所送《孝经》在案上翻阅。父亲一到，即送前二册过来。前无弁言，后无跋语，通是训蒙俗说，一见能解，把那涵天包地的道理，都淡淡的说个水流花放。及看到二百几十宗孝子事实，俱是根经据史，不比那坊间论孝的本子，还有些不醇不备。凡一页字儿，后边一幅画儿，画得春风和气，蔼然如水之绘声，火之绘热一般。这父子也住了书声，手不停披。(91—854)

值得注意的是，"通是训蒙俗说"一句，栾校本与齐鲁本并同，清抄本作"《孝经》是训蒙俗说"。按，当据清抄本为是。需要说明的是，文中"《孝经》",所指有广义狭义之分。回题"巫翠姐看孝经"与第一句"霖臣所送《孝经》",《孝经》皆是广义,即所谓劝孝书。从后文可以看出,巫翠姐所看其实是带绣像的孝子故事集。"前无弁言,后无跋语"说的是"前二册",内容是"训蒙俗说"(即通俗注解),对象是《孝经》,故曰"《孝经》是训蒙俗说"。这里的《孝经》是狭义,即"十三经"之一的儒家经典。

张类村刻印《文昌阴骘文注释》,其传教意味更浓一些。书中第四回谭孝移还在世时,朋友张类村倡议,街坊捐资,请刻字匠刻成一部《文昌阴骘文注释》版,刷印后,捐资人每家分十部送人。如果有人还想再要,可备纸张自去刷印(4—34)。该书全称《文昌帝君阴骘文》,简称《阴骘文》,是影响极大的道教劝善书。谭孝移说:"这'一十七世为士大夫身'一句,有些古怪难解。至于印经修寺,俱是僧道家伪托之言,耘兄何信之太深?"(4—34)《阴骘文》开篇文昌帝君自谓在第十七次转世为士大夫身时,是如何行善积阴德,谭孝移显然墨守儒家学说,对这里轮回果报之论不以为然。不过孔耘轩、程嵩淑、娄潜斋却从其淑世劝善的效果出发,认为不应苛求。

程嵩淑编选刻印《宋元八家诗选》,则是出于学术热情。程嵩淑是谭孝移朋友中学问比较好的。曾被谭孝移聘为西宾的娄潜斋作官后,认为谭绍闻如果有心向学,归而求之,程嵩淑"便有余师"(71—686)。程嵩淑的编选刻印,属于学术书籍。书中对操作情形有详细生动记述。程嵩淑请刻字匠在家,在刻版过程中仍在不断修改自己的批语,"有刻上的批语嫌不好,又刊去了,有添上的批语又要补刻起来"(79—770),儿子程绩也忙着校字。请朋友中功名最高、进士出身的娄潜斋作序,娄潜斋随序还赠银助其刻印。举全家之力，亲朋好友资助，完成自著学术著作的刻印，在作者李绿园那个时代应为常见之事。比如段玉裁（1735—1815）的《说文解字注》，弟子、子孙参与校字，还写信向朋友请求资助。①

以上所提到的先人遗稿，劝孝、劝善书，名家诗选，士人刻印都倾注了极大的热情，不逐利，不计成本，校勘极为用心。小说中对刻印的工作方式也有详细的描写，从中我们可以知道，既有将刻字匠请到家里工作，也有将稿子拿到刻字工匠铺子里予以委托。当时刻字匠聚集在省城。孔耘轩说智周万"今进省城，与刻字匠人面定价钱。昨日说明板式、字样、圈点，日数不多，即回灵宝"。程嵩淑说"前日相会时，他曾说过愿留省城，图校字便宜些"（55—513）。可见家在省城如程嵩淑者，刻字匠是上门工作，"煮板的柴，写板的纸"（73—712、713）都由主家另外准备，不在工价之内。家在外地的智周万，则要留在省城，以就刻字匠。智周万除校字外，还编次序文。程嵩淑介绍朋友苏霖臣给他："此位是敝友苏霖臣，大草小楷，俱臻绝顶，来日诗稿序文，即着苏霖老书写。"（55—514）可见刻字已完全职业化、商业化，皆为工匠从事，写稿有些则是委托书法名家。

书中除了以上详加叙述的这些刻印事例外，还有几处提到刻印的意图。虽只虚提数句，亦可见当时刻印风气之盛。

比如谭绍闻的老师惠养民，是个人品可笑的冬烘秀才，靠坐馆授徒养活妻小，也有通过雇人刻印发表著作的想法。第三十八回：

---

① 王华宝《段玉裁年谱长编》引《与王怀祖第二书》："拙著《说文》，阮公为刻一卷，曾由邗江寄呈，未知已达否？能助刻一二否？"南京：江苏人民出版社，2016年，第318页。

惠养民道："这个令我犯不了，我一向就没在诗上用工夫。却是古文，我却做过几篇，还有一本子语录。小徒们也劝我发刊，适才说刻字匠话，我不知刻一本子费多少工价哩。"张类村道："是论字的。上年我刻《阴骘文注释》，是八分银一百个字，连句读圈点都包括在内。"(38—356)

又比如道台谭绍衣观风时，有个酸腐秀才名叫谢经圻的献上自己的诗稿，向谭绍衣请序，说："敬呈老大人作个弁言，以便授梓。"并说："诗文稿序，一定得个赐进士出身，才可压卷。"(90—844)①

张绍勋《中国印刷史话》："明代私家刻书的也不少，特别是嘉靖（公元 1522—1566）以后，更是盛极一时。那时许多士大夫以刻书为荣，有的刻印古籍秘本，有的刻印名家诗文，有的刻印宣扬祖德的家集。"②梳理《歧路灯》关于士人刻书风潮的描写，无疑可以部分印证张绍勋的归纳。不过同时也要注意，从《歧路灯》来看，私家刻印劝善、劝孝类书籍，是当时刻书风潮中不可忽视的一个重要方面。文献传承与思想教化都是书籍的重要功能。出于传承文献目的而刻印的古籍秘本，目标读者较少，但在研究中比较受到学者的重视，故而在书籍史中能见度比较高。出于教化民众目的而刻

---

① 需要注意的是，"诗文稿序"后的逗号应去掉，或者将逗号移在"序"字前。统观全书，《歧路灯》往往"文集""诗稿"对举，如第九十五回"或是文集，或是诗稿，叫他刷印几部"(95—894)，"诗文稿"意思略同于"诗文集"。分析其语法，"诗文稿"是话题，"序"是主语，就此例而言话题与主语之间是整体—局部关系，类似结构的例子如"大象鼻子长"，"这班学生他最聪明"，显然，在话题与主语后面逗断，是不妥当的。
② 张绍勋《中国印刷史话》，北京：商务印书馆，1997 年，第 102 页。

印的书，是通俗读本，目标读者为大众，当时应该印行了很多，但一般不为学者所重视，往往湮灭于书籍史。另外从《歧路灯》对刻印书籍的详细描写我们可以知道，无论士人刻书的动机是敬祖，传道，还是学术，又抑或是求名，都有别于追逐利益的坊刻，校对极为认真。"家刻本"的刻印质量应当是比较好的。

不肖子弟：家藏印版的不同命运

谭孝移临终遗训"用心读书，亲近正人"。正人乃孝子贤孙，其用心读书，著书，刻印书等情事，已见上述。不肖子孙则反是，往往视书如仇。《歧路灯》对不肖子孙与印版之间的故事有几个层次的描写。

首先是盛希侨。盛希侨先祖曾位至藩台，乃方面大员，留下丰饶宦囊的同时，也有诗稿传后。程嵩淑问盛希侨乃祖诗稿近来刷印不曾，盛希侨答曰不知，说家中一楼印板，闭藏已久。程嵩淑因痛心道："近闻人言，世兄竟是不大肯亲书，似乎大不是了。"（20—202）盛希侨想做生意，不得门路，门客满相公举俗话"做小生意休买吃我的，做大生意休买我吃的"，打趣道："我想了这会，惟有开书铺子好。你是自幼儿恶他，谭相公是近年来恶他。若是到南京贩上书来，管定二公再不肯拿一部一本儿到家，伤了本钱。"（69—664）不过，尽管盛希侨讨厌书，不读书，但对先人所留书版，"恐致散佚，固封一室"，所以自己觉得比上不足，比下有余，"我不肯动着，还是我的好处哩，我毕竟是能守的，后辈自有能刷印的人。像那张绳祖，听说他把他老人家的印板，都叫那些赌博的、土娼们，齐破的烧火筛了酒。又如管贻安家朱卷板,叫家人偷把字儿刮了,做成泥屎板儿。我虽不肖,这一楼印板,一块也不少,还算好子孙哩"(96—900)。

其次就是盛希侨提到的张绳祖、管贻安。这两人尽管是旧家出身,却已完全堕落,将家藏刻有祖先遗文的印版填于灶膛以供酒食,或是踩在脚下以卸泥泞,不肖之状,莫此为甚。

再有就是夏鼎夏逢若。夏逢若先父曾为末秩微员,好弄钱,未免有伤阴骘,后嗣不成器,靠帮闲为生。盛希侨和夏逢若是谭绍闻的盟兄弟,谭绍闻与二人相交,启亲近小人之渐。后夏逢若与劣秀才张绳祖、王紫泥等一起引诱谭绍闻赌博,从旁渔利。谭绍闻改过后,重归正途,读书应试,博取功名。形成对照的是,夏逢若末路,"私交刻字匠,刻成叶子纸牌版,刷印裱裁售买,以图作奸犯科之厚利。后来祥符有人命赌案,在夏鼎家起出牌版,只得按律究拟,私造赌具,遣发极边四千里,就完了夏鼎一生公案"(100—937)。约而言之,读书与赌博,是谭绍闻人生轨迹的分岔路。因不读书而溺赌,走上歧路,几乎败亡。后谭绍闻戒赌而亲书,终返正途,光前裕后。作者设计夏逢若的结局,特别点出刻字匠,却是以印书之具制作纸牌赌具,斯文败类,与此前诱赌谭绍闻相呼应,与后来谭绍闻所走正途成反照,从而彰显"歧路灯"的主题。

笔帕人情:书籍的交际功能

书籍在传承文献这一基本功能之外,还有诸多功能;其中有一项交际功能,在明清之际得到很大的发展。如前所述,以书为礼,在明代甚为流行，甚至形成了专门作为礼物生产的图书——书帕本。不过，从《歧路灯》来看，明清以书为贽，其实是有不同的层次的：

首先，比较理想化的以书为贽，其实是强调书籍的基本功能——承载文献的功能。比如第九十五回谭绍衣听闻族弟谭绍闻说起祥符城中"还有藏着一楼印板之家"，即盛希侨、希瑗兄弟家，很感兴趣，说道：

> "明日即差迎迓生送帖，请他弟兄二人进署，问问是什么书籍。或是文集，或是诗稿，叫他刷印几部，带到南边，好把中州文献送亲友，是上好笔帕人情。中州有名著述很多，如郾城许慎之《说文》，荥阳服虔所注《麟经》，考城江文通、孟县韩昌黎、河内李义山，都是有板行世的。至于邺下韩魏公《安阳集》，流寓洛阳邵尧夫《击壤集》，只有名相传，却不曾见过，这是一定要搜罗到手，也不枉在中州做一场官，为子孙留一个好宦囊。"（95—893、894）

王士禛《居易录》："明时，翰林官初上，或奉使回，例以书籍送署中书库，后无复此制矣。又如御史巡盐茶、学政、部郎権关等差，率出俸钱刊书，今亦罕见。"① 谭绍衣"特授河南开归陈许驿盐粮道"，自己并未刊印，而是找到家有藏版的旧家，出俸钱助其刷印。当时专门用于馈赠而刻印的书，往往校对不精，质量低劣。顾炎武《日知

---

① 〔清〕王士禛《居易录》，《王士禛全集》第六册，济南：齐鲁书社，2007年，第3813页。

录》:"今学既无田,不复刻书,而有司间或刻之,然只以供馈赆之用,其不工反出坊本下,工者不数见也。昔时入觐之官,其馈遗,一书一帕而已,谓之书帕。自万历以后,改用白金。"①书帕本之"不工",甚至在坊刻本之下,其实已背离了书籍的基本功能,异化为只有交际功能的礼品。《歧路灯》对士人之间赠送图书有一段记述,乃是谭孝移举孝廉在京候职时,房东老者曾在吏部当差,因将以前作为笔帕人情接受的书籍转赠孝移,说道:"这几套诗稿、文集,俱是我伏侍过的大人,以及本部各司老先生,并外省好友所送。做官时顾不着看,不做官时却又眼花不能看。今奉送老先生,或做官日公余之暇浏览,或异日林下时翻披。"(9—94)可见官场酬酢,以书为赘看起来很文雅,却很少真正的读者。关于官场交际的风尚,《歧路灯》第五十一回解职县令邓三变居间过贿,曾说过一句,"从来官场尚质不尚文"(51—481),管用的还是真金白银。不过在礼单上,却往往以典籍为名。第一百零五回盛希瑗指陈官场之弊,提到"官场中'《仪礼》一部',是三千两,'《毛诗》一部',是三百两"(105—982)。"三百"者,"《诗》三百"也。"三千"者,盖出自《礼记》经说。《礼记·礼器》:"经礼三百,曲礼三千。"郑玄注:"经礼,谓《周礼》也,《周礼》六篇,其官有三百六十。曲,犹事也。事礼,谓今礼也。"②

《歧路灯》中也有抄写成书,以为礼物的描写。比如谭绍闻改邪归正后,与盛希瑗、娄朴一起赴京入国子监肄业。途经赵州桥

---

① 〔清〕顾炎武撰,〔清〕黄汝成集释《日知录集释》,北京:中华书局,2020年,第924—925页。
② 〔汉〕郑玄注《礼记注》,北京:中华书局,2021年,第320页。

时,没有从俗买张果老骑驴蹄迹画儿、鲁班撑桥掌印画儿作纪念品,而是一起抄录桥洞历代题写文字。娄朴有一番议论,具引如下:

"桥乃隋朝匠人李椿所造,那的鲁班——公输子呢?要之此处却有个紧要踪迹,人却不留心:那桥两边小孔,是防秋潦以杀水势的,内中多有宋之使臣,北使于金,题名于此;也有乘闲游览于此,题诗记名于小孔者。咱们看一看,不妨叫人解笔砚来,抄录以入行箧。可补正史所未备,亦可以广异闻。所谓壮游海内则文章益进者,此也。"当即三人各抄录一纸。娄朴道:"到京邸时合在一处,各写一部,叫装潢氏裱成册页,名曰《赵州洨河桥石刻集览》。这便不用买蹄迹、掌印画儿,合上用印的'天官赐福'条子送人,说是我从京城来,一份大人情也。"三人一发大笑起来。(101—946)

雷诺兹、威尔逊《抄工与学者》特别有一节论及铭文形式的文本遗存的意义,甚至一些随手的涂鸦题写,也可以作为经典文本传承的间接证据。①《歧路灯》作者借书中人物娄朴之口所发议论,正可与之相照。三人抄录文字,合在一处,装裱成册,题名曰《赵州洨河桥石刻集览》,其意义在于"可补正史所未备,亦可以广异闻"。明清士子以这种态度搜求遗文,制作成书,虽乃手抄,而非刻印,却是具有学术意义的行为,属于书籍文化中最为清雅纯粹之一部分。

---

① [英]L.D.雷诺兹、N.G.威尔逊《抄工与学者》,苏杰译,北京:北京大学出版社,2015年,第206—208页。

明清作为礼物刻印的"书帕本",只强调交际功能,在相当程度上对书籍传承文献的这一基本功能有所异化,往往校勘不精,颇受诟病。① 也就是说,从以书为贽,到"书帕本",有一个风尚成俗、流俗成弊的过程,然而原其初始,理想化的"以书为贽",显然强调其文献价值。或许隔着几百年的历史风尘,现代读者眼中的"以书为贽",已基本定格为"书帕本"这么一个低劣庸俗的刻板印象。

当时有一种图书具有特殊的交际功能,这就是朱卷。明清科考,为防舞弊,举子墨卷糊名,誊录人用朱笔誊录后,交考官阅卷,称作"朱卷"。乡试、会试中式后,举子刊印场中之文分赠亲友,亦称"朱卷"。第九十六回谭绍闻乡试中了副榜(乡试正取的名登贤书,称作举人;名列副榜,称作"副贡",又称"副车")。发榜后"各街哄动哩是举人,那副车也就淡些"。尽管"附骥难比登龙",谭绍闻仍是忙于"刻朱卷,会同年"(95—885)。前文谭绍闻岳父孔耘轩亦为"副车",第八回谭家西宾侯冠玉曾品评孔耘轩的文章:"我前日偶见孔耘轩中副榜朱卷,倒也踏实,终不免填砌……"(8—89)其得以"偶见",显然是谭孝移获赠之册。朱卷的交际功能,除了可以作为雅礼分赠亲友之外,更为重要的是,朱卷齿录部分,载明士子的主要社会关系,具有特殊的敦睦亲谊的功能。第一百零八回谭篑初考中进士后完婚,向谭绍衣行礼。其所奉厚礼丰币,谭绍衣一概不受,说道:"我但受乡会朱卷两本,俾老伯之名,得列于齿录履历;我位至抚军,贤侄不为无光。愿族谱贤侄名下刻'联捷进士',则丹

---

① 曹之《中国古籍版本学》根据四库馆臣所举例证,将书帕本归纳总结为六个特点:一是乱题书名,二是著者不明,三是体例参差,四是东拼西凑,五是校勘不精,六是刊刻拙劣。武汉:武汉大学出版社,2007年,第268页。

徒一族并为有光。"(108—1009)

刻印单张：短暂流传的印刷品

古代文献留存下来的，大多是成册成卷的书。除了整"本头"的书之外，雕版印刷还应有大量的单张。这些单张就像西方文献史上的 pamphlet(小册子)和 flyer(传单)一样，随生随灭的短时性(ephemeral)是其基本特点，故而留存下来的非常少。从《歧路灯》记述的明清市井生活来看，刻印单张在当时广为存在。

（一）誊黄

第四回对官员迎接改年号喜诏的情形进行了详细描述。宣读礼成之后，"这照管赍诏官员，及刊刻喜诏颁发各府、州、县，自有布政司料理。这布政司承办官员，连夜唤刻字匠缮写，刻板，套上龙边，刷印了几百张誊黄。一面分派学中礼生，照旧例分赍各府；一面粘贴照壁、四门"(4—40)。诏书在礼部用黄纸誊，故称"誊黄"。赍诏官至各省宣读颁发，各省再刻印颁发各府、州、县，又称"揭黄"。值得注意的是，清抄本"四门后"有"及各大镇"，也就是说，粘贴誊黄的范围，除了省城四门，可能还包括附郭祥符县之各大镇。清代誊黄，仍能看到一些实物。近来新闻报道黑龙江省档案馆修复了三张光绪、宣统年间"誊黄敕谕"，宣传称为该馆镇馆之宝，极为罕见。报道中用现代语汇形象地说，接到的圣旨是"复印件"。其实有些诏书在礼部"复印"之后，各省还会"再复印"，数量可以到几百份之多，四门张贴。只是这类单张印品的公文属于宣传性质，时人不加珍视，尽皆消失在历史的风尘中了。

（二）诗篇

　　程嵩淑看见甬道边菊芽高发，说道："昨年赏菊时，周老师真是老手，惟他的诗苍劲工稳。类老，你与刻字匠熟些，托你把那六首诗刻个单张，大家贴在书房里记个岁月，也不枉盛会一番。"张类村笑道："只为我的诗不佳，所以不肯刻稿儿，现存着哩。若说与刻字匠熟，那年刻《阴骘文》的王锡朋久已回江南去了。"（38—355、356）

周老师即县正学周东宿，与众生员关系甚融洽，程嵩淑曾与之戏谑对答。世事了无痕，所写诗词，雪泥鸿爪，堪为纪念，故而刻印成单张，"记个岁月"。苏轼《与正辅游香积寺》诗"幽寻恐不继，书板记岁月"①，陈师道《和范教授同游桓山》诗"洗壁题名留岁月，登高著句记山川"②，并为其例也。

（三）行状

　　谭孝移死后，因谭绍闻年幼，并未下葬。谭绍闻成年后误入歧途，家产几乎荡尽，仍欠赌债，欲揭银以偿，便以安葬父亲为由头，安排殡葬之事。第六十二回盛希侨来问下葬之事还有什么"没停当哩"，谭绍闻答："我在这里才想起刻行状、镌墓志的事。"（62—585）送走盛希侨后，绍闻"心中打算行状、墓志的事"（62—586）。

---

① 〔宋〕苏轼撰，〔清〕王文诰辑注《苏轼诗集》，北京：中华书局，1982年，第2151页。
② 〔宋〕陈师道撰，任渊注，冒广生补笺《后山诗注补笺》，北京：中华书局，1995年，第351页。

第六十三回仆人双庆来说:"南马道张爷,引的旧年刻《阴骘文》的刻字匠,说要加人,连利刻字哩。"(63—590)张爷即张类村,刻字即刻行状。宾客到来之后,"席面款待,答孝帛,拓散行状,都不必细述"(63—592)。所谓"拓散行状",揆其情状,是先印后散,而"拓"(或"搨")字,似是单张刷印常用术语。不过应当说明的是,清抄本并无"拓"字,齐鲁本从之。刘畅《〈歧路灯〉与中原民俗文化研究》一书首章第三节"《歧路灯》中的丧祭礼俗"①对书中多次叙及的"行状"竟一字未提,实为缺典。

(四)偏方

第九十九回,忠仆王中老年得子,谭绍闻母亲王氏带着家中孌妇老樊去看喜,正遇婴儿"撮口脐风",情况危急,老樊依偏方救活。王氏问及偏方来历,老樊说是曾随夫伺候过一位官员,官员老年得子,婴儿得了撮口脐风,悬赏求医,有位媒婆如法施救,治好后,不要赏银,让官员将此偏方刻板刷印千张万张送人。"彼一时刻印的张儿,我还收拾着。今晚到家,拿出来叫大相公及小相公看"(99—923)。这里所谓妙方当然毫无医学道理,纯粹是迷信。不过将偏方刻印成传单,以广其传,就像如今人们在社交媒体上转发帖子一样,在当时应当极为普遍。

从《歧路灯》来看,当时称作"单张"或者"张儿"的印刷单张,包括告示,行状,诗篇和偏方等,覆盖面比较广,多是一些有其时效性,针对性和实用性的文字。这些印刷品尽管随生随灭,后世罕存,但论及当时的印刷文化和书籍文化,却是不容忽视的一个方面。

---

① 刘畅《〈歧路灯〉与中原民俗文化研究》,第53—81页。

稗贩斯文：明清之际的书店

谭绍闻改过迁善,闭门读书,其家以前的账房阎相公就因开书铺来到祥符。谭家前院,因绍闻欠赌债租给人开了酒馆,改过后,阎相公即来租其院子开书铺。之所以这么巧,按作者的话来说就是,"气与气相感"也。"如人遗矢于旷野,何尝有催牌唤那蜣螂?何曾有知单约那苍蝇?那蜣螂、苍蝇却薨薨而来。所以绍闻旧年,偏是夏鼎、张绳祖日日为伍。花发于墙阴,谁与蛱蝶送信?谁给蜜蜂投书?那蜜蜂、蛱蝶自纷纷而至。"(97—909)阎相公名楷,后来苏霖臣赠他字曰"仲端",端与楷,皆正也。作者这样的情节设计,意思是,一旦回心转意,"用心读书,亲近正人",则正人也来了,书也来了。

阎楷依舅氏吩咐,要在河南省城开一座大书店,"在南京发了数千银子典籍,所雇车辆就在书店街喂着"(97—909)。由此可见,祥符图书业极为兴盛,有街称为"书店街"。

阎楷书店是从南京发货。谭绍衣让侄儿谭篑初在自己的藏书中随意挑选,说道:"南京是发书地方,这河南书铺子的书俱是南京来的。我南边买书便宜,况且我手头宽绰。你是爱书的人,钱少不能买,这是好子弟的对人说不出来的一宗苦。"(92—865)张类村相熟的刻字匠是江南的,河南书铺的书多来自南京。显然当时图书业的中心在江南。阎楷的书铺招牌上写着经营范围:"经史子集,法帖古砚,收买发兑。"(98—916)显然兼做新旧书生意,而且包括法帖。当然,据书中所述,书铺多售新书,旧书多在古董铺,法帖则在装潢铺。比如谭孝移在京,因"整闲无事。因往书肆中购些新书,又向古董铺买了些故书旧册,翻披检阅"(7—77)。又比如谭绍闻生子,又兼母亲七十整寿,于是在朋友怂恿下摆宴以庆。书中对众人所送礼物的陈列进行了详细描写,送小相公的礼物,除了衣服鞋袜长命锁之外,"第三张是在星藜堂书坊借哩《永乐大典》十六套,装潢铺内借的《淳化阁帖》三十册,还有轴子、手卷各四色"(78—761、762)。即此可知,当时碑帖由装潢铺装裱制成出售。另外还可以知道,当时书铺和装潢铺的大部头的书籍碑帖,也会借人在典礼上陈列。

值得一提的是,"《永乐大典》"四个字似是而实非,应据清抄本作"《永乐大全》"。永乐年间胡广奉诏纂修《五经四书性理大全》,又称《永乐大全》,是明清之际官定举业读本。《儒林外史》:"马二先生道,想是在《永乐大全》上说下来的。"①是其例。

小　　结

《歧路灯》中的书籍史信息十分丰富,对明清之际的书籍文化从图书的编撰、抄写、刻印,到图书的赠送和买卖,有多侧面、多层次的反映。首先,作为一部宣扬礼教的小说,强调"孝悌也者其为仁之本",而以"继志述事"为内容的"孝",也就具体化为对先人遗文的刻印。其次,小说对劝孝、劝善类的书如《孝经》《阴骘文》的编注刻印,投入了相当多的篇幅笔墨。这类普及性读物在学术史上

---

① 〔清〕吴敬梓《儒林外史》,北京:中华书局,2013年,第219页。

往往沦于忽略,但却构成当时书籍文化的一个重要侧面。第三,明代以书为赞蔚为风潮,让社会交际成为书籍的一个重要功能。尽管专门为送礼而刻印的"书帕本"流俗成弊,徒有其表,但是当时士人口中所说的"上好笔帕人情",仍是以承载文献的功能为基础的。第四,明清之际刻印的单张如告示、传单等,命中注定是短暂存在的印刷品。在学术研究史上湮灭不彰的书籍文化现象,可以借助《歧路灯》这样的文学作品反映其复杂和多样。最后,从考论明清书籍文化的角度出发,我们还可以对《歧路灯》的文本做进一步的校勘补正。

(原刊《薪火学刊》第六卷,复旦大学出版社,2019年,第163—180页)

朴学家亦未能免俗

——马瑞辰《毛诗传笺通释》对段玉裁的批驳与暗引

"大抵学问是荒江野老屋中二三素心人商量培养之事,朝市之显学必成俗学。"①钱锺书这句话是广为人知的名言,似乎做好学问必须要有出世脱俗的人生态度。然而清代的文献学家,往往是"学而优则仕"的士大夫,崇爵显宦、薄禄下僚并有其人,各以退食自公之余,案牍劳形之暇,完成那些令后世高山仰止的学术巨制。其尤为卓荦者,比如段玉裁曾历任边省知县,王念孙官至道台,王引之官至台阁尚书,都在文献考据上做出很大的成绩,以至于人们将清代考据学称为"段王之学"。

梁启超《清代学术概论》"正统派之学风"将清代学术的特点总结为十条,其六曰"凡采用旧说,必明引之,剿说认为大不德",其七曰"所见不合,则相辩诘,虽弟子驳难本师,亦所不避,受之者从不以为忤",其八曰"辩诘以本问题为范围,词旨务笃实温厚。虽不肯枉自己意见,同时仍尊重别人意见。有盛气凌轹,或支离牵涉,或影射讥笑者,认为不德",并且说,"当时学者,以此种学风相矜尚,

---

① 钱锺书研究编辑委员会编《钱锺书研究》第一辑"编委笔谈",北京:文化艺术出版社,1989年,第1页。

自命曰'朴学'"。①

不没人善,唯真是尚,当仁不让于师,似乎当时的朴学家皆已超脱于俗世身份之外,进入了纯粹学术之境。学术讨论时不因对方地位高低、关系亲疏而改变自己的观点和态度,则虽身羁朝市而心旷荒江。梁启超描述的清代朴学家之超脱与纯粹,令人神往。

时移世换,两百多年后的今天,我们研读段、王之书,已完全忽略其官僚身份、戚谊关系。但是乾嘉道之世与他们同时代的学者,真的能将七品末秩与一品大员一视同仁吗?近日重读《毛诗传笺通释》,我们发现,马瑞辰对段玉裁的评价与引用,颇有值得玩味之处,谨略为分疏。由陈金生先生校点、中华书局出版的《毛诗传笺通释》重印已超过7次②,该版整理质量极高,纠正了许多错误,嘉惠学林,影响巨大。然而仍有一些未及之处,在研讨中也一并论及。

一

段玉裁(1735—1815),江苏金坛人,出身寒微,1760年乡试中举,后会试不第,拜戴震为师,治朴学,1770年至1780年曾先后任贵州玉屏县知县、四川巫山县知县等职,引疾致仕,归里治学。段玉裁关于《诗经》的考证研究,除了《说文解字注》,还集中体现在其

---

① 梁启超《清代学术概论》,长沙:岳麓书社,2010年,第46—47页。
② 〔清〕马瑞辰《毛诗传笺通释》,北京:中华书局,1989年第1版,2012年第7次印刷。

所著《诗经小学》①,所编《毛诗故训传定本》。王念孙(1744—1832),江苏高邮人,其父官至吏部尚书,延请戴震为之授读,1775年中进士,先后任陕西道御史、山东运河道等职。子王引之(1766—1834),1799年会试探花及第,官至工部尚书、吏部尚书等。王氏父子关于《诗经》的考证研究,集中体现在《经义述闻》一书。马瑞辰(1777—1853),安徽桐城人,1805年进士及第,曾任工部都水司员外郎。

马瑞辰与段玉裁以及王氏父子算是同时代人。四人中马瑞辰与段玉裁年龄相差最大,不过段玉裁去世时,马瑞辰也已三十八岁。段玉裁功名有限,仅为举人出身。马瑞辰与二王则不仅都是进士,而且还都是翰林,是朝廷选拔认证的学界精英。马瑞辰虽然科场得意,但是官场并不顺利,官至五品郎中,曾因事遣戍沈阳、黑龙江,后纳赎回籍,王念孙则是三品道台,王引之是一品尚书。马瑞辰与段玉裁似乎没有什么交集②。乃父马宗琏曾从王念孙父子游,科名稍晚于王引之,有诗《怀王伯申》将王引之比作刘歆③。如此看来,虽然王引之仅比马瑞辰长十一岁,却是他的父执辈。

二

段玉裁和王念孙父子在学术史上并称"段王",马瑞辰《毛诗传

---

① 段玉裁《诗经小学》凡三十卷,嘉庆丁巳年(1797)臧镛堂萃其精华,刻为四卷本《诗经小学》。江苏人民出版社2015年出版的《段玉裁全书》,将《诗经小学》三十卷本和四卷本一并收入。
② 王华宝《段玉裁年谱长编》没有提及马瑞辰。参见王华宝《段玉裁年谱长编》,南京:江苏人民出版社,2016年。
③ 首联是"太乙频看降紫庭,刘歆再世阐全经",见《晚晴簃诗汇》卷一一六。徐世昌辑《晚晴簃诗汇》(第3册),北京:中国书店,1988年,第260页。

笺通释》对他们的著述皆有称引,然而在态度上却截然不同。

首先是称谓。马瑞辰全书称王念孙为"王观察",称王引之为"王尚书",或用书名《经义述闻》。对段玉裁则是直呼其名。尽管历史上也有以官职称人的例子如"郑司农""王右军",但是在同书对其他学者直呼其名的映衬下,"王观察""王尚书"的称谓无疑有尊崇的意味。

其次是引用的倾向性。全书出现"王观察"凡8次,皆是肯定性引用,在引用之后多有"其说是也"的按语。出现"王尚书"凡77次,另有《经义述闻》4次,除个别以外,绝大多数是肯定性引用,有些地方可谓极力褒扬,如"惟王尚书曰……今按:王说校正讹误,极为精核"(第1168页)。全书出现"段玉裁"135处,大半为否定性引用,而且在反驳段玉裁时,措辞上不仅直接,有时甚至称得上峻厉。比如"段玉裁……亦臆说也"(第120页),"段玉裁……不知双声字古亦通用也"(第160页),"段玉裁不识……失之"(第217页),"段玉裁乃谓……此妄说也……段玉裁乃欲……妄矣"(第1184页)。

从另一方面来讲,引用倾向性背后可能存在着选择性。王氏父子和段玉裁对《诗经》的研究,无疑远远多于马瑞辰的引述。在与地位尊崇的学者发生意见分歧时,完全可以通过不提对方看法只论证自己观点的方式来加以回护。即便要指出对方的错误,措辞上也可以比较委婉。马瑞辰对王氏父子的引用,可作如是观。相比之下,对段玉裁的引用,挑错的意味比较浓,在表述上也就少有顾忌。

三

对王氏父子与段玉裁,马瑞辰缘何如此厚此薄彼？仅从学术上显然不能得到令人满意的解释。我们姑且以今度古,从社会和心理的角度略作窥测,也算是另一个方向上的"读其书,想见其为人"吧。

论私谊,王引之乃马瑞辰的父执辈。论宦情,王引之是朝中一品大员,圣眷优隆；王引之之子王寿同亦为进士出身,官至道台；马瑞辰曾为工部郎中,因事谪戍,得贵人相助,复得迁转。马瑞辰对王引之欲亲之尊之,满篇的"王尚书",应该有这种意味吧。

论功名,段玉裁只是举人出身,官也只作到七品知县,而且子孙辈亦无人发迹。相比之下,马瑞辰虽几经沉浮,但终究是五品京官,而且是清华高贵的翰林,自然有一种"体制内人员的优越感"。论声誉,段玉裁当时已是朴学家里的标杆人物,王念孙为《说文解字注》撰序曰:"盖千七百年来无此作矣。"[①]给段玉裁以极高的评价。尽管治学不当斥前贤以显己长,但是挑战权威仍是力图有所建树者的自然选择。马瑞辰给段玉裁挑错,恐怕多少有这种心理因素。

四

马瑞辰对段玉裁的挑错和驳斥,固然许多是有道理的,但也有

[①] 〔清〕王念孙《说文解字注序》,〔清〕段玉裁《说文解字注》,上海:上海古籍出版社,1988年,第1页。

些地方没有根据,有些地方过甚其辞。

【例1】《卫风·伯兮》"伯兮朅兮",《传》:"朅,武貌。"瑞辰按:朅与仡双声。《说文》:"仡,勇壮也。"引《周书》"仡仡武夫"。段玉裁谓朅即仡之假借。然考《广雅》《释文》并云:"偈,健也。"《玉篇》:"偈,武貌。"引《诗》"伯兮偈兮"。则《三家诗》有作偈者,朅即偈之假借耳。(第220页)

今按:马瑞辰说"段玉裁谓朅即仡之假借",不见于《说文》段注,其对段玉裁的批驳,不知所据为何。段玉裁《诗经小学》:"《玉篇》引《诗》'伯兮偈兮'。按应从《玉篇》作偈。"①已先于马瑞辰得出同样的结论。另外,马瑞辰谓《说文》引《周书》"仡仡武夫",有失检核,应为"仡仡勇夫"②。

【例2】《曹风·蜉蝣》"蜉蝣掘阅",《传》:"掘阅,容阅也。"《笺》:"掘阅,掘地解阅,谓其始生时也。以解阅喻君臣朝夕变易衣服也。"瑞辰按:《广雅》:"掘,穿也。"《说文》引《诗》作堀,云:"堀,突也。"突为犬从穴中暂出,义与穿近。段玉裁谓堀阅犹言孔穴,失之。(第436页)

今按,段玉裁《诗经小学》:

> 按古"阅""穴"通。宋玉《风赋》"枳句来巢,空穴来风"。"枳句""空穴"皆重迭字,"枳句"即《说文》之"穖穖",木曲枝也。郑注《明堂位》云:"棋之言枳棋也,谓曲桡之也。""枳棋"

---

① 〔清〕段玉裁《诗经小学》卷一,《段玉裁全书》,南京:江苏人民出版社,2015年,第614页。
② 〔清〕段玉裁《说文解字注》,第369页。

即"橚樕"。陆机云:"枎曲来巢也(引者按:《说文》段注:谓树枝屈曲之处鸟用为巢①),空穴即孔穴。"善注引《庄子》"空阅来风",司马彪云:"门户孔空,风善从之。""掘阅"当从《说文》作"堀阅",言蜉蝣出穴也。②

段玉裁前面说"空穴来风"的"空穴"即"孔穴",重点在证明"阅""穴"通假,从来不曾说"堀阅犹言孔穴"。末尾说"堀阅,言蜉蝣出穴也",不误。马瑞辰之说与段氏《诗经小学》并无根本不同,盖急于驳段,不遑细读也。

【例3】《小雅·四月》"匪鹑匪鸢"。瑞辰按:《说文》:"鵰,鷻也。""鷻,鵰也。"《正义》引"《说文》:'鹑,鵰也。'从敦而为声,字异于鹑也。"今按《说文》隼字注:"一曰鹑字。"鹑即鷻也。是鷻古或借作鹑之证。至雏鹑之雏,《说文》自作雓耳。又《说文》鷻字别引《诗》"匪鷻匪鳶",又云"鳶,鸱鸟也。"鳶即鸢字,五各反,与鸢异字。据《正义》引《苍颉解诂》云:"鸢,鸱也。"又引《说文》:"鸢,鸷鸟也。"则经文原作鸢字。王尚书曰:"鸢字见于《小雅》《大雅》《周官·射鸟氏》《曲礼》《中庸》《尔雅·释鸟》《苍颉篇》,不应《说文》不载,盖《鸟部》有此字而传写者脱之也。其鷻字注引《诗》'匪鷻匪鳶',当作'匪鷻匪鸢',盖本作鸢字,因下鳶字篆文相连,写者遂误为鳶耳。"今按王说是也。《说文》鳶字、鸢字,盖同训为"鸷鸟也",传写者误删其一。段玉裁乃欲据《说文》误本改经文之鸢为鳶,失之。
(第687—688页)

---

① 〔清〕段玉裁《说文解字注》,第275页。
② 〔清〕段玉裁《诗经小学》卷一,《段玉裁全书》,第619—620页。

今按：段玉裁《诗经小学》：

> 按今《诗》"鹑"为"鷻"之讹，"鸢"为"鳶"之讹。《说文》无"鹑"字，"鷻"即"鹑"也。《集韵》以"鷻"为古"鹑"字。讹为"鸢"，又讹入二仙，其误已久，如曹子建《名都篇》已读如今音。①

《小雅·四月》"匪鹑匪鸢"，《说文》引作"匪鷻匪鳶"②。"鹑"字当从《说文》为"鷻"，段玉裁与王引之意见一致。至于"鸢"字，二者意见相反。段玉裁认为今本《诗经》作"鸢"误，应从《说文》为"鳶"，王引之则认为今本《诗经》不误，《说文》所引为误。所依据的资料，并没有什么对方所不知道的新的强有力的证据，只是各有倾向罢了。马瑞辰右王而非段，措辞为"段玉裁乃欲据《说文》误本改经文之鸢为鳶"，特别用了一个"乃"字（相当于现代汉语"竟然"），言下之意似乎段玉裁缺乏常识，严重背离了学术基本原则。实际上嘉庆二十一年段氏七叶衍祥堂校刻的段玉裁《毛诗故训传定本》该句为"匪鷻匪鸢"，并不曾改为"鳶"字。

五

必须说明的是，马瑞辰一方面对段玉裁多是否定性引用，另一方面却对段玉裁的成果多有暗引。

---

① 〔清〕段玉裁《诗经小学》卷二，《段玉裁全书》，第 631 页。
② 〔清〕段玉裁《说文解字注》，第 154 页。

正如梁启超所总结的那样,清代正统派学风强调,"凡采用旧说,必明引之,剿说认为大不德"。马瑞辰《毛诗传笺通释·例言》也明确表示:"说经最戒雷同。凡涉猎诸家,有先我得者,半皆随时删削。间有义归一是,而取证不同,或引据未周,而说可加证,必先著其为何家之说,再以己说附之。"①

但是,说是一回事,做又是另外一回事。我们先看段玉裁和王念孙是如何做的,以之作为背景和参照:

【例4】《邶风·新台》"河水浼浼"。关于"浼"字,卢文弨有过考证,段玉裁《诗经小学》具引其说曰:

> 卢绍弓曰:"《汉·地理志》引《邶诗》'河水洋洋',师古注:'今《邶诗》无此句。'考《玉篇·水部》洋亡尔切,亦浼字,《集韵》浼或作洋,然则洋洋乃浼浼之讹。《广雅·释丘》有洋字,今亦讹为洋。"②

王念孙《读书杂志·汉书地理志》对卢说有所补正,其文曰:

> 《邶诗》曰"河水洋洋"师古曰:"今《邶诗》无此句。"段氏《诗经小学》引卢氏绍弓说曰:"《玉篇·水部》'洋,亡尔切,亦浼字',《集韵》'浼或作洋',然则洋洋乃浼浼之讹,即《新台》之河水浼浼也。《广雅·释丘》有洋字,今亦讹为洋。"(【双行小字】念孙按:《广雅·释丘》:"涘,厓也。"宋本涘讹作洋,《集

---

① 〔清〕马瑞辰《毛诗传笺通释·例言》,《毛诗传笺通释》,第2页。
② 〔清〕段玉裁《诗经小学》卷一,《段玉裁全书》,第611—612页。

韵》遂误收入浑字,音迷浮切,引《广雅》"浑,厓也"。今本《广雅》又讹浑为洋。卢以洋为洋之误,非也。河水洋洋之洋,不得训为厓。)念孙案:卢说是也。洋字本作泮,以芈姓之芈为声,俗书芈姓字作芉,与篆文羊字无异,故泮讹为洋也。①

同一段资料,到了马瑞辰笔下,却是"前无古人":

> 瑞辰按:洋洋又作泮泮,《玉篇》:"泮,亦洋字。"《广韵》:"洋,或作泮。"《汉书·地理志》引《诗》"河水洋洋"正泮泮形近之讹,即洋洋之异文。颜师古不知洋洋为讹字,遂谓《邶诗》无此句矣。(第158页)

段玉裁和王念孙之所以成为乾嘉考据之学的代表人物,我想,这不仅仅是因为他们的学问广博渊深,能洞幽烛微,见人所未曾见,发人所不能发,也是因为他们为学能廉隅自重,不掩人之善,不掠人之美。从段玉裁引卢文弨之说,王念孙引段玉裁引卢文弨之说,虽然未免叠床架屋,嫌于词费,但是不昧资料来源,尊重前人工作的精神是值得我们学习的。

马瑞辰将卢文弨所揭示,段玉裁、王念孙迭相引据的《玉篇》《集韵》《汉书·地理志》等相关证据尽数袭而取之,只将《集韵》改为《广韵》。殊不知见于《集韵》的"洋或作泮",并不见于《广韵》。这一改,反倒成了一个错误。

---

① 〔清〕王念孙《读书杂志》,上海:上海古籍出版社,2014年,第691页。

马瑞辰说,对于"先我得者","必先著其为何家之说,再以己说附之",显然言不顾行,并没有做到。

六

段玉裁引用他人之说者,马瑞辰往往并没其名,直接袭取,以为己说。对于段玉裁自己的发明,马瑞辰也是多有剿袭。

【例5】《小雅·采绿》"薄言观者",笺:"观,多也。"《正义》:"俗本作'观,睹',误也。"……瑞辰按:《尔雅·释诂》:"观,多也。"郭注引《诗》"薄言观者"。物多而后可观,故观有多义。又观音近灌,灌为丛木,亦多也。俗人少闻多义,故妄改为睹,抑或因《韩诗》观字作睹而误。(第777页)

今按:马瑞辰按语的主要内容,一是分析"物多而后可观"认知之理,二是举"灌为丛木"同源之例。其实这些都来自段玉裁《说文解字注》:

《小雅·采绿》传曰:"观,多也。"此亦引伸之义。物多而后可观,故曰"观,多也"。犹灌木之为丛木也。①

【例6】《豳风·狼跋》"狼跋其胡",《传》:"跋,躐也。"瑞辰按:《说文》:"蹎,跋也。""跋,蹎也。"蹎跋经传多假作颠沛。《毛传》:"颠,仆也。""沛,拔也。"拔与跋同。狼跋又通作狼蹎。《说文》:

---

① 〔清〕段玉裁《说文解字注》,第408页。

"跟,步行猎跋也。"(第 488—489 页)

今按:段玉裁《诗经小学》早有更为详明的讨论:

> 李善《西征赋》注、《文字集略》曰:"狼狈,犹狼跋也。《孔丛子》曰:'吾于狼狈见圣人之志。'"按《孔丛子》"狼狈"谓《狼跋》之诗也。狈即跋字。跋跟古通用。《说文》:"跋,蹎也。""跟,步行猎跋也。"无狈字,狈即跟之讹,因狼从犬而跟误从犬,犹榛榛狉狉,俗因狉从犬而榛亦误从犬作獉也。《荡》诗"颠沛"即"蹎跋"之假借。《传》:"颠,仆也。沛,跋也。"(今讹拔)。沛、跋、跟同在第十五部,今沛、跟读去声,古与跋同入声,是以通用假借。自去入岐分,罕知颠沛即蹎跋之假借,且罕知狈即跟之讹、跟即跋之通用字矣。①

段玉裁对沛、跋、跟、狈声音通假、字形演变进行了十分清楚的解说,最后连用两个"罕知",以见古今之变,考证之难。马瑞辰则稍加删略,轻易掠美。

【例 7】《小雅·小宛》"翰飞戾天",瑞辰按:戾者,厉之假借。《文选》卷一李善注引《韩诗》作"翰飞厉天",云:"厉,附也。"厉天犹俗云摩天耳。(第 633 页)

今按:段玉裁《诗经小学》:

> 《韩诗》:"翰飞厉天。"按厉天犹俗云摩天。②

---

① 〔清〕段玉裁《诗经小学》卷一,《段玉裁全书》,第 622 页。
② 〔清〕段玉裁《诗经小学》卷二,《段玉裁全书》,第 629 页。

马瑞辰从资料(《韩诗》异文)到核心按语(厉天犹俗云摩天)皆来自段玉裁。

【例8】《小雅·吉日》"儦儦俟俟",《传》:"趋则儦儦,行则俟俟。"瑞辰按:《文选·西京赋》"群兽骉駴",注引《韩诗章句》曰:"趋曰骉,行曰駴。"《后汉书·马融传》"鄙駴噪讙",李贤注引"《韩诗》:'骉骉駴駴。'駴或作俟,误。"《说文》:"儦,行貌。""駴,马行疾也。"駴与俟音义同。《说文》俟字注又引《诗》曰:"伾伾俟俟。"盖《韩诗》作骉骉者假借字,作駴駴者正字;《毛诗》作儦儦者正字,作俟俟者假借字也。(第562页)

今按:马瑞辰所引资料,一为《文选》李善注引《韩诗》,二为《后汉书》李贤注引《韩诗》,三为《说文》引《诗》。三者皆已见于段玉裁所引。《诗经小学》:

> 《韩诗》作"骉骉駴駴",《后汉书》注引《韩诗》作俟俟,误。①

《说文解字注》:

> 按《西京赋》李善注、《马融传》太子贤注皆引《韩诗》"骉骉駴駴",善引薛君《韩诗章句》曰:"趋曰骉,行曰駴。"疑今《毛传》非旧,或用韩改毛也。《駉》传曰"伾伾,有力也",许从之。当是《吉日》传有"俟俟,大也"之文,而许从之。②

---

① 〔清〕段玉裁《诗经小学》卷二,《段玉裁全书》,第626页。
② 〔清〕段玉裁《说文解字注》,第369页。

中华书局校点本将"李贤注引"后用引号标注——"《韩诗》：'駉駉俟俟。'駃或作俟，误。"显然认为引号内皆为李贤注文。今检《后汉书》相关李贤注为："駃音俟。《韩诗》曰'駉駉俟俟，或群或友'。"① 显然"駃或作俟，误"云云，并非李贤注文。这则内容其实是撮述段氏《诗经小学》，行文未加整辑，故纰缪如此。另外，马瑞辰引《说文》"駃，马行仺也"，漏叠"仺"字，应作"马行仺仺"②。

【例9】《邶风·式微》"胡为乎泥中"，《传》："泥中，卫邑也。"瑞辰按：泥通作坭。《广韵》："坭，地名。"又通作祢。《诗》"出宿于祢"，《韩诗》作泥，《仪礼·士虞礼》郑注引《诗》作泥，《诗》泥与祢盖同地也。（第140页）

今按，段玉裁《诗经小学》：

> 《泉水》之祢，《韩诗》作坭，盖即其地。《广韵》："坭，地名。"③

段氏已将《泉水》之"祢"、《广韵》之"坭"与《式微》之"泥"联系起来，认为通假。马氏谓"《诗》'出宿于祢'"，出《邶风·泉水》，完整的句子为"出宿于沘，饮饯于祢"④。马氏将两句首尾捏合为一句，不妥。马氏谓《泉水》诗"《韩诗》作泥"，亦误，检《释文·毛诗》，正如段氏所言作"坭"⑤。

---

① 〔南朝宋〕范晔《后汉书》，北京：中华书局，2012年，第1959页。
② 〔清〕段玉裁《说文解字注》，第466页。
③ 〔清〕段玉裁《诗经小学》卷一，《段玉裁全书》，第611页。
④ 〔汉〕毛亨传，〔汉〕郑玄笺，〔唐〕陆德明音义《毛诗传笺》，北京：中华书局，2018年，第57页。
⑤ 〔唐〕陆德明《经典释文》，上海：上海古籍出版社，2012年，第92页。

【例10】《小雅·大田》"秉畀炎火",瑞辰按:……《释文》:"秉,《韩诗》作卜。卜,报也。"按《尔雅·释诂》:"卜,予也。"卜畀犹云付与。《韩诗》作卜,云"卜,报也"……(第724页)

今按,段玉裁《诗经小学》:

> 《释文》:秉,《韩诗》作卜。按:卜畀犹俗言付与也。《尔雅》:"卜,予也。"①

马瑞辰这一段,从资料到按语"卜畀犹云付与"与段玉裁无异,难说不曾参考。马瑞辰第二处"《韩诗》作卜"前无"秉"字,语义不完;两行内重出,嫌于辞费。

【例11】《小雅·鱼丽》"鲿鲨",瑞辰按:……《释文》:"鲨,亦作鯋。"《说文》:"鯋,鯋鱼也。出乐浪番国。"此又一种海鱼,非即《诗》之鲨。(第527页)

今按,段玉裁《诗经小学》:

> 《说文》:"鯋,鱼名,出乐浪潘国,从鱼沙省声。"《尔雅》:"鲨,鮀。"《释文》:"本又作鯋。"②

《诗经小学》未对"出乐浪潘国"之"鯋"与《诗》中所谓"鲨"加以区分。不过,在《说文解字注》中,段玉裁已做区分:

---

① 〔清〕段玉裁《诗经小学》卷二,《段玉裁全书》,第634页。
② 同上书,第623页。

《诗·小雅》有鲨,则为中夏之鱼,非远方外国之鱼明甚。盖《诗》自作沙字,吹沙小鱼也。乐浪潘国之鱼必出于海,自作鲛字,其状不可得而言也。①

另外,中华书局校点本只在"乐浪"下加专名线,盖读"番国"为番属之国,误。《说文》作"潘国"。"潘国"或"番国"即"真番国"。《说文》"鱳,鱼名,出乐浪潘国"段玉裁注曰:"真番也。"②真番乃东夷小国,在今朝鲜半岛,汉灭朝鲜后置真番郡,后并入乐浪郡,故而"番国"二字也应加专名线。

【例12】《唐风·山有枢》"弗洒弗埽",《传》:"洒,灑也。"《正义》:"洒谓以水湿地而埽之,故转为灑。"瑞辰按:《说文》:"灑,泛也。""洒,涤也。古文以为灑埽字。"是洒、灑二字本异义,古文以声近故假洒为灑。(第340页)

今按,段玉裁《说文字解注》:

> 汛,灑也。卂,疾飞也。水之散如飞。此以形声包会意也。……汛埽,即灑埽也。俗用为潮汛字……按汛与灑互训而殊音,洒则经典用为灑之假借。然谓洒即汛之假借,则于古音尤合。盖洒从西声,西古音如诜也。小颜注《东方朔传》"洒埽"云:"洒,音信。"此谓即汛字也。③

---

① 〔清〕段玉裁《说文解字注》,第579页。
② 同上书,第579页。
③ 同上书,第565页。

马氏引《说文》"灑,泛也",原刻误,中华书局本失校,应为"汛"字。马氏引《说文》:"洒,涤也。古文以为灑埽字。"乃是段玉裁校勘文字,《说文》各本作"古文为灑埽字"①,"以"字乃段氏理校。

【例13】《魏风·伐檀》"坎坎伐檀兮",《传》:"坎坎,伐檀声。"瑞辰按:《汉石经》"欿欿伐轮兮",汉刘表、京房并以欿为坎,《大玄》"雷推欿窜",即坎窞也,皆坎古通作欿之证。《广雅》:"欿欿,声也。"鼓声为坎坎,伐木声亦为坎坎。(第328页)

今按,段玉裁《诗经小学》:

  石经鲁诗残碑"欿欿伐轮兮"。按此则首章、二章皆同。《广雅》:"欿欿,声也。"②

《说文解字注》:

  玉裁按:《孟子》假欿为坎,谓视盈若虚也。《大玄》"雷推欿窜",即坎窞也。今本《大玄》欿字讹不可识。③

马瑞辰所谓"汉刘表、京房并以欿为坎",来自《释文·周易》:"坎本亦作埳,京、刘作欿,险也,陷也。"④所引《汉石经》《广雅》以及《大玄》,皆来自段玉裁。尤其是《太玄》,当时的本子多作

---

① 〔清〕段玉裁《说文解字注》,第563页。
② 〔清〕段玉裁《诗经小学》卷一,《段玉裁全书》,第617页。
③ 〔清〕段玉裁《说文解字注》,第413页。
④ 〔唐〕陆德明《经典释文》,第34页。

"雷椎廞窜"①,"廞"乃"歆"的讹字,作"歆"者乃是段氏校勘,马瑞辰径袭取之。

<h2 style="text-align:center">七</h2>

马瑞辰在剿袭段玉裁观点、资料时,每改动以泯其迹,或由于匆遽,或囿于所识,往往出错。除了已见于前文的例子外,再举数例。

【例14】《小雅·六月》"我是用急",瑞辰按:《盐铁论》引《诗》作"我是用戒",戒古音讫力切,读与急同。谢灵运《撰征赋》作"我是用棘",棘亦急也,盖本《三家诗》。《尔雅·释言》:"悈,急也。"《释文》:"悈,本或作极,又作亟,同,纪力反。"极当为悈之误。《说文》:"悈,急性也。"《淮南·览冥训》"安之不悈",高注:"悈,急也。"悈、急、戒、悈、棘等字皆同声,故通用。棘又通革。急通作戒,犹《说文》"諽,读若戒"也。(第540—541页)

今按,段玉裁《诗经小学》:

> 《盐铁论》引《诗》"我是用戒",顾宁人云当从之。戴先生曰:"戒,犹备也。治军事为备御曰戒。讹作急,义似劣,于韵亦不合。"按:谢灵运《撰征赋》"宣王用棘于猃狁",是六朝时诗本有作"我是用棘"者。《释言》:"悈、褊,急也。"《释文》:

---

① 〔汉〕扬雄撰,刘韶军校注《太玄校注》,武汉:华中师范大学出版社,1996年,第274页。

"慨,本或作悈(今本作极,讹),又作亟。"《诗》"匪棘其欲",《笺》:"棘,急也。"《正义》曰:"棘,急。《释言》文。"《礼器》引《诗》"匪革其犹",《注》:"革,急也。"《正义》曰:"革,急。《释言》文。"《素冠》传:"棘,急也。"《正义》曰:"棘,急。《释言》文。彼棘作悈(今本作戒,讹),音义同。"然则慨、悈、亟、棘、革、戒六字同音义,皆急也。此诗作棘作戒皆协,今作急者,后人用其义改其字耳。①

显然马瑞辰参考了段玉裁。马氏谓"谢灵运《撰征赋》作'我是用棘'",然而《撰征赋》中并没有这一句,这是暗引段玉裁按语"谢灵运《撰征赋》'宣王用棘于猃狁',是六朝诗本有作'我是用棘'者"一句时,截取删略出现的错误。另外,"棘又通革"一句下贯"《说文》'諽,读若戒'",故而其后的句号当改为逗号。

【例15】《召南·摽有梅》"摽有梅"。瑞辰按:摽或作薰,见《汉书·食货志》注。又作莩,赵岐《孟子注》引《诗》"莩有梅",《释文》引丁公著云《韩诗》。今按莩当作受,《说文》:"受,物落,上下相付也。读若《诗》'摽有梅'。"《汉书·食货志赞》引《孟子》"野有饿荽",莩及荽皆受之异文。(第92页)

今按,段玉裁《诗经小学》:

《广韵》引《字统》云合作荽落也。赵岐注《孟子》曰:"荽,零落也。《诗》曰:'荽有梅。'"《汉书》"野有饿荽而不知发",郑

---

① 〔清〕段玉裁《诗经小学》卷二,《段玉裁全书》,第623—624页。

氏曰："苃,音'蕉有梅'之蕉。"按《说文》有受无苃。受,物落上下相付也。摽,击也。同部假借作苃。①

两相比较,马瑞辰引证资料超出《诗经小学》者,唯"《释文》引丁公著云"一句。其实段玉裁《说文解字注》已引"丁公著云"②。比马瑞辰略早的焦循,在其所撰《孟子正义》曾予引证：

> 段氏玉裁《说文解字注》云："《孟子》作莩者,苃字之误。丁公著云：莩有梅,韩诗也。"③

也就是说,马瑞辰只是补出"丁公著云"的出处——《释文》,依《毛诗传笺通释》引书之例,是指《经典释文》。这是个错误。唐陆德明《经典释文》为十三经中的十二经作了《音义》,独缺《孟子音义》。今《孟子音义》乃宋代孙奭所作。马氏类似的错误,非止一见,又如下例。

【例16】《大雅·绵》"捄之陾陾",《传》："捄,虆也……"《笺》："捄,抒也……"瑞辰按：……虆、梩同类(《孟子·释文》："虆,土笼也。梩,土舉也。")……《说文》："抒,引坙也。"《正义》作"引取",《释文》作"引取土",皆传写之误。(第820页)

今按,《说文》："抒,引坙也。"段玉裁注：

> 坙,各本作取,今正。《诗·释文》作"坙",今本讹为"取

---

① 〔清〕段玉裁《诗经小学》卷一,《段玉裁全书》,第609页。
② 〔清〕段玉裁《说文解字注》,第160页。
③ 〔清〕焦循《孟子正义》,北京：中华书局,1987年,第61页。

土"二字,非也。坒义同聚……《玉篇》正作"引聚"也。①

又《说文》:"柤,虡也。一曰徙土輂。"段玉裁注:

> 谓柤即櫫。孙奭《孟子音义》云:"桯,土轝也。"②

显而易见,《说文》各本作"引取",作"引坒"者乃是段氏校勘的结果。马瑞辰依据段注本,袭取其结论,却不提其名字。马氏再次将《孟子音义》标注为"《释文》",误矣。

【例17】《卫风·淇奥》"绿竹猗猗",《传》:"绿,王刍也。竹,萹竹也。"瑞辰按:《尔雅》:"菉,王刍。"《说文》:"菉,王刍也。"引《诗》"菉竹猗猗"。《毛诗》作绿者,菉之假借。《尔雅》:"竹,萹蓄。"竹本作筑。《说文》:"筑,萹筑也。"《释文》引《韩诗》《汉石经》并作薄。……《西京赋》李注引《韩诗》"菉蓐如簀"。(第195—196页)

今按,段玉裁《诗经小学》:

> 按《毛诗》作绿,字之假借也……《毛传》:"竹,萹竹也。"《释文》:"竹,《韩诗》作薄,萹筑也。《石经》亦作薄。"……按李善引《韩诗》作蓐,《玉篇》曰蓐同薄。③

两相比较,不难看出,马瑞辰所引资料,大多已见于段氏所引。两

---

① 〔清〕段玉裁《说文解字注》,第600页。
② 同上书,第259页。
③ 〔清〕段玉裁《诗经小学》卷一,《段玉裁全书》,第612—613页。

者观点基本相同。段玉裁但言李善注引《韩诗》"竹"作"蓫",马瑞辰则补足整句,说李善注引《韩诗》作"菉蓫如簀"。然而我们检核的结果是,《西京赋》李善注所引实为"绿蓫如蕢"。

【例18】《卫风·硕人》"螓首蛾眉",《传》:"螓首,颡广而方。"《笺》:"螓,谓蜻蜻也。"瑞辰按:《说文》:"䫐,好貌。《诗》所谓'䫐首'。"即此诗"螓首"之异文,是螓乃䫐之假借。蛾眉亦娥之假借。《方言》曰:"娥,好。"《广雅》:"娥,美也。"《楚词》"众女嫉余之娥眉兮",王逸注:"娥眉,好貌。娥亦作蛾。"《艺文类聚》引《诗》正作娥眉。此诗上四句皆言"如",至螓首、蛾眉但为好貌,故不言"如"。《郑笺》以螓为蜻蜻,颜师古注《汉书》因谓蛾眉形若蚕蛾,失之凿矣。(第205页)

今按,段玉裁《诗经小学》:

> 《说文》:"䫐,好貌,从页争声,《诗》所谓'䫐首'。"按䫐首即螓首。《毛传》但云"颡广而方",不言螓为何物,《郑笺》乃云"螓,蜻蜻也",知毛作䫐,郑作螓。"蛾眉"毛郑皆无说。王逸注《离骚》云:"娥眉,好貌。"师古注《汉书》始有"形若蚕蛾"之说。《离骚》及《招魂》注并云"娥一作蛾",今俗本倒易之。娥作蛾,字之假借。①

䫐,从母耕部;蜻,清母耕部;螓,从母真部。䫐、螓双声,蜻、螓旁纽,真耕上古音近(如耕部"郑",即从真部"奠"字得声),故三字可

---

① 〔清〕段玉裁《诗经小学》卷一,《段玉裁全书》,第613页。

通假。段玉裁先已依据相同的资料,得出同样的结论。段氏将"王逸注《离骚》云'蛾眉,好貌'"与"《离骚》及《招魂》注并云'娥一作蛾'"分作两处,中间夹陈颜师古《汉书》注,后一处并没有说明是哪家的注。马氏则将两处捏合为一,曰:"王逸注:'娥眉,好貌。娥亦作蛾。'"殊不知王逸注中并无"娥亦作蛾"。《屈原集校注》:"蛾:洪兴祖、朱熹、钱杲之皆引一本作'娥'。"①

【例19】《邶风·谷风》"不我能慉"瑞辰按:……又按《说文》引《诗》"能不我慉",董氏《读诗记》引王肃、孙毓并能字在句首,与《芄兰》诗"能不我知""能不我甲"句法相同,能之言乃也。"能不我慉"承上章而言,犹云乃不我畜也。俗本作"不我能畜",亦误。(第136—137页)

今按:段玉裁《诗经小学》:

> 《说文》引《诗》"能不我慉"。按能之言而也,乃也。《诗》"能不我慉","能不我知","能不我甲",皆同,今作"不我能慉",误也。郑注《周易》"宜建侯而不宁",而读为能。此诗与《芄兰》能读为而。古能而音近,同在第一部。②

因《说文》引《诗》,将"能不我慉"与《芄兰》"能不我知""能不我甲"相类比,得出"能之言乃也"训释结论的是段玉裁,马瑞辰有失标注。《读诗记》即宋吕祖谦《吕氏家塾读诗记》,"董氏"乃其中所引

---

① 〔战国〕屈原撰,金开诚、董洪利、高路明校注《屈原集校注》,北京:中华书局,1996年,第40页。
② 〔清〕段玉裁《诗经小学》卷一,《段玉裁全书》,第610页。

一家之说,此处内容为"董氏曰:孙毓、王肃《诗》并作'能不我慉',《说文》亦然"①。马氏记作"董氏《读诗记》",不妥;并不存在所谓董氏所撰《读诗记》。

【例20】《王风·扬之水》"不与我戍许",《传》:"许,诸姜也。"瑞辰按:《说文》:"鄦,炎帝、大岳之胤甫侯所封,在颍川。读若许。"《史记·郑世家》:"鄦公恶郑于楚。"薛尚功《钟鼎款识》载《䤈子钟》二。是许正作鄦,或作䤈。今作许者,同音假借字。(第235页)

今按,段玉裁《说文解字注》:

> 鄦,汉字作许,周时字作䤈。《史记·郑世家》"鄦公恶郑于楚",盖周字之存者。今《春秋经》《传》不作鄦者,或后人改之,或周时已假借,未可定也。②

《诗经小学》:

> 《说文》作鄦,周许子钟作䤈,见薛尚功《钟鼎款识》。③

作为地名,"许"本字为鄦,从邑无声。邑或在左、或在右、或在下,故而有鄦、䤈、䣰几种写法。总的来说这一条资料、结论,马氏都没有超越段玉裁。另外,马氏所引䤈字,原刻误,中华书局校点本失

---

① 〔宋〕吕祖谦撰《吕氏家塾读诗记》,上海:上海书店,1984年,第201页。
② 〔清〕段玉裁《说文解字注》,第291页。
③ 〔清〕段玉裁《诗经小学》卷一,《段玉裁全书》,第614页。

校,显然应是豅字。

【例21】《周南·汝坟》"遵彼汝坟"。瑞辰按:《尔雅·释水》"汝有濆",郭注引《诗》"遵彼汝濆"。《水经注·汝水注》引《尔雅》亦作"汝有濆"。……又《尔雅·释文》云:"濆,《字林》作涓,众《尔雅》本亦作涓。"(第64页)

今按:段玉裁《诗经小学》:

> 《尔雅》"汝为濆"注:"《诗》曰:'遵彼汝濆。'大水溢出别为小水之名。"《释文》:"濆,《字林》作涓,众《尔雅》本亦作涓。"①

《尔雅·释水》前有"汝为濆"("水自河出为灉,济为濋,汶为澜,洛为波,汉为潜,淮为浒,江为沱,遇为洵,颖为沙,汝为濆"),后有"汝有濆"("江有沱,河有灉,汝有濆"),②而郭璞注引《诗》"遵彼汝濆",所系乃前者,故马瑞辰所引前一"汝有濆",当校作"汝为濆"。

【例22】《小雅·巷伯》"骄人好好",《传》:"好好,喜也。"瑞辰按:《尔雅·释训》:"旭旭,憍也。"即《诗》好好之异文。好古通敊,从丑声,与旭从九声同。二字并许九切,故通用。《女曰鸡鸣》诗"旭日始旦",《释文》引《说文》:"旭,读若好。"亦旭、好同音之证。郭注《尔雅》旭音呼老反,则读近今音矣。(第663页)

今按,马瑞辰谓《尔雅》"旭旭"为《毛诗》"好好"之异文,颇觉突兀。段玉裁《诗经小学》:

---

① 〔清〕段玉裁《诗经小学》卷一,《段玉裁全书》,第607页。
② 《尔雅》,北京:中华书局,2016年,第63页。

按《尔雅》:"旭旭,蹻蹻,憍也。""蹻蹻"释《板》之"小子蹻蹻"也。"旭旭"《诗》无其文,郭音呼老反,是为《毛诗》"好好"之异文无疑。《匏有苦叶·释文》引《说文》"旭读若好",今《说文》作"读若勖",盖后人臆改。①

则是有资料,有论证,得出"旭旭"乃"好好"之异文的结论。应是马氏暗引段说。另外,段玉裁将"《释文》引《说文》'旭读若好'"系于《匏有苦叶》,马瑞辰则系于《女曰鸡鸣》。显然马瑞辰是错的,《女曰鸡鸣》并无"旭日始旦"句,该句见《匏有苦叶》。②

八

有些虽然也是"明引",但却有不尽不实之处。或明引中仍有暗引的成分;或将旧说归功于亲朋。

先看"明中有暗"。照理来讲,"明引"不仅要提到被引者的名字,还要将所引内容进行清晰标注,以明确显示被引者的贡献。然而马瑞辰明引段玉裁,有时并不肯完全归功于段玉裁,而是通过措辞巧为掠美。

【例23】《大雅·凫鹥》"凫鹥在泾",《笺》:"泾,水名也。水鸟而居水中,犹人为公尸之在宗庙也,故以喻焉。"瑞辰按:《诗》沙、渚、潨、亹皆泛指水旁之地,不应泾独为水名。段玉裁曰:"《笺》本作'泾,水中也',故下云'水鸟而居水中'。今本误作'水名'。"其说

---

① 〔清〕段玉裁《诗经小学》卷二,《段玉裁全书》,第630页。
② 〔汉〕毛亨传,〔汉〕郑玄笺,〔唐〕陆德明音义《毛诗传笺》,第49页。

是也。今按《尔雅》"水直波为泾",《释名》作泾,云:"泾,径也。言如道径也。"《庄子》"泾流之大",司马彪曰:"泾,通也。""在泾"正泛指水中有直波处言,非泾渭之泾。(第899页)

今按:关于"泾"字的释义,马瑞辰按语大致可以分三个部分:首先从行文之例指出疑点:"不应泾独为水名";然后援引段玉裁观点:"泾"的意思是"水中",不是"水名"(泾渭之泾);最后广引材料证成段说。似乎跟段玉裁有关的,只有中间一句。殊不知全部文字都是对段玉裁的改写和节引。《诗经小学》:

> 按此篇泾、沙、渚、溁、亹一例,不应泾独为水名。《郑笺》"泾,水中也"(今本误作"水名也"),故下云"水鸟而居水中",是直接"水中"二字。改作"水名",则不贯矣。下章《传》"沙,水旁也",《笺》云:"水鸟以居水中为常,今出在水旁,承上章在泾为言。"《尔雅》"直波为径",郭注言:"径,侹。"《释名》"水直波曰泾。泾,径也。言如道径也。"《庄子·秋水篇》"泾流之大,两涘渚涯之间不辨牛马。"司马彪云:"泾,通也。"义皆与此诗合。泾径字同,谓大水中流径直孤往之波,故《笺》云"泾,水中也"。因下章沙为水旁,故云水中以别之。①

不难看出,段玉裁"按此篇泾、沙、渚、溁、亹一例,不应泾独为水名",表述准确。马瑞辰改为"《诗》沙、渚、溁、亹皆泛指水旁之地,不应泾独为水名",反倒不通,因为"渚"不能说是水旁之地。《尔

---

① 〔清〕段玉裁《诗经小学》卷三,《段玉裁全书》,第640—641页。

雅》"水直波为径",广雅书局本作"俓",乃"径"的俗讹字,应据《尔雅》校作"径"。中华书局本失校。《伐檀》"河水清且直猗"马瑞辰引《尔雅·释水》作"水直波为径",不误。

再看"归功于亲"。如果执持某旧说者非止一人,应举何者之名?无疑当视时之早晚,而非人之亲疏。然而马瑞辰有时并非如此。胡承珙是马瑞辰进士同年,同治《诗经》,马瑞辰《毛诗传笺通释例言》明言二人"说多不谋而合,非彼此或有袭取也"。胡承珙身后出版的《毛诗后笺》,马瑞辰为之作序。有些地方段玉裁早有相同的说法,马瑞辰却标举胡承珙之名。

【例24】《大雅·韩奕》"鞗革金厄",《传》:"厄,乌噣也。"《笺》:"以金为小环,往往缠搤之。"瑞辰按:厄即軶字之省。《说文》:"軶,辕耑也。"《小尔雅》:"衡,軶也。軶上者谓之乌啄。"胡承珙曰:"'軶上'疑为'軶下'之讹。"《释名》:"楅,枙也,所以枙牛颈也。马曰乌啄,叉马颈,似乌开口向下啄物时也。"啄与噣古通用,《传》云乌噣,即《小尔雅》《释名》所云乌啄。噣,《释文》引沈音昼,是也。《正义》本讹作乌蜀,遂引《尔雅》"蚅,乌蠋"以释之,误矣。(第1008页)

今按:段玉裁《诗经小学》:

> 《说文》:"楅,大车枙也。"(《考工记》作"鬲",《说文》作"楅"……)"軶,辕前也。""軥,軶下曲者。"《左传·襄十四年》"射两軥而还"服注:"车軶两边叉马颈者。"杜注:"车軶卷者。"《昭二十六年》"射之中楯瓦。繇胸汰辀,軥入者三寸"杜注:"入楯瓦也。胸,车軶(胸即軥之假借)。"《小尔雅》:"衡,扼也。

扼上者谓之乌啄（当作'扼上也。扼下者谓之乌啄'）。"《释名》："马曰乌啄，下向叉马颈，似乌开口向下啄物时也。"戴先生释车軶谓之衡，衡下乌啄谓之軥，大车谓之輗、谓之鬲。按此诗作厄者，軶之假借。《传》："厄，乌噣也。""乌噣"即《小尔雅》《释名》之"乌啄"也（古啄噣通用……）。《释文》："噣，沈音昼。"是沈重读"不濡其噣"之"噣"。陆氏虽误引《尔雅》而云"噣，《尔雅》作蠋"，是陆尚未讹为"蠋"也……《郑笺》不用毛说，以厄为捲之假借，云："鋒革辔也，以金为小环，往往缠捲其辔"，合"鋒革金厄"为一事。《正义》乃以"噣"讹"蠋"，妄云："'厄，乌蠋'，《尔雅·释虫》文。厄，大虫如指，似蚕。金厄者，以金接辔之端如厄虫然。"其说致为无理。《尔雅》"蚅，乌蠋"字皆从虫，与《毛传》"厄乌噣"奚翅风马牛不相及。陆、孔之牵合，误甚……軶为正字，厄为假借。不识笺诗何以不知厄即軶也。①

马瑞辰关于"厄"字的资料和观点，皆来自段玉裁。中间引胡承珙说，段氏已先发之。马氏引文有脱误，《释名》"楇，……马曰乌啄，叉马颈……"，"叉马颈"前脱"下向"二字。《尔雅·释虫》今本作"蚅，乌蠋"②，段玉裁行文曰"字皆从虫"（意思是所讨论的"厄"与"噣"皆为虫旁），《诗经小学》刻工遂误将第二字"乌"也加"虫"为"蝎"。马瑞辰未检核《尔雅》原文，独因其误。

【例25】《郑风·风雨》"风雨潇潇"，《传》："潇潇，暴疾也。"瑞

---

① 〔清〕段玉裁《诗经小学》卷三，《段玉裁全书》，第646页。
② 《尔雅》，第86页。

辰按：《说文》有瀟无潇，瀟字注云："清深也。"水之清者多疾，《方言》："清，急也。"故引申之义为疾。《思玄赋》"迅猋瀟其膝我"，旧注："瀟，疾貌。"义同《毛传》。《广韵》一屋二萧皆有瀟无潇。胡承珙曰："明刻旧本《毛诗》作瀟，今本误作潇。犹《水经·湘水篇》'出入瀟湘之浦'，今亦讹作潇也。"今按瀟字入声音肃，平声同羞，转音宵，其字或借作萧萧。《楚词·九叹》"秋风浏以萧萧"，又《九怀》"秋风兮萧萧"，萧萧即瀟瀟之假借。后人不知萧有宵音，故妄增潇字耳。（第278—279页）

今按：段玉裁《诗经小学》：

> 《说文》："瀟，水清深也。"《水经注·湘水篇》"……出入瀟湘之浦"，用《山海经》语，又释瀟字云"瀟者，水清深也"，用《说文》语。今俗以瀟湘为二水名，且瀟误为潇矣。《羽猎赋》"风廉云师，吸嚊瀟率"，《西京赋》"飞罕瀟箭，流镝擂撮"，皆形容欻忽之貌，与《毛传》"瀟瀟，暴疾也"意正合。《思玄赋》"迅猋瀟其膝我"，旧注"瀟，疾貌"，李善引《字林》"瀟，深清也"。考《广韵》一屋二萧皆有瀟无潇。《诗》"风雨瀟瀟"是凄清之意，入声音肃。平声音修，在第三部，转入第二部，音宵。俗本误为潇，玉裁见明刻旧本《毛诗》作瀟。①

肃，中古为心母屋韵，上古在觉部；潇，中古为心母萧韵，上古在幽部；幽觉对转，从肃得声的瀟有入声、平声两读。这一条马瑞

---

① 〔清〕段玉裁《诗经小学》卷一，《段玉裁全书》，第616页。

辰虽然将段玉裁"平声音修"换成同小韵的"羞","转音宵"换成同小韵的"霄",但剿袭之迹仍十分显著,比如《广韵》一屋二萧皆有潚无潇",十多个字完全相同,二人分别措辞,不可能契合若此。而且"一屋二萧"并非当时研究古音的统一术语。按照《广韵》,其实是"三萧"("二萧"是平水韵的目次),排在"一屋"前面,故而顾炎武《唐韵正》曰:"橚,平声则音萧。今此字两收于三萧、一屋部中。"①另外,胡承珙所言,只是段氏所引、所论中的两句,马瑞辰不标注撰述在前的段玉裁,却标注为与自己私交甚笃的胡承珙,不妥。

九

尽管段玉裁在学术史上的地位明显高于马瑞辰,但是仅就《诗经》研究而言,马氏的《毛诗传笺通释》在今天的传播却比段氏的《诗经小学》要广泛得多,影响也大得多。

《毛诗传笺通释》中华书局校点本1989年出版以来,已重印7次,而四卷本《诗经小学录》和三十卷本《诗经小学》2015年才收在《段玉裁全书》,影印出版。

梁启超《清代学术概论》"经史考证":"其在《诗》,则有陈奂之《诗毛氏传疏》,马瑞辰之《毛诗传笺通释》,胡承珙之《毛诗后笺》。"②不曾提及段玉裁的《诗经小学》。夏传才《诗经研究史概

---

① 〔清〕顾炎武《音学五书》,《顾炎武全集》第三册,上海:上海古籍出版社,2011年,第814页。
② 梁启超《清代学术概论》,第48页。

要》综述《诗经》编订、传播和研究的历史,在"皖派对《诗经》训诂考据的重要成就"一节,对马瑞辰《毛诗传笺通释》的介绍占了最大的篇幅,段玉裁的《诗经小学》也不曾提及。①

可以说,在《诗经》研究史上,马瑞辰的身影在一定程度上遮蔽了段玉裁。由于马瑞辰没有做到"明引旧说",有不少他人的研究成果,被记在了马瑞辰名下。

【例26】《大雅·韩奕》"韩侯顾之"《传》:"顾之,曲顾道义也。"关于"曲顾"的具体情形,惠栋引证《列女传》和《淮南子》高诱注,段玉裁则补充了《白虎通》。段氏《诗经小学》曰:

> 惠定宇曰:"《列女传》齐孝公迎华氏之长女'孟姬于其父母,三顾而出,亲授之绥,自御轮三,曲顾姬舆,遂纳于宫。'《淮南子·泛论》'昔苍梧绕娶妻而美,以让兄。此所谓忠爱而不可行也'高诱注:'苍梧绕乃孔子时人,以妻美好,推与其兄。于兄则爱矣,而违亲迎曲顾之义,故曰不可行也。'"按《白虎通》亦曰:"必亲迎,御轮三周,下车曲顾者,防淫泆也。"②

值得注意的是,惠栋在引用《列女传》时,为了使所引内容更加明晰,第一句较原文稍有增益,并非原文,原文作"孝公亲迎孟姬于其父母"③。马瑞辰则曰:

---

① 夏传才《诗经研究史概要》,北京:清华大学出版社,2007年,第144—145页。
② 〔清〕段玉裁《诗经小学》卷三,《段玉裁全书》,第647页。
③ 〔清〕王照圆《列女传补注》,上海:华东师范大学出版社,2012年,第152页。

> 瑞辰按:《列女传》:"齐孝公迎华氏之长女孟姬于其父母,三顾而出,亲授之绥,自御轮三,曲顾姬舆,遂纳于宫。"《淮南子·泛论篇》高诱注言:"苍梧绕让妻于兄,违亲迎曲顾之义。"又《白虎通义》曰:"夫亲迎,御轮三周,下车曲顾者,防淫佚也。"是知古者亲迎有曲顾之礼。《正义》谓"既受女,揖以出门,及升车授绥之时,当曲顾以道引其妻之礼义",说与《列女传》《白虎通》所言曲顾合。《正义》又云:"本或曲为回者,误也。定本、《集注》皆为曲字。"是知《正义》释经云"韩侯于是回顾而视之",回顾亦曲顾之讹。道与导、义与仪古通用,《传》言"道义",即导仪也。(第1014页)

显然,《列女传》后的文字完全照抄段玉裁所引"惠定宇曰",中华书局标点本全部放在引号内,殊不知第一句惠栋有所增益,并非《列女传》原文。《汉语大词典》"曲顾"除了《诗·大雅·韩奕》毛传、郑笺之外,还引了《列女传》和《白虎通》。在引《列女传》时核对了原文:"汉刘向《列女传·齐孝孟姬》:'孝公亲迎孟姬于其父母,三顾而出,亲授之绥,自御轮三,曲顾,姬舆遂纳于宫。'"(按,"曲顾,姬舆遂纳于宫",当据陈金生标点作"曲顾姬舆,遂纳于宫"。)不过在词条的末尾却有注曰:"参阅清马瑞辰《毛诗传笺通释·韩奕》。"[1]《汉语大词典》将关于"曲顾"的考证归功于马瑞辰,殊不知关键内容其实来自惠栋和段玉裁。

---

[1] 汉语大词典编辑委员会、汉语大词典编纂处编《汉语大词典》第5卷,上海:上海辞书出版社,1990年,第7030页。

结　　语

马瑞辰对段玉裁的暗引，当然不限于本文所举的这些例子。我们主要讨论在暗引的同时出现错误，或者校点本存在问题的情况。

我们也曾反复思量，生怕厚诬前贤。也许马瑞辰只是随手摘记，忘了注明出处？又或是凭记忆引述，未及覆按原文？但是就前面所举的例子，比如【例25】来看，如果是随手摘记，缘何将"平声音修"改为"羞"，将"转音宵"改为"霄"？如果是凭记忆引述，缘何《广韵》一屋二萧皆有潚无潇"十多个字一字不差？况且，马瑞辰自己在《例言》中明确表示，"必先著其为何家之说，再以己说附之"，而同时期段玉裁、王念孙在引述旧说时似乎要严谨得多。因而本着《春秋》责备贤者之义，还是将我们在对读段玉裁、马瑞辰时看到的问题汇列成此文。唐突之处，请大家批评。

我们尽量使用"暗引""掠美"之类语义不那么直接的字眼，回避"抄袭"之类语义强烈的字眼。因为涉及的人是马瑞辰，一位在学术史上有着显赫地位的人。

"对于这些理校，斯卡利杰在其第二版中随心所欲地掠美。"这是A.E.豪斯曼《〈马尼利乌斯〉第一卷整理前言》中的一句[①]，我们翻译时小心地用了"掠美"一词，因为斯卡利杰是一流古典学家。豪斯曼原文是stole(偷窃)。

---

① ［英］A.E.豪斯曼《〈马尼利乌斯〉第一卷整理前言》，苏杰编译《西方校勘学论著选》，上海：上海人民出版社，2009年，第3页。

其实对一位学者学术规范上的指瑕，并不意味着对其学术水准的否定。马瑞辰无疑是清代最重要的朴学家之一，在《诗经》考证方面贡献了十分精彩的、大量的洞见。

段玉裁主要用力于《说文》，辨析字之本义，在考证《诗经》文本时往往也执着于字之本义。马瑞辰在通假问题上则更为宏通，很好地发挥了王念孙父子"因声求义，不限形体"的原则。尽管高本汉对马瑞辰"轻言假借"多所批评①，但是马瑞辰系联的大量资料，却为今天我们开展同源字考证提供了十分宝贵的线索。

不过，话又说回来，像豪斯曼《〈马尼利乌斯〉第一卷整理前言》那样，对一部典籍的文本考证史进行详细、中肯而又公允的述评，也是很有必要的。否则，即使像段玉裁这样的学术大家，也都不曾得到公正的评价。

除了恢复《诗经》考证史的本来面貌之外，对马瑞辰的暗引的调查和汇列，也将有助于《毛诗传笺通释》校点本的修订。搞清楚资料来源，才能发现马瑞辰的错误和问题。

朴学家马瑞辰也有其凡俗的一面。清代朴学家在《诗经》文本考证方面的贡献，当重加检讨。透过马瑞辰所看到的段玉裁，是片面的，被扭曲的。段氏的《诗经小学》尚未得到足够的重视。

本文曾在北京大学第一届中国古典学国际会议（2017年11月）上宣读，得到陈鸿森先生的指教，谨致谢忱。陈先生《段玉裁〈说文注〉成书的另一侧面：段氏学术的光与影》（《中国文化》2015

---

① 董同龢《高本汉诗经注释》译序："他曾不止一次的批评马瑞辰的轻言假借。"［瑞典］高本汉著，董同龢译《高本汉诗经注释》，上海：中西书局，2012年，第4页。

年第41期)一文指出,《说文》段注虽自足千古,但其中有剿袭他人之说者。愚以为,即使段玉裁曾有掠美之举,马瑞辰对段玉裁的多处暗引仍然是很严重的行为,大有失"正统派之学风"。2023年3月,苏杰谨识。

老马识途,曲园功臣

——评王华宝《诸子平议》新校点本

清末国学大师曲园先生俞樾在义理、考据和辞章几个方面都造诣深湛,撰述极丰。汪少华、王华宝主持整理的《俞樾全集》(凤凰出版社,2021年)凡三十二册,总计近千万字,为研读俞樾提供了新的标准文本。俞樾的考据学,是段王之学的殿军,又是章黄之学的始祖,在学术史上具有承前启后的重要意义,是从事古典校释和汉语史研究者学习的方法典范、取材的资料渊薮。俞樾的古典文本考据成就,举其荦荦大者,主要有《群经平议》《诸子平议》和《古书疑义举例》。居家防疫期间,学习了王华宝校点的《诸子平议》,鼎尝一脔,觉得校点精当,商略中肯,洵为曲园功臣,读来颇为受益,对俞樾的考据学和清代典籍校释札记文献的校点整理也有了新的认识。

一、整理者得其人

孙犁先生说:"古籍经过整理,总要进一步,但也要看整理者是什么人。"① 要整理好一部古籍,整理者需要熟悉作者当时的语言

---

① 《买〈世说新语〉记》,收入孙犁《耕堂读书记》,天津:百花文艺出版社,2012年,第180页。

文字、典章制度、风土人情，以及作者遣词造句的写作风格，还应当对文本在历史传承中的讹变的种种情形有充分的认识和了解。可以说，每一部典籍对整理者都有其特别的要求。《诸子平议》是对《管子》《晏子》《老子》《荀子》等十五种子书的文本进行校勘训释的札记体学术专著，广泛引证不同时代的多种文献。要整理好这样复杂一部书，对整理者有非常高的要求。

王华宝原为江苏古籍出版社的编辑，从事典籍整理出版工作迄今已逾三十年；后任教于东南大学，从事古典文献学教学科研工作。他曾参与中华书局校点本《史记》的修订工作，出版专著《〈史记〉金陵书局本与点校本校勘研究》。近年来专注于清代考证学的研究和相关经典文献的文本整理，出版《段玉裁年谱长编》，影印出版俞樾《春在堂全书》，还负责整理出版《王念孙集》《王引之集》。由王华宝来校点《诸子平议》，可谓得其人。另外，俞樾是章太炎的老师，王华宝曾受业于章太炎的入室弟子徐复先生。王华宝整理俞樾的考据学经典文献，隐然有一种学术传承的渊源。王华宝对《诸子平议》的校理，至晚开始于十多年前，当时他参与 2010 年度国家社会科学基金重大项目"《子海》整理与研究"，负责"俞樾《诸子平议》三十五卷"整理与研究。

尽管王华宝是整理《诸子平议》难得的人选，而且也进行了长时间的准备，但他在校点本《前言》中仍说："该书引文之多，涉及各种研究文献之广，对其是非讨论之复杂，标点断句之疑惑，令我大费周章。"这种临事而惧的态度、十年磨一剑的功夫，十分值得称道。

二、古典文本整理与现代文本整理

生活在19世纪末20世纪初的俞樾，与他所校释的《管子》《晏子》《老子》这些诸子之间，至少有一千八百年的时间间隔，他所拥有的诸子文本与诸子原始文本之间不知经过了多少次辗转传抄翻印。可以说，俞樾对诸子文本的校勘是典型的古典文本校勘。

《诸子平议》在俞樾生前迭经修订翻印，光绪末年《春在堂全书》刊本可以视为代表俞樾最终出版意图的文本。2010年王华宝将该本在凤凰出版社影印出版。应当说，今天对俞樾《诸子平议》的校勘整理与俞樾对诸子文本的校勘平议，性质有所不同。也就是说，尽管《诸子平议》对诸子文本的校释，属于古典文本校勘，但是今天我们对《诸子平议》的校释，却属于现代文本校勘。

从西方校勘学的观点看，古典文本校勘和现代文本校勘有着不同的问题处境，需要采用不同的方法。古典文本校勘的目标是"寻找作者失落了的手稿"，需要在众多存世证据的基础上，通过异文取舍，情境悬揣，逆溯传播过程中的讹变，以期抵达作者文本——亦即段玉裁所谓"底本"——"著书者之稿本"[①]。西方古典文本校勘所采取的主要方法之一是谱系法，以确定版本异文取舍的优先次序。现代文本校勘的宗旨则是在存世的多个作者文本之中，选取其中之一，即采取所谓底本法。按照格雷格《底本

[①] 〔清〕段玉裁《与诸同志书论校书之难》，《经韵楼集》，上海：上海古籍出版社，2008年，第333页。

原理》的论述①,底本只管辖非实质性异文,亦即通假字、异体字之类的异文,应从底本。

三、整理者的主要工作

王华宝对《诸子平议》的校点整理,以凤凰出版社《春在堂全书》本《诸子平议》,即作者最终校订刻印文本作为底本。因为作者定稿文本宛然在焉,所以没有必要进行全面的版本汇校。整理工作主要体现在三个方面:

(一)正文字之失误

尽管底本已是作者认可的最终文本("全书皆夫子手订",蔡启盛《春在堂全书校勘记》),但是仍然多有需要校正之处,大抵有以下三类:

一是"手民误植"。俞樾及门弟子蔡启盛称因"夫子事烦不及再校",遂校读全书,完成《春在堂全书校勘记》,刻入《全书》。王华宝除对蔡启盛《校勘记》多有采用外,自己也有不少校正,比如《管子平议》"盖后人不察文义而妄加",校注:"加,原误作'如',今改。"(第132页)《荀子平议》"杨注曰'佞,妥也',失之",校注:"妥,诸本同。然《荀子》杨注及《说文·人部》均作'安',疑'妥'为'安'字形近而讹。"(第305页)

二是"引文失检"。学术研究中引文极易出错,需要反复核对。

---

① [英]W.W.格雷格《底本原理》,苏杰编译《西方校勘学论著选》,上海:上海人民出版社,2009年,第161页。

俞樾当时没有我们今天如此方便的资料检核条件，当然会存在一些问题。

有些引文字有误漏。比如《管子平议》"下文曰'宪既布，乃致令焉'"，校注："乃致令焉，诸本同。疑'乃'字下脱'反'字。"（第10页）按，这是据《管子·立政》补。《管子平议》"又远蒙'事名五正名五'而言"，校注："五，参《揆度篇》原文，当为'二'之误。"（第139页）

有些引文出处篇目错乱。比如《荀子平议》"狂即㞷之假字，《说文·土部》'㞷，草木妄生也。从之在土上……'"，校注："土部，诸本同。然今本《说文·土部》无㞷字而《之部》有，疑'土'为'之'之误。"（第322页）又如《管子平议》"《诗·泮水篇》'实始翦商'……"，校注："实始翦商，此四字见《閟宫》，俞氏误引。"（第122页）

有些引文未注篇目。比如《荀子平议》"樾谨按：古得、德字通用。《周易》'上九。君子得舆'……"，校注："君子得舆，此文见《剥》卦。"（第352页）

值得顺便一提的是，这样的校注看似简单，其实很有意义。因为俞樾在学术史上的地位，《诸子平议》时见引用。比如朱承平《异文类语料的鉴别与应用》引此处俞樾之说，即作"《周易·上九》：'君子得舆。'"[1]如果依据新校点本，就不会有这样的错误。

三是"体例偶舛"。梁启超论校勘方法时曾说道："发见出著书人原定体例，根据他来刊正全部通有的讹误。"并以段玉裁据其总结的"义例"校正《说文》遭到攻击的例子，说明此类校法的危险。[2]

---

[1] 朱承平《异文类语料的鉴别与应用》，长沙：岳麓书社，2005年，第208页。
[2] 梁启超《中国近三百年学术史》，北京：商务印书馆，2016年，第275页。

不过在体例格式上的校齐，无疑是靠谱可信的。比如《诸子平议》各篇章首个条目下注出篇名章次，《商子平议》"名尊地广以至于王者，何故？名卑地削以至于亡者，战罢者也。(《画策》)"，校注："此句下原无篇名《画策》，据《商子》与本书体例补。"(第506页)

（二）明文本之句读

俞樾《诸子平议》底本没有句读标点。新校本加注新式标点是学术含量很高的工作。尽管考证文字中对作为讨论对象的字词是否加引号也没有严格一律，但是在断句上没有什么问题。能做到这一点洵非易事。王华宝说"标点断句之疑"曾令他大费周章，并非虚言。举例说明。

孙钦善先生《中国古文献学史》指出，俞樾"善于综合使用各种校法，尤其长于以小学校书，特别是据文义进行理校，因此多所发明"，举的第一个例子是《诸子平议》卷一《管子·立政》："五乡之师出朝，遂于乡官，致于乡属，及于游宗，皆受宪。"俞樾校曰："《管子》原文当云：'遂于官，致乡属，及游宗，皆受宪。'"具体考证分析很长，关于"遂于乡官"为何当删"乡"字，有一句考证，孙先生标点为：

> 夫受宪之后，即致令于君，则未反其乡，可知所谓官者，即在国中，不得有乡字明矣。①

"可知"二字属下。王华宝将这一句标点为：

---

① 孙钦善《中国古文献学史》，北京：中华书局，2015年，第1213页。

>　　夫受宪之后,即致令于君,则未反其乡可知。所谓官者,即在国中,不得有乡字明矣。(第10页)

"可知"二字属上,是也。前后两句之间并没有"由前者推知后者"的意思。"可知""明矣"是意思大致相当的措辞,往往联翩并用,论理考据,时见其例。如《毛诗正义·瓠叶》:"言古之人,贱者尚不以微薄废礼,则当时贵者行之可知。由上行其礼以化下,反驳今上弃其礼而不行也。今在上者尚弃礼不行,卑贱者废之,明矣。"①吕大圭《春秋或问》"葬桓王":"然比事而观,则葬诸侯不书公,葬天王亦不书公,文无异辞,则其为公不亲往也,明矣。……葬诸侯使卿,葬天王亦使卿,鲁之夷王于诸侯也,可知矣。"②王引之《经义述闻·春秋穀梁传》:"然则经八年之书司马司城,亦谓其专擅无君明矣。七年《传》曰:'称人以杀,诛有罪也。'此宋人杀其大夫司马,亦称人以杀,则有罪可知。"③

(三)定立说之是非

说到校勘,段玉裁有一段话时见引用:"校书定是非最难。是非有二:曰底本之是非,曰立说之是非。""何谓底本?著书者之稿本也;何谓立说?著书者所言之义理也。"④著书者所言义理之是非,一般认为并不属于校勘问题。

今天校勘《诸子平议》,却与我们从段玉裁那里得到的对校勘

---

① 〔汉〕毛亨传,〔汉〕郑玄笺,〔唐〕孔颖达正义《毛诗正义》,北京:北京大学出版社,2000年,第1095页。
② 〔宋〕吕大圭《春秋或问》,北京:商务印书馆,2017年,第75页。
③ 〔清〕王引之《经义述闻》,上海:上海古籍出版社,2016年,第1537页。
④ 〔清〕段玉裁《与诸同志书论校书之难》,《经韵楼集》,第332—333页。

的通常认识，有所不同。一是俞樾的意图文本，宛然在焉，底本之是非并不难确定；二是俞樾之立说，正关乎古代典籍校勘。对《诸子平议》提出商榷意见，是王华宝整理工作非常重要的一个方面，全书校记泰半篇幅是这方面的内容。

俞樾比起他所景仰的高邮王氏父子毕竟略逊一筹，长期以来没有得到足够的关注与深入的研究。不过近些年情况有所改观，对于俞樾的学术思想，对于他在典籍校勘训诂方面的特点、贡献和局限，甚至对于《诸子平议》一书，都有学者展开专门研究，出版了若干专著，如罗雄飞《俞樾的经学思想与经学研究风格》（电子科技大学出版社，2014年）、王其和《俞樾训诂研究》（齐鲁书社，2011年），以及李香平《俞樾〈诸子平议〉研究》（广东人民出版社，2017年）。王华宝不仅在《前言》对这些研究进行总结讨论，而且将这些学者关于《诸子平议》文本校释的个案新见，吸收到新校本中。

俞樾《诸子平议》对《管子》《晏子》《老子》《荀子》等十五种子书的文本进行校释，往往以《读书杂志》为对话语境。自其撰成以来，诸子文本校释已经取得了很大的进展。王华宝对照诸子新校本，参读王念孙《读书杂志》、于鬯《香草续校书》、孙诒让《札迻》、陶鸿庆《读诸子札记》等诸子校释文献，以论俞书之得失。有些书，比如于省吾《双剑誃诸子新证》，尽管在《前言》中未曾提及，但是在书中是有所引用的。

俞樾对诸子文本的校释，往往是依据他对上古汉语文字、词汇、语法的认识和理解。关于上古汉语文字、词汇和语法的研究，近几十年也有非常重要的进展。对此王华宝多有援引，以匡俞书之失。

整理者全面吸收了俞樾校勘训诂专题研究、诸子文本校释、上古汉语史研究、中古汉语史研究等几个方面的新成果,对俞樾的校释意见进行简明扼要的讨论。就这一点而言,新校点本可以说是《诸子平议》之"平议",在一定程度上刷新了诸子文本的校释现状。

四、清代考据著作的整理与研究

王华宝对《诸子平议》的整理,为诸子文本校释和俞樾相关研究提供了新的基础和新的线索,其对相关异文的处理和讨论,也启发我们对清代札记体考据著作的整理和研究中的一些问题展开思考。

(一)保存作者的"非实质性异文"

古典文本,比如诸子,原作者对异体字、通假字之类的运用习惯,我们今天已经无从确知。但是近现代文本作者的用字习惯,却是班班可考。段玉裁曾说:"今儒好用古字。凡讲小学,必宗《说文》……"[1]章太炎是出了名的好用古字,俞樾作为他的老师,显然也有这种倾向。孙钦善先生《中国古文献学史》指出:"俞樾在文字方面,墨守《说文》,祖述许氏。"[2]

西方现代文本校勘学将作者在单词拼写方面的个人习惯归为"非实质性异文"。格雷格在其经典论文《底本原理》中指出,对于

---

[1] 见〔清〕臧庸《拜经日记》,北京:国家图书馆出版社,2011年,第74页。
[2] 孙钦善《中国古文献学史》,第1202页。

手稿、校样等出版前文本依然存世的现代文本,应当遵从作者在异体字等方面的书写习惯,认为这是"底本法"的要义。由此而论,俞樾不同于今天用字规范的异体字、通假字的运用习惯,在文本整理时应当予以保留,必要时加注预以说明。另外,更为重要的是,俞樾的这种习惯,往往体现着他的文字学观点,有其不得不如此的道理。

王华宝新校本校记中,对俞樾此类"非实质性异文"多有揭示,为研究俞樾的用字习惯指示了新的线索。

比如《管子平议》"并传写者到之",校注:"到,通倒,全书多见。"(第96页)按:《说文》"倒"字为新附。《庄子·外物》"草木之到植者"注:"'锄拔反之更生者曰到植。'今字作倒。"①俞樾"宗《说文》",写古字,整理者出注而不改,是也。

又如《荀子平议》"樾谨按:杨注曰《周礼·廵人》……郑云'麷,熬麦,今河间以北煮種麦卖之名曰麷……'",校注:"種麦,今《周礼注疏》郑注作'穜麦'"。(第319页)

按:《说文·禾部》:"穜,埶也。""种,先種后孰也。"段玉裁注:"此谓凡谷有如此者。《邠风》传曰:'后孰曰重。'《周礼·内宰》注,郑司农云:'先种后孰谓之穜。'按《毛诗》作重,叚借字也。《周礼》作穜,转写以今字易之也。"段氏认为"種植"的"種"本字为"穜","先種后熟"因而籽粒饱满沉重者,本字为"種",《周礼》作"穜",是转写中的改易,非其旧也。由此来看,俞氏写作"種",或许是有意为之,并不一定出于疏失。

---

① 〔清〕朱骏声《说文通训定声》,武汉:武汉古籍书店,1983年,第321页。

此类"非实质性异文"也有个别未注出者。比如《商子平议》:樾谨按:"古每假萌为甿,《史记·三王世家》'加以奸巧边萌'……"(第511页)

今按:"假",各本作"叚"。《说文·又部》:"叚,借也。"段注:"人部假云非真也,此叚云借也,然则凡云假借当作此字。"① 根据《说文》,真假的"假"与"叚借"的"叚"判然相别。俞樾用"叚"字,是有意用本字。"奸",各本及《史记》作"姦"。据《说文》段注,奸本义为"奸婬",而姦本义为"姦邪"。② 这两个字都应当保存俞樾的写法。

还有个别地方的校改可以再斟酌。比如《商子平议》"昔汤封于赞茅"樾谨按:"……《汉书·地里志》……"校注:"地里志,《汉书》有《地理志》,当从改。"(第504页)

按:"理""里"古通用。王念孙《读书杂志·荀子·王制》"理道之远近而致贡"念孙按:"《小雅·信南山》传曰:'理,分地里也。'谓贡以远近分也。"《地理志》常写作《地里志》,如《三国志·蜀志·秦宓传》:"故《地里志》曰:'文翁倡其教,相如为之师。'"《说文·石部》:"碭,文石也。"段玉裁注:"《地里志》:梁国砀县,山出文石。"以上《地里志》皆指《汉书·地理志》。俞樾他书亦用《地里志》。《群经平议·尚书》"九江孔殷",樾谨按:……《正义》引郑《注》曰:"殷,犹多也。九江从山溪所出,其孔众多,言治之难也。《地里志》九江在今庐江浔阳县南,皆东合为大江。"③

---

① 〔清〕段玉裁《说文解字注》,上海:上海古籍出版社,1981年,第116页。
② 同上书,第626页。
③ 〔清〕俞樾著,王其和整理《群经平议》,南京:凤凰出版社,2021年,第97页。

（二）重建前代学者考据工作的学术史上下文细节

清代考据著作有其具体学术史语境。俞樾《诸子平议》效法王念孙《读书杂志》，当然以后者为其资料和问题的来源。俞樾后来所撰《古书疑义举例》，所举例子不少来自《诸子平议》。对《诸子平议》的整理和研究，在一定程度上能够对其学术史语境进行局部的重建和细节的还原，从而照亮一些具体的文本问题。

例如《列子平议》"孤犊未尝有母，非孤犊也"樾谨按："有母"下当更叠"有母"二字……因古书遇重字多省不书，但于字下作二画识之，故传写脱去耳。校注：此例又见于《古书疑义举例》卷六之七十二"字以两句相连而误脱例"，王其和认为，从致误原因上分析，此例当名为"因重文作二画而误脱例"更为合适。（第398页）

校注引王其和说，以《平议》和《举例》对同一文例的致误之由的不同解释，认为《平议》为优，对该例的拟名进行了颇为有益的讨论。

这样的例子，我们还可以再补充一个。《老子平议》"以正治国，以奇用兵，以无事取天下，吾何以知其然哉？以此"樾谨按：此数句当属上章，如《二十二章》曰"吾何以知众甫之然哉？以此"。《五十四章》曰"吾何以知天下之然哉？以此"，并用"以此"二字为章末结句，是其例矣。下文"天下多忌讳，而民弥贫"，乃别为一章，今误合之。（第199页）

今按：此例亦收入《古书疑义举例》卷七之八十五"分章错误例"。《举例》作"天下多忌讳，而民常贫"，各校点本无校。据《老子平议》，"常"字应为"弥"字之误。

《管子平议》"右执挟匕"樾谨按：……《易·震》"象辞，不丧匕

㘃"注……校注：彖辞，所引"不丧匕㘃"在今本《易·震》卦辞中，疑"彖辞"字有误。（第119页）

今按：校注是。俞樾所引旧注，并非全部引自原书，有些可能是未曾明言的二手引用。比如这里《易·震》"彖辞"的注，误同王引之《经义述闻·周易上》，很可能就是引用后者。通过这一类的具体考察，不仅可以让考据学著作之间的资料因袭关系有了确切的实例，同时也让一本书的校勘，有益于另一本书的校勘。《经义述闻》校点本可据《平议》新校本改正。

《淮南内篇平议》"汤武救罪之不给，何谋之敢当"樾谨按：当字无义，《群书治要》作虑，然谋即虑也。"何谋之敢虑"，义亦难通。当，疑蓄字之误。言救罪且不给，不暇更蓄他谋也。（第792页）

今按：俞樾不同意王氏父子的考证结论时，有时并未明言。比如这里的"何谋之敢当"，王念孙《读书杂志·淮南内篇》有考证曰："《群书治要》引作'何谋之敢虑'，是也。'虑'字隶书或作憲，因误而为'当'。"①当代学者驳俞樾之说，认为当从《群书治要》作"虑"，固然是也。不过如果揭明王念孙已有此说，补出这一学术史上下文细节，则可以对这一问题有更加清楚的认识。

（三）对前代学者的了解之同情

比起王念孙、段玉裁，俞樾的学术水准稍逊一筹，其具体考证值得商榷的地方亦复不少。不过正如王华宝在《前言》所说，《诸子平议》一书"仍不失为清末小学成就的代表作之一"。评价俞樾的学术贡献和水准，应当结合其治学的时代和条件，达成一种了解之

---

① 〔清〕王念孙《读书杂志》，上海：上海古籍出版社，2014年，第2272页。

同情。

我们在学习《诸子平议》的同时,顺便也学习了不少研究俞樾的论著。有些论著讨论俞樾考据学的局限,往往归结为方法论上的粗陋不科学。这样做恐怕有失武断。试想如果俞樾能够像我们一样拥有今天的大型语文工具书,拥有今天的资料检索条件,相信他的错误绝大部分都可以避免。评价古人时这种居高临下的武断,大概来自一种不自觉的"时代优越感"(chronological snobbery)。

英国古典学家 A.E. 豪斯曼在论及前代考据学家斯卡利杰时曾说:"据说校勘科学有进步,最轻佻的伪学者都学会了用很傲慢的口吻谈论'旧的不科学的时代'。""像斯卡利杰这样的人如果生活在我们这个时代,将会是比在那个时代更好的校勘家;但我们并不会仅仅因为生活在这个时代,就成为比斯卡利杰更出色的校勘家。"①豪斯曼的这些话显然也适用于俞樾。

姚维锐《古书疑义举例增补·小引》对俞樾《举例》表示赞叹:"老马识途,所以迢迪来学者,至矣!"②将俞樾对典籍的熟稔和条理化比作"老马识途",特别贴切。老马对山林路途的熟识,是一步一步走出来的。前辈学者对典籍的知识几乎都来自一本书一本书的通读,而不是像我们今天这样多是靠电子检索。享受着电子导航便利的我们,不应该觉得自己比前代的"识途老马"更加聪明睿

---

① [英]A.E.豪斯曼《用思考校勘》,苏杰编译《西方校勘学论著选》,上海:上海人民出版社,2009年,第39页。
② 姚维锐《古书疑义举例增补》,收入《古书疑义举例五种》,北京:中华书局,1956年,第275页。

智。那些"贯穴群书而会其通"①的清代朴学家无疑是更强大的存在。在 e 考据时代,我们不仅要熟练运用各种现代工具和技术,还要通过大量的阅读培养自己的学殖,让自己可以对接古人的知识系统,才能正确地校释典籍。可以说,朴学家的精神永不过时。

王华宝作为章黄学派的嫡系传人,其对《诸子平议》的整理,全面吃透相关文献,十年磨一剑,是对前代学者朴学精神的追步和继承,允称老马识途;其对俞樾的文本刮垢磨光,商略是非,成绩斐然,洵为曲园功臣。

(原刊《经学文献研究集刊》第二十九辑,上海书店出版社,2023 年,第 298—306 页)

---

① 梁启超《清代学术概论》,长沙:岳麓书社,2010 年,第 49 页。

李慈铭的字

　　李慈铭是晚清大家,被蔡元培誉为"旧文学的殿军"。现代出版物中关于他的名字——确切来讲,关于他的字——存在许多错误,不可不辨。李慈铭最初名模,字式侯,又字法长;后改名慈铭,字爱伯,或作㤅伯。需要说明的是,他前后有两套"名、字",有些书在提到他时简单地说:"李慈铭,字式侯,号莼客",就不大妥当。中国人的名和字之间是有联系的,"模""式"和"法"是同义词,"慈"和"爱"是同义词。特别值得注意的是,"爱伯"与"㤅伯"并不像"式侯"和"法长"那样是两个"字",而是同一个"字"的不同写法。

　　"㤅"是"爱"的本字。《说文》:"愛,行貌。"①"愛"为形声字,下面"夊",是义符,表示跟行走有关,上面"㤅",是声符。《说文》:"㤅,惠也。"②也是形声字,下面"心",是义符,上面"旡",是声符。大概很早就用"爱"来表示慈爱义,"㤅"于是就被废弃了,典籍中很少见到。但是李慈铭却更愿意将自己的字写作"㤅伯"。他这样矜奇好古,是有原因的。

　　李慈铭对段玉裁的学问极为服膺。在其三十二岁时日记中有

---

① 〔汉〕许慎撰,〔宋〕徐铉校定《说文解字》,北京:中华书局,1979年,第112页。
② 同上书,第219页。

曰:"是日买得段玉裁氏《说文》四帙。比年觅此,今日始得,可喜也。"①《说文》:"慈,爱也。"段玉裁改为"慈,悉也",并出注曰:"各本作爱,今正。"②因此李慈铭就将自己的字写作"悉伯"。其友朋弟子书札著述中也称其为"悉伯"。

不过"悉"终归是个极生僻的字形,排印时难以处理,从而产生了许多讹误。

或讹为"炁"。也就是说,上面"旡"不讹,下面"心"讹为由"火"字演变而成的四点。"炁"是"元气""精气"的"气",现在写作"气"。讹为"炁"者颇多,如时代文艺出版社2009年版郑振铎《文学大纲·近代卷》第307页"慈铭字炁伯",又如人民文学出版社2004年版邓绍基主编《中国古代戏曲文学辞典》第383页"李慈铭,字炁伯"。

或更在"炁"后加注拼音。中国社会出版社2008年版张志江编《中国古代游记名篇选读》第238页"李慈铭,字炁(qì)伯"。

或竟直接写作"气"。如吉林教育出版社1994年版刘孝严等编《中外文学年表》第808页"李慈铭,字气伯"。又如济南出版社2011年《中国学研究》第十四辑第238页所载文中录樊增祥对李慈铭的称谓作"气伯师"。

或讹为"忢"。也就是说,下面"心"不讹,上面"旡"讹为"无"。这两个字在楷书中字形相近,但在篆书中差别甚大。《说文》:"饮食气逆不得息曰旡。从反欠。"③"欠"字篆形是人朝前张口,"旡"

---

① 〔清〕李慈铭《越缦堂日记》,扬州:广陵书社,2004年,第1133—1134页。
② 〔清〕段玉裁《说文解字注》,上海:上海古籍出版社,1988年,第504页。
③ 〔汉〕许慎撰,〔宋〕徐铉校定《说文解字》,第181页。

字篆形是人扭头朝后张口,故曰"从反欠"。"旡"是"無"的奇字,《说文》:"王育说,天屈西北为旡。"①这句话可以理解为是在解说"旡"的字形,即"天"字右下(比照先天八卦图,右下相当于西北)一笔诘屈形成"旡"字。讹为"忢"的例子如黑龙江人民出版社1983年版吴海林等《中国历史人物辞典》第742页"李慈铭,字忢伯""李忢伯"。

由"忢"又进一步有各种讹变。

讹为"忾",如中国国际文化出版社2005年版李玉安等编《中国藏书家通典》第642页"李慈铭,字忾伯"。

讹为"憗",如香港天马图书有限公司2000年版《瑞安文史资料第19辑·孙诒让学记(选)》第165页"李慈铭,字憗伯"。

讹为"无心",如中国文史出版社2002年版华山编《鲁迅作品精选·杂文》之《三闲集·准风月谈·伪自由书》第198页脚注、《热风·华盖集·华盖集续编·华盖集续编补编》第353页脚注皆作"李慈铭,字无心伯"。

讹为"感"(大概是把"忢"误认为"感"的二简字"忎"),如东方出版社1990年版刘引泉主编《中国民主革命时期通史·上卷》第404页"李慈铭,字感伯"。

最后要指出的是,李慈铭的字还有讹为"暨"者,如中华书局2008年版赵柏田著《帝国的迷津:近代变局中的知识、人性与爱欲》第136页、经济日报出版社2008年版刘忆江著《曾国藩评传(下)》第748页,都作"李慈铭,字暨伯"。"暨"大概是"愍"之形讹。

---

① 〔汉〕许慎撰,〔宋〕徐铉校定《说文解字》,第267页。

根据《说文》,"㤅"为"悡"之古文,读为"爱"。

将"爱"写成本字"悡"或者古文"㤅",在抄写和版刻时代并不构成传播障碍,但在活字印刷时代,却会成为问题,因为缺乏现成的铅字。传播技术条件的变化导致文本字形讹变,这算是一个比较特别的例子。

卢敦基《彷徨歧路:晚清名士李慈铭》论及李慈铭考史的特点和专长在于"对'名'执着尤深":"举凡官名、谥号、避讳、地名等涉及'名'的内容,如果出现一点问题,他都极为敏感,马上能够指出问题所在,并提出他的推测和结论。所以他一辈子以'正名'自任。"①对于自己的名字,坚持写本字、写古文,应该也是出于同样的"执着"。只是他再也想不到,自己古意盎然的字,在现代出版中竟会出现这么多问题。

(原刊《南方周末·阅读》2017 年 4 月 27 日)

---

① 卢敦基《彷徨歧路:晚清名士李慈铭》,北京:社会科学文献出版社,2012 年,第 111 页。

《三重门》作者身份的语言学分析

韩寒被质疑有人代笔,到现在已经快两个月了。其间断断续续,我大致看了两方的主要论辩文字。质疑者有不少分析论证,有相当强的说服力。相比之下,韩寒的表现却令人大跌眼镜。由于手头的工作比较忙,一直没时间看韩寒父子的相关作品,不过,我心中的天平,已经向质疑者一方倾斜了。

新的学期开始了。这学期我有一门课是"西方校勘学概论"。"校勘学"英语是 textual criticism,也可以译为"文本鉴别学"。我打算把质疑韩寒事件作为一个个案与同学们分析讨论,于是找来《三重门》和韩仁均的有关作品,从质疑者的立场出发,进行比对分析。结果出乎我的意料。我心中的天平,开始向韩寒一方倾斜。

谁都无法证明?

面对代笔质疑,韩寒晒出手稿。质疑方说,手稿太干净了,不像创作稿;所以,即使笔迹是韩寒的,也不能证明文字是他撰写的。这种说法也不是没有道理。

最近,韩寒在接受《中国新闻周刊》采访时说,这是"谁都无法证明的东西","如果这个事情可以成立的话,那这就意味着,全中国只要看哪个作家不顺眼,然后就可以说,你的文章不是你写的,那这个作家就百口莫辩。作家这个行业很特殊,因为他们都是在家里写,对于一个作家来说,这种质疑成立的话,那这个作家就不用混了,我觉得他就直接完蛋了,他的职业生涯就不用继续了"。

这未免有点危言耸听。文本的作者身份,真的没有办法证明吗?

当然不是。近几十年,欧美各国有一个方兴未艾的边缘学科,叫"司法语言学"(forensic linguistics)。司法语言学家的主要工作之一,就是通过语言分析、文本鉴别,确定文本的作者身份。下面我先参考马尔科姆·库尔撒德(Malcolm Coulthard, 2004)的经典论文《个人语言特点和作者身份认定》(Author Identification, Idiolect and Linguistic Uniqueness)[①],对这一方面的理论和实践作一简单的介绍。

语 言 指 纹

语言学家解决作者归属问题的理论出发点是,在操同一种语言的庞大人群中,每一个个体的言说和写作,都有其独一无二的特点,英语叫 idiolect。

每一个人都有自己多年建立起来的一个常用词汇集合(或者叫常用词表)。这个词表,与其他人所建立起来的常用词表可加以区分。这种区分,不仅表现为每个人的词表所包含的词语项不相一致,还表现为每个人对不同词语项有着不同的偏好。

[①] Coulthard, Malcolm. Author Identification, Idiolect, and Linguistic Uniqueness. *Applied Linguistics*. Volume 25, Issue 4, 2004, pp.431-447.

打个比方。大卖场里的货物不下几万种,理论上我们都是可以选购的,也就是说,这是 open selection;但我们经常买的,也就不满一百种吧。这每一种选择(selection),都是出于我们的偏好和习惯,体现了一定的个性。单一的"选择"(selection),譬如有人每个月都会买雀巢咖啡,区分度不是很大,因为有不少人也会有同样的"选择"。可是,如果多个"选择"形成一个集合(co-selection),那么区分度就会很大,甚至是独一无二的。譬如经常买雀巢咖啡+涪陵榨菜+中华牙膏+绍兴黄酒+猕猴桃+喜跃猫粮的,整个大卖场记录里,恐怕就只有一个家庭。

"因而虽然从理论上讲,任意说话者/书写者在任意时间可以使用任意的词语,但在实际上会有典型性的个人化的好尚拣择。这意味着应该有可能设计出一种'语言指纹'的识别方法,换句话说,特定说话者/书写者在语言上所形成的印象是可以用来进行身份辨认的,就像签名一样。"[1]

把基于 co-selction 的个人语言的独一无二的特点(idiolect)称作"语言指纹",这很形象。但是,我们也应注意"语言指纹"与生理指纹之间的重要不同。

"生理指纹的价值在于,每个样品都是可以通过比对进行同一认定的,也是穷尽性的,也就是说,包含了对于个体身份进行同一认定所需要的所有信息。相比之下,语言样本,即使是很大的语言样本,也只能提供相关个人语言特点的非常局部的信息。"[2]因而

---

[1] Coulthard, Malcolm. Author Identification, Idiolect, and Linguistic Uniqueness. *Applied Linguistics*. Volume 25, Issue 4, 2004, pp.431-447.

[2] Ibid.

我们目前还不可能建立一个"语言指纹库",并在此基础上对争议文本进行比对检测。

虽说如此,但"语言指纹"的识别方法也不是全无作为。因为实际案例中常常有一些线索,可以将所要比对的文本样本局限在几个人(通常是两个人)之间,从而大大地简化了问题。实践中有一些通过"语言指纹"对作者身份做出同一认定的著名案例。

UNA 炸弹客案

美国有一个人,在 1978 年至 1995 年之间,每年一次,向多个地方邮寄炸弹,先后炸死 3 人,炸伤 23 人。最初看不出有什么规律,几年后 FBI 注意到,受害人都是在大学或者航空公司工作,因而取"大学"(University)和"航空"(Airline)的首字母,称神秘人为 UNA 炸弹客。

1995 年,6 家报刊机构同时收到自称是 UNA 炸弹客的人寄来的一个 35 000 词的文章,题目是"工业社会及其未来"。该人提出,如果文章可以发表,就停止邮寄炸弹。

1995 年 8 月,《华盛顿邮报》增刊发表了这一文章。三个月后,有一个人联系 FBI 说,从文章中的一处特别措辞来看,这个文章像是他十多年未见过的兄弟写的。他以前注意到这一措辞,印象深刻。FBI 通过搜索,在蒙大拿州荒野中的一个小木屋里找到并逮捕了这个人的兄弟。

这个嫌疑人叫泰德·卡茨斯基(Ted Kaczynski),1942 年生于芝加哥,极端环保分子。幼称神童,16 岁考入哈佛大学,后获得数学博士学位。25 岁被加州大学伯克莱分校聘为助理教授,两年后辞职，在蒙大拿州的荒野中的一个没有电没有自来水的小木屋里，过着野人一般的生活。

　　FBI在小木屋里发现了卡茨斯基所写的几篇文章，其中一篇是十年前在报纸上就同一主题发表的大约300词的文章。FBI分析专家认为35 000词的文章和300词的文章存在语言上的重大相似性，有相同的常用实词、虚词以及固定短语共12个：at any rate（无论如何）；clearly（显然）；gotten（得到）；in practice（实际上）；moreover（再者）；more or less（或多或少）；on the other hand（另一方面）；presumably（大概）；propaganda（宣传）；thereabouts（所在）；以及由词根 argu（"论-"）和 propos（"指-"）所派生的一些词语。于是专家认定，这两篇文章的作者是同一个人。

　　被告律师也请了一位语言学专家，这位语言学专家反驳道，这些相同的词语不说明任何问题，因为任何人在任何时候都有可能使用任何词语，所以词汇的重叠不具有甄别意义。

　　FBI专家用互联网搜索进行了检验。当时互联网的规模比现在要小得多，但即便如此，他们也发现了有三百万个网页包含这十二个词语中的一个或者多个。不过，当他们搜索包含所有这十二个词语的网页，却只得到69个；经过仔细考察，这69个网页都是《华盛顿邮报》那篇35 000词文章的网络版！

　　这一事实充分说明个人词汇选择集合的独一无二性，证明了利用这一个人语言特点对文本的作者归属问题进行司法鉴定的可行性。

　　这方面的案例还有不少，不过我觉得仅此一例已能说明问题。

　　下面我以《三重门》和韩仁均作品作为文本样本，对其常用词汇集合进行初步的调查和分析。

材料与调查

关于《三重门》的质疑，可以概括为两句话：一，韩寒可能不是《三重门》真正的作者；二，韩仁均是嫌疑最大的代笔者。我们先来检验第二句话。我们尽量多地搜集韩仁均公开发表的文字，将其作为文本样本，与《三重门》进行比对，看两者常用词汇是否一致。

这里列出我们所用的材料，并尽可能附上网络资源，以便大家检核。

《三重门》，16万字。来源：http://ishare.iask.sina.com.cn/f/6938109.html?from=like

韩仁均作品，约11万字。包括以下：

《说说我自己》，来源：http://blog.sina.com.cn/s/blog_4701280b0102e0eu.html

《儿子韩寒》，来源：http://msn.qidian.com/ReadBook.aspx?bookid=1338594

《捉鸟记》《黄主任的担心》《暗号照旧》，来源：http://www.douban.com/group/topic/27264737/

《难成眷属》，来源：http://club.kdnet.net/dispbbs.asp?boardid=1&id=8107705&page=1&1=1#8107705

《潇洒走一回》《小康村里好事多》《排队奇闻》《难得糊涂》《巧熄鞭炮声》，来源：http://www.tianya.cn/publicforum/content/free/1/2369122.shtml

《抢夺冠名权》《拿不出》《笨贼》，来源：http://www.tianya.

cn/publicforum/content/free/1/2368869.shtml

《临时爸爸》《争取》,来源:http://blog.sina.com.cn/s/blog_56e2963a010111up.html

《从留级到休学》《长在肚子上的西瓜秧》,来源:学术期刊网

《压在箱底的花棉袄》《养猪难卖》《罚款》《心灵感应》《两家人和一群鸡》(即韩仁均微博所谓"鸡不可失"),来源:期刊《故事会》《现代农村》。

通过对以上材料的调查比对,我们发现,《三重门》和韩仁均作品在常用词语的使用频率上有着非常明显的差异。以下是几个例子。

【没想到】《三重门》13例,韩仁均作品3例(其中1例是引用韩寒的话)。

《三重门》	韩仁均作品
1.**没想到**林雨翔天生——应该是后天因素居多——对书没有好感。 2.万**没想到**这位语文教师早雨翔一步失了节,临开学了不翼而飞。 3.雨翔发自肺腑地"啊"一声,问:"梁梓君,**没想到没想到**!你现在在哪里?" 4.雨翔望着星空,说:"其实我不想来这里,我也**没想到**会来这里。" 5.万**没想到**被林雨翔先用掉,只好拼了老命跑。 6.雨翔道:"**没想到**人这么少,而且虫那么多——" 7.学生都为之一振,万**没想到**钱校长道:"但是,我还要强调几点……"	1.《儿子韩寒》:"**韩寒**说,我只是看到它很好玩,**没想到**它会拉屎,要是它不拉屎多好。" 2.《难得糊涂》:"他更**没想到**,通过这次照相,自己又学到了文化馆摄影老师没有传授的本事。" 3.《小康村里好事多》:"**没想到**村民们怎么也不答应。"

续 表

《三重门》	韩仁均作品
8. 雨翔大大地窘迫,**没想到**自己已经酸到这个地步。 9. 钱荣**没想到**"哭妹"真哭了。 10. (社长)说:"好!**没想到**!你太行了。你比我行!" 11. **没想到**万山大惊失色。 12. 我做得一点兴趣都没有,睡了一个钟头,**没想到**还能及格! 13. 钱荣说:"**没想到**啊,一个男的深情起来这么……"	

【谁知】《三重门》1例,韩仁均作品15例。

《三重门》	韩仁均作品
1. "**谁知**谢景渊道:'老师凶点也是为我们好……'"	1.《儿子韩寒》:"**谁知**这天韩寒正好丢了钥匙,结果这天他在房门外的楼梯上蜷缩了一夜。" 2.《儿子韩寒》:"**谁知**他倒是一样东西都没有丢失。" 3.《儿子韩寒》:"**谁知**'好好吃'太不易了,第二回重蹈覆辙。" 4.《儿子韩寒》:"**谁知**韩寒中午放学到我的办公室时挺高兴,似乎不计'前嫌'了。" 5.《儿子韩寒》:"**谁知**护士见状说,手掌跟部会更痛。" 6.《儿子韩寒》:"**谁知**韩寒竟奇迹般地走了过来,居然会走路了。" 7.《儿子韩寒》:"**谁知**,韩寒向老师借来笔和纸,马上画了一幅画。"

续　表

《三重门》	韩仁均作品
	8.《黄主任的担心》："**谁知**刚伸出一半,里面就'呼'地蹿出个什么来,差点撞上黄主任的头。" 9.《难成眷属》："**谁知**那小手用劲往回一缩,传来'哇'地一声哭叫。" 10.《难成眷属》："**谁知**今天竟因为小珊失散而又和肖丽意外地相见了。" 11.《难成眷属》："**谁知**老太太好事做到底,实行一条龙服务。" 12.《排队奇闻》："**谁知**道小伙子一个转身又回到女同胞的队伍里。" 13.《难得糊涂》："**谁知**这时从人群中挤出一个人来。" 14.《养猪难卖》："**谁知**收猪的汉子突然蹦出一句话来:'这猪不收!'" 15.《小康村里好事多》："**谁知**市里这回却认真了起来。"

副词【光】《三重门》11例,韩仁均作品 0 例(有 1 例,是引用他人作品)。

《三重门》	韩仁均作品
1.**光**专家头衔**就**有两个。 2.梁梓君说这种信纸不用写字,**光**寄一张**就**会十拿九稳泡定。 3.林父**光**家教**就**请掉五千多元钱,更将雨翔推上绝路。 4.市南三中旁**光**明目张胆的电脑房**就**有五家。	1.《儿子韩寒》:"你可别**光**盯着黑板,考虑什么中心呀选材呀,你得仔细打量一下讲台上的语文老师。" (备注:这是引用 2000 年第 8 期《少年文艺》载广东兴宁一中

续 表

《三重门》	韩仁均作品
5. **光**上课下课**就**十来万字。 6. 可见思念之情**不光**是存在于头脑之中还存在于脚上,心有所属脚有所去。 7. 人不能**光**靠爱活下去。 8. 雨翔笑道:"**光**你挤出的汗也够我洗个淋浴!你受得了?" 9. 雨翔听了暗笑,道:"他们**光**身上的衣服都要二三百块钱一件呢。" 10. 钱荣说:"**光**读书不能称鸿儒……" 11. **光**凭这点,它应该在中国文学史中占一席之地!	**林苑宁**同学写的《教你作文——有感于应试作文》。)

【不幸】《三重门》22 例。韩仁均作品 0 例。

《三重门》	韩仁均作品
1. 后来**不幸**收到出版社的退稿信函。 2. **不幸**财力有限,搬不远。 3. **不幸**坏马吃回头草这类事情和精神恋爱一样,讲究双方面的意愿。 4. **不幸**估计不足,差点跳水里,跟跄了一下。 5. **不幸**被一个国家先用了。 6. 那才女收到雨翔表哥的文约,又和雨翔表哥共进一顿晚餐,**不幸**怀春,半夜煮文烹字,终于熬出了成品。 7. 梁梓君硬是加快速度,终于有了临产的感觉,却**不幸**生下一个怪胎。 8. 梁梓君**不幸**误以为林雨翔是个晦迹韬光的人,当林雨翔还有才华可掘。 9. **不幸**掷艺不精,扔得离目标相去甚远,颇有国家足球队射门的英姿。	

续　表

《三重门》	韩仁均作品
10. **不幸**老 K 平日树敌太多,后排两个被他揍过的学生也虎视眈眈着。 11. **不幸**"丰富生活"的口号仿佛一条蛔虫,无法独立生存,一定要依附在爱国主义教育上。 12. **不幸**随着时间的推移,这笑脸变成不稳定结构,肌肉乱跳。 13. 林雨翔握紧拳,刚要张口,终于**不幸**,大坏气氛的事情发生了,Susan 早雨翔一步,说:"有什么事吗? 没有的话我回家了?" 14. **不幸**忙中出错,原来空出一块地方准备插一幅图,事后遗忘。 15. **不幸**的是慕名来靠这座山的人也越来越多。 16. **不幸**的是雨翔误入歧途。 17. 两节数学课还算是数学老师慈悲为怀,隔壁二班,抽签**不幸**,碰上一个数学班主任…… 18. 雨翔始料未及,**不幸**考了个鲜红,四十五分。 19. 免得说起来是**不幸**被动被甩。 20. **不幸**的是对钱荣垂涎的女孩子大多都骚。 21. 钱姚斗得正凶时,林雨翔**不幸**生了在市南三中的第一场病。 22. 林雨翔天生不会嘲讽人,说:"你的英语真的很不错啊。"理想的语言是抑扬顿挫的挖苦,很**不幸**,情感抒发不当,这话纯粹变成赞扬。	

【这人】《三重门》26 例,韩仁均作品 0 例。

《三重门》	韩仁均作品
1. 林雨翔**这人**与生俱有抗议的功能,什么都想批判。 2. 林父**这人**爱书如命。	

续 表

《三重门》	韩仁均作品
3. 说雨翔**这人**"正复为奇,善复为妖"。 4. 林雨翔觉得罗天诚**这人**的性格很有研究价值。 5. 林雨翔心里在恣声大笑,想**这人**装得像真的一样。 6. 林雨翔暗吃一惊,想难怪**这人**不是大雅不是大俗,原来乃是大笨。 7. 你**这人**也太自私了。 8. 卡夫卡**这人**不仅病态,而且白痴。 9. 说牛炯**这人**文章不好就借什么"东日""一波""豪月"来掩饰。 10. 牛炯**这人**凶悍得很。 11. 你**这人**脑子是不是抽筋了! 12. 背后骂林雨翔**这人**自私小气。 13. 林雨翔突然想**这人**也许正是"鲁迅文学院"里"走出"的可以引以骄傲的校友。 14. 林雨翔拍手说:"好! **这人**的下场就是这样的!活该!" 15. **这人**是学校副校长兼政教处主任。 16. 第二个讲话的是体育组教研组长刘知章,**这人**不善言谈。 17. 使钱荣**这人**更显神秘。 18. 不相信林雨翔**这人**如此多灾多难。 19. 还有一派前卫的文笔,如"**这人**真是坏得太可以了,弄得我很受伤"。 20. 谭伟栋**这人**似乎被一号室的感化改造了。 21. 雨翔对**这人**早已好感全无。 22. 万山**这人**虽然学识博雅。 23. 雨翔"哇"了一声,说**这人**写的情书和大学教授写的散文一样。 24. 雨翔深知钱荣**这人**到结账时会说没带钱。 25. 而且钱荣**这人**比美国政府还会赖债。 26. 为了让学生了解 Bell **这人**,无谓把 Bell 拼了一遍。	

分析与结论

【没想到】和【谁知】在语义上有交叠。《三重门》和韩仁均对于这两个词语的使用,此长彼消,在一定程度上互为补充,显示出不同的词语偏好。

副词【光】、【不幸】、【这人】,《三重门》用得很多甚至有点滥。比如有几例"不幸",改为"怎奈"可能更恰当;有几例"这人",完全是冗辞。相比之下,韩仁均作品中这三个词语用得极少甚至几乎不用(现有材料未见用例)。这应当是韩仁均与《三重门》作者在常用词表方面的显著差异。

两点说明。第一,韩仁均作品和《三重门》都是叙事文字,所叙述的内容、所反映的生活有相当大的重叠面,语言具有很强的可比性。

第二,《三重门》和韩仁均作品都是公开发表的文字,中间都有编辑过手。编辑的影响(如果有的话),主要是减少文本语言的个性而不是相反。我们可以对编辑因素不予考虑。

从韩仁均作品与《三重门》在常用词表上的不同和偏好,我们可以初步得出结论,排除韩仁均代写《三重门》的可能性。

当然,我们调查的范围绝不仅限于这几个词。之所以列出这几个词语,是出于以下三点考虑:第一,这几个词语比较典型;第二,我有其他的用意,这个后面会谈到;第三,这几个词语已足以说明问题。在司法鉴定中,排除比认定同一要容易得多。用DNA(区分度很高)进行同一认定,也只是表述为99.99%,但血型(区分度很低)的不同,就可以直接排除嫌疑。

在对《三重门》和韩仁均的不同用语习惯进行局部的揭示之后，我们用备受争议的韩寒新概念作文做个检验，看看更接近哪一个。

如前所说，【没想到】、副词【光】、【不幸】、【这人】，这四个词语在《三重门》中频频出现，在韩仁均作品中却极少甚至几乎不出现。经过检索，我们发现，这四个词语在篇幅不长的韩寒"新概念"作文中却出现了三个，具体如下：

《书店（一）》："**光**介绍什么叫'猪'**就**用了六七页。"

《书店（一）》："**光**画面质量**就**让人心寒——齐天大圣非人非猴。"

《书店（一）》："也有专门研究称谓的，告诉你女人无论老少，一律'小姐'，佩服自己怎么**没想到**，'小姐''大姐'乱叫。"

《杯中窥人》："作为一个中国人，很**不幸**得先学会谦虚。"

《书店（二）》："领头签名的人比较**不幸**。"

前几天，最早质疑韩寒的麦田在微博中说："《杯中窥人》和《三重门》是同一作者，并且，不是韩仁均。"我们的调查分析，印证了麦田的感觉。

那么，《三重门》的作者是不是现在写博客的韩寒？要在语言上进行同一认定，还要做进一步的调查分析。不过，经过初步的考查，我觉得，很有可能。这里仅举一例，以逗其绪。

【杀戮】

韩寒《我的2011》："我逐渐觉得，一个好的写作者在**杀戮**权贵的时候，也应该**杀戮**群众。"

关于"杀戮"这一措辞，网上的评论，有说"霸气外露"（《南方人物周刊》），有说"重口味"，总之，不同寻常。

百度了一下，用"杀戮"表示严厉批判的意思，似乎始于韩寒，也大致仅限于韩寒。

网络上使用"杀戮"一词的人也有一些,比如电子游戏"打怪",比如微博"拉黑",都有人用"杀戮",表示"灭"掉,使其不再在眼前出现。虽然被"杀戮"的对象是虚幻的东西,但是"杀戮"一词仍然是用其词典义项。用"杀戮"表示严厉批判,比起词典义项,则是拐了个不小的弯儿,非常特别。

《三重门》:"林父一时愤怒,把整个出版界给**杀戮**了,说:'现在什么世道,出来的书都是害人的!'"

《杯中窥人》:"李敖尚好,国民党暂时磨不平他,他对他看不顺眼的——**戮杀**,对国民党也照**戮**不误。"

另有网络校园小说缪歌《多种元素》:"慢慢地读了这些人的书,让我感触最大的是李敖。他对自己看不惯的——**杀戮**,就连国民党也在所难免。可谓前无古人后无来者。"但这显然是在韩寒《杯中窥人》相应文字的基础上进行的改写。

尽管搜集到的韩仁均的作品大概已占其所发表文字的 80% 以上,但这毕竟还不是穷尽性的调查。我的例证和结论,欢迎大家核对、质疑。随着材料的增多,我的例证有可能需要修正,甚至结论也需要重写。但是我相信,用这种语言学的分析方法,是可以对《三重门》以及相关作品的作者身份做出认定的。

结 束 语

这一事件走到今天这个地步,跟韩寒的应对不当有很大的关系。作为一个影响力巨大、享受了名声和利益的公众人物，面对质疑，应当诚恳认真地应对（Honesty is the best policy）。可是韩寒却悬赏用钱砸人，尖刻轻薄地嘲笑谩骂，或者用韩寒的话叫"杀戮"。几年前的网络骂战，韩寒一支健笔，曾横扫江湖；然而——

这人光杀戮，没想到不幸……

我从《三重门》中找出这十个字，求证真相。这十个字算是韩寒的文字胎记，也是暗示着这场文运劫数的谶语。我愿以此讽劝韩寒，请韩寒三思。

高晓松微博说，韩寒最近也意识到自己的膨胀，有许多反省。那我就再进一言：

救寒莫如重裘，止谤莫如自修。

（本文 2012 年 3 月 4 日发表于微博＠FDU 苏杰，
收入本集时核校了引文）

编按：

本文发表后在微博被转发数千次，并被转到天涯、凯迪等各大论坛，引起广泛讨论。《文汇报》2012 年 3 月 12 日发表《作家"代笔门"引出从语言学角度确定文本作者的方法——"语言指纹"断案靠谱吗》一文予以报道评论。期间我也曾应邀撰写文章《语言指纹：识别作者身份》，发表于《中国研究生》2012 年第 5 期。

2012 年 4 月 25 日广东外语外贸大学法律语言研究所网站有一则"要事传真"，题为"法律语言学研究生主持广外'五个一'工程学术沙龙"，翁金翠同学主持，法律语言研究所所长杜金榜教授出席:"她参考了复旦大学苏杰教授所写的文本分析文章和其他一些专业人士所写的语言分析文章,做了自己的思考并用个人语言特征分析和 DIA(语篇信息分析)的相关理论对韩寒早期作品《三重门》……及被指为韩寒"代笔"的韩仁均的《儿子韩寒》等作品进行交叉对比分析……得出了初步结论,即两个作品风格迥异,可以排除一人所为。"这算是法律语言学界对于这篇文章初步的关注和回应。

在编辑这本文集的过程中搜检资料,才知道翁金翠 2013 年 6 月在杜金榜教授指导下完成的硕士学位论文《文学作品的作者身份鉴别——语篇信息理论和个性言语特征视角》就是她前一年报告的扩充,论文关键词是:"韩寒'代笔'事件,《三重门》,争议作品,作者身份鉴别,语篇信息理论,个性言语特征。"出于某种考虑,翁金翠没有在题目中显示论文主旨在于分析《三重门》的作者身份,也没有提及"她参考了复旦大学苏杰教授所写的文本分析文章"的事实,整篇论文都没有提及我的名字。

我们的文章的核心内容:"这人""光""没想到""不幸",《三重门》中用得很多,但在韩仁均的作品中几乎不用;"谁知",韩仁均作品中用得很多,《三重门》中几乎没有用例;两相对照,说明《三重门》作者与韩仁均的语言特点有非常明显的差异。至于《三重门》作者是否就是网上写杂文的韩寒,我没有展开调查,只凭感觉举了"杀戮"一词的特殊用法一例,"以逗其绪"。最后以"这人光杀戮,没想到不幸"一句,讽劝韩寒。

翁金翠的论文完全袭用了我对"这人""光""没想到""不幸""谁知"等词语的分析和具体用例,略作删改,作为其论述的关键部分。至于具体是如何删改的,对照我们的文章和翁文列举"谁知"用例的半页,可以看出大概。

苏　文	翁文(第38页)
6.《儿子韩寒》:"**谁知**韩寒竟奇迹般地走了过来,居然会走路了。" 7.《儿子韩寒》:"**谁知**,韩寒向老师借来笔和纸,马上画了一幅画。" 8.《黄主任的担心》:"**谁知**刚伸出一半,里面就'呼'地蹿出个什么来,差点撞上黄主任的头。" 9.《难成眷属》:"**谁知**那小手用劲往回一缩,传来'哇'地一声哭叫。" 10.《难成眷属》:"**谁知**今天竟因为小珊失散而又和肖丽意外地相见了。" 11.《难成眷属》:"**谁知**老太太好事做到底,实行一条龙服务。" 12.《排队奇闻》:"**谁知道**小伙子一个转身又回到女同胞的队伍里。" 13.《难得糊涂》:"**谁知**这时从人群中挤出一个人来。" 14.《养猪难卖》:"**谁知**收猪的汉子突然蹦出一句话来:'这猪不收!'" 15.《小康村里好事多》:"**谁知**市里这回却认真了起来。"	(6)谁知韩寒竟奇迹般地走了过来,居然会走路了。 (7)谁知,韩寒向老师借来笔和纸,马上画了一幅画。 ——《儿子韩寒》 (1)谁知刚伸出一半,里面就'呼'地窜出个什么来,差点撞上黄主任的头。 ——《黄主任的担心》 (2)谁知那小手用劲往回一缩,传来'哇'地一声哭叫。 (3)谁知今天因为小珊失散而和肖丽意外地想见了。 (4)谁知老太太好事做到底,实行一条龙服务。 ——《结婚难得》 (1)谁知道小伙子一个转身又回到女同胞的队伍里。 ——《排队奇闻》 (1)谁知这时从人群中挤出一个人来。 ——《难得糊涂》 (1)谁知市里这回却认真了起来。 ——《小康村里好事多》

首先,翁文删掉了我们的第14例,从而将穷尽调查变成了抽样调查。其次,翁文将我们的统一排序改为不同篇目各自为序,却错把《黄主任的担心》和《结婚难得》排在了一起(需要说明的是,

《结婚难得》就是《难成眷属》,翁文在英汉切换中杜撰了一个篇名)。第三,翁文将篇名移至语例后,去掉语例前后的双引号,却忘记将句中的单引号恢复为双引号,从而导致其论文中引号用法前后不一。第四,我的笔误,比如第 8 例"里面就'呼'地蹿出个什么来"我原来把"蹿"错写成"窜",第 10 例"竟因为小珊失散而又和肖丽意外地相见了"我原来误脱"竟"字、把"相见"错写成"想见",翁文也都照抄不予检核。显而易见,按照学术规范,即使出注,也不允许这样的"参考",更何况其学位论文根本没有出注,完全当成自己的原创工作,是极其严重的抄袭和剽窃。

理性与实证

《〈三重门〉作者身份的语言学分析》一文贴出后,绝大多数网友认可这种方法,同意我的结论。但也有一些网友存有疑议。这很正常。一种新的理论和方法不是三言两语能够讲清楚,也不是一两篇文章就能解决所有的问题。既然是我提出的这个话题,我就有责任对这种方法的相关原则做进一步的说明,对网友们的疑问做出必要的解释。

回顾与补充

在上一篇文章中,我借鉴西方司法语言学"语言指纹"的鉴别方法,调查比对了《三重门》和我所能搜集到的韩仁均的作品。

所谓"语言指纹"的鉴别方法,其实就是通过个人语言特点(idiolect)对作者身份进行认定。欧美一些国家的语言学家对此有十分深入的研究。关于这种理论在实践中的应用,马尔科姆·库尔撒德(2004)说:"在刚刚过去的十年里,在几个国家的司法审判中,律师和法庭在关于作者归属争议的案件中要求语言学专家出庭作证的频率增长得非常快。"同时他也指出,尽管个人话语编码特点的独特性已经接近 DNA,"然而相比于 DNA 专家,语言学家有着自己的劣势,因为每个人都认为自己是语言专家",所以"语言学家宣称话语编码的独特性是远远不够的,他还得用一种让人易于理解的方式加以展示"。

在上一篇文章中,我曾用购物记录显示个人选择偏好来打比方,来说明个人词语偏好的现象。这里我们就继续借用这个比方,以便于大家的理解。

我们在对《三重门》和韩仁均作品所显示的个人词语偏好进行调查的过程中,以及在对相关结果的意义进行讨论的过程中,遵从了以下原则:

(一)文本样本的规模要足够大。

所调查的文本样本的规模要尽量大。至于多少字算足够,虽没有一成不变的标准,但几千字显然是不能说明问题的。这就像我们要通过购物记录来调查一个人的选择偏好,如果可供调查的购物记录长达一年以上,却只选择一两个星期的记录,显然就说明不了问题。

(二)不存在措辞选择余地的基本词语一般不能成为个人选择偏好。

既然说的是"选择"(selection)"偏好"(preference),那就首先要有选择的空间。譬如选举,如果只有一个候选人,那就不存在偏好和选择的问题。像"你我他""红白黑""高兴""尴尬""因为""所以"这些基本词语,每个人在需要的时候都会用到,一般不能成为个人选择偏好。所谓选择余地,简单讲就是,可有可无,可彼可此(英语叫 distinction without difference)。用购物来打比方,柴米油盐作为种类显然不存在选择偏好,而烟、酒、咖啡、茶叶,就有可能成为选择偏好。

(三)词语使用频率的个人差异一定要显著。

既然是个人词语选择偏好的差别,那么相应词语的使用频率的个人差异一定要十分显著,使用频率相差不大当然不足以说明问题。

(四)特殊性一般仅适用于所比对的对象之间。

如果我们只比对了两个人的文本样本,那么由此差异所显示出的特殊性只适用于两者之间。

按照以上原则,我们不加拣择地广泛搜集韩仁均公开发表的文字,共得到11万字,将其与16万字的《三重门》进行调查比对,结果发现,《三重门》和韩仁均作品在个人词语偏好方面存在明显的差异。择其尤者,以五个词语为例,列出词频对比如下(例句请见前文):

【没想到】——《三重门》中13例,韩仁均作品中2例;

【谁知】——《三重门》中1例,韩仁均作品中15例;

副词【光】——《三重门》中11例,韩仁均作品中0例;

【不幸】——《三重门》中22例,韩仁均作品中0例;

【这人】——《三重门》中26例,韩仁均作品中0例。

韩仁均作品(11万字)与《三重门》(16万字)在词语选择偏好上存在如此显著差异,很难认定为是同一个人所写。这也正好印证了最早质疑者麦田最近的说法:"《杯中窥人》和《三重门》是同一作者,并且,不是韩仁均。"由此我认为可以初步得出结论,排除韩仁均是《三重门》作者的可能性。

用新材料进行检验

近日网友@中财尚超 从中国国家图书馆拍到许多韩仁均作品的照片,放在其微盘上与大家分享,网址为 http://vdisk.weibo.com/s/3zDP1。我对了一下,我们之前未曾寓目的新材料有 10 篇故事,分别是《八年了》《蚕宝宝疑案》《饭店里的临时母亲》《狗打电话》《汗水流在哪里》《黄牛怪病之谜》《局长下乡》《辣嫂卖瓜》《老屋下有鬼》《捉"龙"记》,共计 2 万 7 千字。

我们上一篇文章所列出的《三重门》和韩仁均不同的偏好词语是否准确?新材料给我们提供了验证的机会。

由于是照片,无法检索,我们反复读了几遍,重点关注那五个词语。结果发现:

《三重门》中常用的"没想到"、副词"光""不幸"和"这人",在这 10 篇韩仁均作品中,一如在韩仁均其他作品中一样,几乎从来不用。在这 2 万 7 千字的新材料中,"没想到"0 例,副词"光"0 例,"不幸"0 例,"这人"0 例。

《三重门》几乎不用(仅 1 例)的"谁知",在前面调查过的韩仁均作品中经常出现(15 例),而在这 10 篇新材料中,同样保持很高的使用频率,共计 8 例,分别是:

1.《蚕宝宝疑案》:"家里正好忙,我想养些小虫总便当的,**谁知**差点闯了大祸。"

2.《蚕宝宝疑案》:"**谁知**没过几天,外婆家的蚕又出问题了。"

3.《汗水流在哪里》:"**谁知**又是好景不长,'文化大革命'深入了!"

4.《黄牛怪病之谜》："**谁知**一浪未平,又起一波。"

5.《局长下乡》："**谁知**村长没有讲起刚才的事,只是向局长介绍说:……"

6.《辣嫂卖瓜》："**谁知**,辣嫂见状争得在水中露着头大叫……"

7.《狗打电话》："可**谁知**电话里没有说话的声音……"

8.《捉"龙"记》："**谁知**那电话也好像有意和小超过不去……"

显然,韩仁均的语言特点是一贯的,始终与《三重门》的语言特点有着显著的差异。通过新材料的检验,我更加确信我们前面所得出的结论:韩仁均不可能是《三重门》的作者,所谓"中年猥琐男"只是个幻象,是我们在普遍失信时代的杯弓蛇影。

关 于 反 例

有网友评论说:"只选五个词的差异,太少了。"另有网友评论说:"他只选取了能证明他自己的样本,照他这种方法我完全可以也找五个词说他们俩都用啊。"

这其实都涉及所谓"反例"的问题。

正如上一篇文章所说,我们调查的范围绝对不限于这五个词。因为我们没有倾向,最初是尝试证明两者有着相同的个人语词偏好,企图进行同一认定。这是需要大量的例证的。然而在这个过程中我们发现了不少反例,故而得出现在这个结论。

在认定同一的时候,重要的差异,即使很少,也构成反例。但在排除同一的时候,再多的相同点,也不能构成反例。

譬如排查通缉犯,要进行同一认定,就得对照所有的细节:年龄、性别、身高、相貌、口音，等等。而要排除嫌疑就要简单得多，一两个特征不符，譬如性别不符，身高严重不符，就可以立即排除。

当然，词语偏好的差异不像性别差异那么明显，那么绝对，所以我们比对了二十几个词语，列出五个典型的例子，我们认为这已经能够说明问题了。

对于"可以也找五个词说他们俩都用"的说法，我的回答是，他们俩都用的词，别说五个，五十个，就是一百个也能找出来。这根本构不成反例。

用购物记录来打比方。现在所能搜集到的韩仁均的散见各处的作品，可以比作某个人（记作 A）现今能找到的全部（多年）的购物记录。《三重门》可以比作某个人（记作 B）连续一年的购物记录。

经过比对我们发现，B 一年里在经常买咖啡、香烟、酒和绿茶，偶尔买过一次红茶。A 多年的购物记录里经常买红茶，偶尔买绿茶，但从来没买过咖啡，没买过烟，没买过酒。据此我们认为 A 和 B 是有着不同生活习惯的两个人。

上面这个网友所说的"可以找五个词说他们俩都用"，就相当于说，虽然他们在烟、酒、咖啡和茶叶的选择上大相径庭，但他们都买大米、面粉、食用油、食盐、肥皂等等啊，怎么不是同一个人？

这显然很荒谬。

影响词频的因素

有网友评论说："同一个人对不同题材肯定在词汇的使用上不一样，同一个人就算对同一题材，由于态度不同、立场不同，对词汇的需求也不一样。况且所选取的这些词都是大众词汇,每个人都会用到。比如,《三重门》使用第三人称叙事法,跟用第一人称的小说比,对'我'的使用频率肯定不同。"

的确,影响词频的因素有很多。譬如"桌子"一词,在介绍家具的叙述文字中,当然会大量地出现。又譬如"我",在第一人称的叙事文字中出现的频率当然远远高于第三人称的叙事文字。

我们列出的五个个人偏好词语,基本上不会受到题材和叙事角度的影响。譬如有些人就只用"只",几乎不用副词"光",这种个人偏好,几乎不自觉地表现在所有叙事文字中。又譬如"不幸",是副词性的,已经虚化了的词语,反映的不是客观事实,而是叙事者对相关事实的主观感受。譬如"不幸财力有限,搬不远"一句,如果换个叙述者,可能会是"幸而财力有限,搬不远"。也有其他意思相近可供选择的词语如"怎奈""无奈",等等。在这种情况下,一个文本样本中"不幸"用得很多很滥,在另一文本样本中从来不出现,就显示出非常显著的个人差异。

有网友评论说:《三重门》是模仿钱锺书的《围城》,所显示出的作者词语偏好,都是受钱锺书的影响。

这是个很好的问题。

个人词语偏好不是天生的,是习得的。这个习得的过程就是模仿的过程。

上文所列的五个词语中,有些词语偏好与《围城》所显示的钱锺书词语偏好有重合之处,但也有显著的差异。

"不幸""这人"在《围城》中出现频率很高,《三重门》中这两个词语的高频出现,在很大程度上是受钱锺书的影响。

可是问题的关键在于韩仁均作品中没有发现"不幸"和"这人"的用例。

这就好比一个人在一段时间（一两年）内习惯于抽烟喝咖啡，不管他这习惯是自发形成的，还是效仿他人而形成的，都与另一个从来不抽烟不喝咖啡的人构成显著的差异。这种习惯的由来并不影响对习惯差异的认定。

上文所列的五个词语中，有一些与钱锺书的个人词语偏好有着显著的差异。

副词"光"在《三重门》中用得很多，在钱锺书《围城》中却未见一例。

在既可用"没想到"也可用"谁知"的地方，《围城》经常用"谁知道"（17例），这与韩仁均、韩寒的词语偏好都有显著的差异。

有网友评论说：个人词语偏好会随着时间的推移而发生变化，不注意这一点，得出的结论就会有偏颇。

这无疑是很有道理的。

我们在调查的时候充分考虑到时间对个人语词偏好的影响。《三重门》写作于1998年至1999年之间，按说我们只要比对韩仁均1998年至1999年的作品就可以了。但是，我们不加拣择地搜集了韩仁均发表的所有的作品（发表时间集中在1990年至2000年之间），加以比对。我们放宽了时间范围，这是更为严苛的比对，而不是相反。细想一下就会明白。

考虑到时间对个人语词偏好的影响，我们不能以同一个作家前后十余年的作品中存在细微的语言差异，就匆遽得出代笔的结论，尤其是《三重门》是模仿痕迹很重的习作——在语言上对钱锺书《围城》进行亦步亦趋、力求惟妙惟肖的模仿。

譬如《围城》"许多"和"很多"的比例为86∶13,《三重门》"许多"和"很多"的比例为52∶13,显然,《三重门》作者当时倾向于用更加书面化的"许多",是受钱锺书的影响。在韩寒后来的作品中,"很多"和"许多"的比重颠倒了过来,更倾向于用较为口语化的"很多"。我们就不能单凭这一点得出代笔的结论。

对"中国商军"的回应

"中国商军"的帖子是一篇随便炮制的恶搞骂帖,本来不值得认真回应。但是这篇帖子却被多次转发,被他的支持者当成是对我的分析构成有力反驳的强帖。这里也就顺便指出它的问题。

这个帖子分两个部分。第一部分他声称能用我的方法证明《儿子韩寒》不是韩仁均的作品。具体做法是,他挑了韩仁均三篇故事会作品,共计5千字,又选出几个词语,统计这些词语在这5千字作品中以及《儿子韩寒》和《三重门》中的出现频率。

按:这里的问题是:

(1) 文本样本规模太小,其所谓"韩仁均故事会"仅取了三个故事,共5千余字,显然不能说明问题。

(2) 随意所选的词语大多是基本词语,不能成为个人词语选择偏好。

(3) 词频个人差异不具有显著性,大多是0,1,2的差别,根本不具有区分意义。

第二部分"中国商军"声称能用我的方法证明《三重门》是老舍、周立波、赵长天等人写的,理由是他们的作品里也用"不幸""这人"和副词"光"。

这里的问题是:

(4) 违背了比较差异所显示的特殊性仅适用于比对对象之间的原则。

这就好比是,我说 A 从来不抽烟、不喝酒、不喝咖啡,而 B 却经常抽烟、喝酒、喝咖啡,所以 A 和 B 不是同一个人。"中国商军"却就此运用自己的"逻辑"得出结论说,C、D、E 也有抽烟、喝酒、喝咖啡的习惯,所以 B 可以是 C,可以是 D,可以是 E……

伯乐《相马经》说,良马的特点是有"高高的额头""鼓起的眼睛",……可他的儿子却以为只要有"高高的额头"和"鼓起的眼睛"的,就是良马,于是找到一只癞蛤蟆,说那就是他的千里马。

"中国商军"显然犯了同样的错误。

对南云楼先生的回应

南云楼的帖子,是比较认真的讨论,但也存在一些类似的问题。

南云楼从韩寒 2007 年至 2009 年的博客文字中挑出了共 7 千余字,与韩寒"新概念"参赛作文(也是共 7 千余字)进行比对,给出的结果是:"如此"在"新概念"作文中有 15 处使用,在他所选的 7 千字韩寒博文中没有出现;"因为"在"新概念"作文没有出现,在他所选的 7 千字韩寒博文中出现了 20 次。于是他说,按照苏杰的方法,可以由此得出结论,写"新概念"作文的人和写韩寒博客的人不是同一个人,可以证明韩寒有代笔。

这里的问题是:

(1) 文本样本规模太小,仅 7 千余字,不能说明任何问题。

(2) 2007 年至 2009 年韩寒发表博客文章何止数万字,从中挑出区区 7 千余字,也没有明确标准,未免有剪裁材料,凑成数据之嫌。

(3) 选的词"如此""因为"不是"可彼可此"的 distinction without difference,放在一起不具有对照意义。

(4) "因为""所以"是基本词语,不能成为个人词语选择偏好。

用购物记录来打比方。我所搜集到的 A 多年来所有的购物记录中没有咖啡,没有烟,没有酒,而 B 在某一年(在时间上被包括在 A 的"多年"里)的连续的购物记录里却经常性地买咖啡、烟和酒。所以我说 A 和 B 不是同一个人。

南云楼的逻辑则是:B 在几年前某一个星期的购物记录里有酱油,而在他(南云楼)所挑出来的几年后的某几天购物记录里都没有酱油,所以前后的 B 应该是两个人。

有人说这是"以子之矛攻子之盾"。可这实在构不成对我的方法和结论的有效反驳。

南云楼又提出,比分析偏好词语更可靠的方法是对"语言逻辑"的分析。

其所谓"语言逻辑",具有不小的主观空间。

这就好比老中医说,把脉比化验更靠谱。

也不能说全无道理,但请恕我不能苟同。

对石毓智博士的回应

3月4日我贴出《〈三重门〉作者身份的语言学分析》一文后,3月19日石毓智博士也开始用"语言指纹"分析韩寒代笔问题,连续发出多篇博文。他认为韩寒几部作品之间在叹词、语气词和疑问方式上存在差别,故而得出结论说韩寒作品分别由韩仁均、路金波和韩寒三人所写(网上转帖颇多,皆可参看)。石博士说,用同样的科学方法,却得出相反的结论,那是因为操作者的素质不同。

回答如下:

(1)石博士认为叹词、语气词等是"最内化的语言特征",但没有给出论证,我不知道其依据是什么。我的看法与其相反,我认为语气词是比较浅表的语言特征,原因有四:

首先,语气词、叹词游离于句子主干之外。

其次,语气词、叹词最易于模仿,比如港台腔给人的刻板印象就是"哇!……的啦"等,而《三重门》中有不少这类词语,就是对《围城》的模仿。

第三,编辑往往会改动语气词的写法。网友@中财尚超曾说,《三重门》不同的版本之间,语气词有较大的差异;石博士自己在《语言指纹鉴定韩寒4月1日的博文》中所指出的"干嘛要自杀"中的"嘛"字,在相应的《磊落》序言《写给张国荣》里就被改成了"吗"。

第四,容易模仿的语言特点也比较容易发生变化,同一个人相差十余年的作品,在语气词、叹词等方面有可能存在差异。

因此我认为,仅凭语气词之类的细微差别就匆遽得出代笔的结论,是不科学的。

(2) 石博士的论证,逻辑上不严谨。

譬如石博士从小说《他的国》中有些语言符合河南人说话的特点,就得出作者是河南人的结论,又从路金波是河南人,一下子跳到作者就是路金波的结论。

这些都是结论远大于证据,没有什么说服力。

(3) 石博士的数据,严重不符合实际。

石文"《他的国》用《三重门》不用的叹词"一节,共举了两个叹词,分别是"咦"和"哦"。石文说"咦"是河南话的特征,并以此作为《他的国》出自河南人路金波之手的一个证据。

按:"咦"绝对不是河南话特有的叹词,钱锺书《围城》里就有大量的"咦",共计 21 例。如:

"咦,headache——"

"题目是——咦,就在口边,怎么一时想不起?"

"咦!这不是卡片——"

……

石文说:"《三重门》虽然偶尔用一下'咦',但是使用频率远不及《他的国》高。"

按:其实《三重门》"咦"的用例并不少。如:

"咦,林雨翔,你不是说你不近女色的吗?"

"咦?侬——梁梓君!"

"咦,我今天回来怎么见到街上都是学生?"

"咦,这么怪的题目……"

"咦,对了,我怎么好久没见到你的钱大文人的大作了?"

石文说《三重门》没有用"哦",其实《三重门》有"哦"的用例。如:

"哦,我叫钱荣。"

"哦,原来是这样。"

石文说:"具有河南一带方言特色的特质疑问句。由'谁、什么、哪里、怎么'等特指疑问代词构成的疑问句,句尾经常加语气词'啊'。这一点《长安乱》与《他的国》完全一致,而与《三重门》完全不同。"

按:《三重门》中含特指疑问代词的疑问句后加"啊"的例子其实也有,如:

传的内容莫过于姚书琴问:"你会什么乐器啊?"

看见林雨翔就问:"你如何啊?"

石文"《长安乱》中的河南话内化语言特征"一节说:"在河南话中,否定词'不'与'了'构成固定搭配,表示婉拒对方的邀请,使用频率很高。这是一个很有地域色彩的表达。"

按:"不了"的说法,并不局限于河南方言,很多方言甚至普通话里也有,不能据此判定《他的国》和《三重门》是不同的作者。而且,《三重门》其实就有不少用例,如:

(雨翔走出失利阴影,留恋得不得了,说:"没关系的,可以晚上和文学社一起走啊,反正顺路。")"不了,我又不是文学社的人。"

(雨翔恨没有权力当场录取Susan,暗打马德保的主意:"马老师人挺好的。")Susan坚持说:"真的不了,我还有事呢。"

("下去走走吧。")"我不了,外面很冷。"

(钱荣问:"去消遣一下,泡网吧,怎么样?"……)"不了,我肚子有些不舒服。"

总之，石博士在理论上值得商榷，在论证上逻辑不够严谨，特别是在数据上存在严重失实，所以，他的结论不能成立。

理性与实证

微博不是适合讨论问题的平台。这里转发传播的，大都是一些情绪化的、口号式的信息碎片。在这个众声喧哗群情骚动的虚拟广场上发言，关键不是在于你是否"有理"，而是在于你是否"声高"——拥有百万粉丝，就相当于拥有巨无霸式的麦克风。在不假思索前来站队的粉丝们的欢呼簇拥中，"领袖"习惯于宣布"真理"，呵斥"异见"。英国大文豪、古典学家 A·E·豪斯曼《用思考校勘》有两段话，放在这里十分应景切题：

> 人们进入这个领域，带有他们自己的先入之见和偏好；他们并不愿意直面所有的事实，也不愿意得出最客观的结论，除非这个结论正好也是最符合他的既有的观点。
>
> 糟糕的是，读者往往有着与作者同样的偏见，非常乐于接受其观点，根本不会对其前提和推理过程予以检查。在巴格达的街头，站在一个木桶上大声说道："二乘二等于四，姜吃起来是辣的，所以穆罕默德是上帝的先知。"你的逻辑十有八九会逃过批判；如果不巧有人提出批评，你可以通过骂他是个"基督狗"，轻而易举地让他闭嘴。

如此作风，固然犀利，但显然跟理性和科学精神南辕北辙。真正理性的"真相追寻者",不仅搜寻符合自己设想的证据,也认真对待不符合自己设想的证据,保持开放的头脑,准备接受证据所呈现的任何结果,并且坦诚地说出自己最真实的想法。这才是真正科学的态度。真心希望我们能够摈除"科学家"的傲慢与偏见,回归科学的理性与实证。

(本文 2012 年 4 月 13 日发表于微博@FDU 苏杰)

编按:

李兰驰硕士学位论文《韩寒"代笔"事件文体分析方法批判》(2017,赣南师范大学)旨在对"代笔"事件的相关分析进行全面的梳理和讨论。在以《中国研究生》2012 年第 5 期发表的《语言指纹:识别作者身份》为依据介绍了我的相关分析后,李文引述石毓智 2012 年 3 月 30 日和 4 月 6 日在其新浪博客发表的文章《韩仁均和韩寒语言指纹鉴定》《语言指纹鉴定的科学性》、倍魄 2012 年 5 月 4 日在其新浪博客发表的文章《韩寒小说的语言指纹分析》,作为对我的分析的批评。这并没有如实反映当时论争的实际情形。一是当时实际发生影响的是我 3 月 4 日发表于微博的《三重门作者身份的语言学分析》,而不是同年 10 月发表在《中国研究生》的那篇文章。二是 4 月 13 日和 5 月 15 日我已经针对石毓智和倍魄的文章进行了认真而且充分的回应,终结了辩论,对方没有实质性的反驳。李文只字不提我的反批评,其综述貌似平衡,实则既不全面,也不客观。特收入这一篇和下一篇,以存其真。

耕 者 让 畔

近日质疑韩寒代笔的倍魄君发了一篇长微博,说是发现了我的语言指纹方法的漏洞,并且宣称找到了一种更"科学"的方法。此类文章,这大概是第六或第七篇了吧。倍魄君以前因为我排除韩仁均代笔嫌疑就得出韩寒清白的结论,曾写长文批评我"逻辑冒进"。我因为工作忙,没时间,同时觉得大家自有判断,所以就不想写文回应。后来看到倍魄说:"[FDU 苏杰]4 月 13 日发了挺韩的微博后,就在微博上消失了。可能是他也意识到了自己的方法同样能打败自己,可能他深入研究的结论是《长安乱》等那些韩寒小说必然是有代笔的。"这是非常严重的曲解。没办法,只好停下手头的工作,再写几句,回应倍魄君的两篇文章。予岂好辩哉,予不得已也。

用语言指纹方法确定作者身份,关键在于选词。关于选词的优先标准,我在《理性与实证》一篇中已有介绍,总结为八个字:可有可无,可彼可此,还特地用了一句英文:distinction without a difference。对于"可彼可此"的同义词语,我只考虑"或此或彼"(一个词频很高,另一个词频为零或接近为零)的极端选择偏好,不考虑"亦此亦彼"的所谓相对选择偏好。因为"亦彼亦此"的同义词频率对比的结果往往模棱两可,影响因素也较为复杂,分析时主观解释的空间太大，所以不予采用。

以酒类的选择偏好为例。我是将爱喝酒和从来不喝酒，以及只喝白酒或只喝黄酒等极端选择偏好作为考量个体差异的依据，倍魄的逻辑则是认为又喝白酒又喝黄酒的人在两种酒之间的次数对比更能说明问题：比如说某个人去年喝了60瓶白酒、40瓶黄酒，今年喝了40瓶白酒、60瓶黄酒，这叫偏好反转，这可以作为推断去年和今年喝酒的可能是两个不同的人的部分依据。这显然很成问题。

其实，试图用同义词频率对比来"锁定"韩寒代笔，倍魄并不是第一个。此前"中国商军"曾统计韩寒作品中"很多""许多"的频率对比。对此我在《理性与实证》一文中曾予以回应：这种论证因为没有考虑到《三重门》对《围城》的模仿，没有考虑到作者成长带来的语词偏好的改变，所以是不成立的。

倍魄给这种同义词频率对比的方法取了个名字，叫作"通用指纹"，当成自己的方法，而且宣称这种方法"要科学得多"。

对此，我很不以为然。

1. 倍魄的"通用指纹"的说法极为不通。

每个人的语言都有其独一无二的特点（idiolect），因而被形象地称为"语言指纹"，具体表现为在词汇、语法形式等方面的选择偏好集合（co-selection）。库尔撒德不主张用"语言指纹"这一术语，因为存在误导。我在3月4日《〈三重门〉作者身份的语言学分析》中也曾说明，"语言指纹"与生理指纹之间有着重要的不同。这样做，都是对言过其实的"忽悠"的本能排斥。

倍魄君显然喜欢"指纹"这个词，但对"语言指纹"的准确定义却不是很在意,居然提出了所谓"通用指纹"的概念。将独一无二的"指纹"冠以"通用"二字,如此措辞,就像说"鲜红的白色"一样,是 oxymoron。

2. 倍魄对同义词的认识很不准确。

倍魄说他的同义词对具备"完全同义""无歧义""可以在任何语境下互换使用"等特点。这显然有悖于语言学常识。

基本上没有"完全同义""可以在任何语境下互换使用"的词(所谓等义词往往会发展出细微的语义差别,或者其中之一被淘汰)。比如倍魄举的"居然"和"竟然",前者的语气就较后者为重,在有些语境中表示的意思有重要差别。

又比如倍魄所举"突然"和"忽然"。试问"很突然"能换成"很忽然"吗?"搞突然袭击"能说成"搞忽然袭击"吗?

"居然"除了"竟然"义项外,还有"显然""俨然"两个义项,也不是"无歧义"的。

还有,倍魄所谓"同义词对",许多并不具有排他性,比如"不仅"和"不光",就还有"不但"和"不只"与之"同义"。所以除非是极端的接近有和无的对立,彼此的相对频率对比并不能说明什么问题。

3. 倍魄说同义词使用频率对比是"稳定的",这个结论经不起核对。

我没时间一一核对,不过,网友已经指出了不少问题。

@密商 对倍魄"无视郭敬明的'经常'和'常常'这组词对出现波浪形的反转未作任何解释表示强烈不满"。

@太子港12345 说倍魄"你用了方方的两个中篇小说的数据

（而且还不准确），得出了方方是'居然型指纹'的结论。然后还反问'方方的哪部作品里只用竟然不用居然了？'给你指出了方方的另外两部中篇为例（方方小说《奔跑的火光》居然 0，竟然 7；《水随天去》居然 0，竟然 4），你却要求长篇了。'哪部作品'的意思居然而且竟然是'哪部长篇小说'？

4. 倍魄"断定《三重门》有多人参与写作和修改"，"根据"是"它对同义词几乎没有极端偏好"。这种说法完全不顾事实。

说有容易说无难。倍魄极为有限的调查就想得出总括的结论，太过武断。

语言特点是相比较而显现的。我前面的两篇帖子说过，在我调查过的韩仁均的所有作品中未见"不幸""这人"、副词"光"的用例，而这三个词语在《三重门》中极为常见，韩仁均作品中极为常见的"谁知"，在《三重门》中仅有一例。这些不仅是极端偏好，而且显示了《三重门》与其代笔嫌疑人之间在极端偏好上的显著差异。

5. 倍魄说根据苏杰的方法，可以立即宣布韩寒小说不可能是一个人所写。这种说法不值一驳。

倍魄说"在全知视角的小说中，会更多出现'不幸''没想到'这样的词汇"。这里请问倍魄君，韩仁均的文字，有哪几篇不是"全知视角"？

倍魄说，2010 年出版的《1988：我想和这个世界谈谈》中没有"这人"，所以它就和 2000 年出版的《三重门》不是同一个作者。

我在《理性与实证》中解释过，影响个人词语偏好的因素有很多，时间的推移会造成个人词语偏好的变化。

用我以前的比方。我的论证是，A 从 1980 年至今未见抽烟、喝酒、喝咖啡,B 在 1998、1999 年经常性地抽烟、喝酒、喝咖啡,所以 A 和 B 不是同一个人。

新情况是:虽然 B 在 1998、1999 年经常性地抽烟、喝酒、喝咖啡,但在 10 年后,B 有较长一段时间未见有抽烟。

一般人的推论是,B 的嗜好有所改变。倍魄的推论却是,前后的 B 肯定是两个人,并且认为据此还可以推翻我前面 A 和 B 不是同一个人的结论。

这显然很荒谬。

6. 倍魄和其他质疑者都说"苏杰的方法",这个实在不敢当。

根据个人语言特点确定作者身份的方法并不是我的发明,这是西方司法语言学实践多年的方法。这种方法虽然被形象地称为"语言指纹技术",但与生理指纹鉴定相比,却有着非常大的局限性,其可操作的前提是,嫌疑对象必须限定在几个人的范围之内。

按照韩寒出版《三重门》时的具体情况,代笔嫌疑人只可能是他的父亲韩仁均。为了与争议文本进行比对,我不加别择地收集韩仁均已发表的文字,总共有 14 万多字,与《三重门》进行对比,发现两者在个人语言选择偏好上有重要差异,不可能是同一个人所写。韩仁均不是《三重门》的作者。

我引用的文献,我使用的资料,都公布在前面的帖子里了,欢迎大家检验核对。是否科学,留给读者判断。又不是卖"科学"大力丸,用不着吆喝。

近日看到广外法律语言专业研究生翁金翠同学不仅用个人语言特征分析(即所谓"语言指纹分析"),而且用语篇信息分析的相关理论方法,对《三重门》和韩仁均作品进行了比对分析,认为"两个作品风格迥异,可以排除由一人所为"。(http://www1.gdufs. edu.cn/chinaflr/Article_Show.asp? ArticleID=1035)

7. 倍魄先在微博上征集路金波作品的电子版,并发出"要用语言指纹锁定韩寒代笔"的豪迈宣言。语言指纹研究十分复杂,必须综合考虑各种因素,而且不能带有成见,这样才有可能得出有效的结论。倍魄的宣言表明,他的这番研究,只是为了给已然确定的代笔结论寻找证据、寻找支撑而已。以如此心有成见、目空一切的气概进场做实验,固然能够赢得支持者的喝彩,可是中立的旁观者又能对其结论的客观和科学抱有多少信心?

8. 倍魄君像一头闯进瓷器店的公牛那样顾盼自雄,说汉语语言指纹还没有像样的研究,说苏杰的方法烂,说他自己的方法要科学得多。围观者众,相信大家自有公论。我本想付之一笑,不予回应。但是看到倍魄说我在微博上"消失了",因为我"深入研究的结论是《长安乱》等那些韩寒小说必然是有代笔的",我不得不再次说话。如此强大的定向解释能力,我深为叹服,但也真心不喜欢。

方韩论战以来,我总共发言三次,第一次和第二次之间相隔一个多月。一段时间不说话,这有什么奇怪的呢?

前面几篇长微博,我一直围绕着《三重门》一书的作者身份发言。现在我仍然坚信自己的结论,韩仁均不是《三重门》的作者,《三重门》的作者是韩寒。

对于韩寒其他作品,我始终未置一词,因为没有仔细研究过(如果研究过,早就可以像倍魄那样,排除路金波的代笔嫌疑)。我也不打算研究,一是没时间,二是觉得没必要。

9. 这里回到了倍魄最初对我的批评——"逻辑冒进"。

有人说,你的语言学分析只排除了韩仁均代笔的嫌疑,为什么说那是可以证明韩寒清白的证据呢?难道没有其他嫌疑人了吗?

试想一下,20世纪末上海郊区小镇上的一个中学生,如果其身为作家的父亲(这是质疑者提出的唯一的嫌疑人)都不是代笔者,那代笔者还可能是谁?难道非要将亲戚朋友老师同学一一检查,甚至将"长江七号"的可能性也一并排除?

又有人说,即使确定韩寒的成名作没有代笔,其他作品仍然嫌疑未除。

作品就像作者的孩子一样。现在一个人被质疑,说他的几个孩子都是别人的,因为他看着不像是有生育能力的人。尤其第一个孩子,以作者当时童稚之龄,是不可能生出来的。如今通过DNA分析鉴定,已经确定第一个孩子就是这个人的骨血,他是有生育能力的,就我而言,便已经相信了这个人的清白。有人说还要对老二、老三一直到老幺挨个检验一遍,这种事情我是绝对不会去做的。因为不知怎的,我想起了《飞狐外传·血印石》里的钟家小二。

在逻辑之上,还有道理。以前我说"江湖事,江湖了",就是出于对江湖道义和人心公理的理想化认识。

10. 古人说,耕者让畔。诚实的农夫,不会为了扩大自己的地盘在与邻人的边界上下功夫。我想,认真的辩论者,也不应该在模棱两可的地方做文章。对个人偏好词语的选定,应当尽量避开模棱两可的区域;对于他人的沉默,也不要总是从有利于自己的角度去过度解释。

关于《三重门》作者身份的语言学分析,我觉得前面几篇长微博已经说清楚了,所以不想再多说什么。我在微博上沉默,是因为工作忙。仅此而已。

(本文 2012 年 5 月 15 日发表于微博@ FDU 苏杰)

编按:

  第 6 部分提到广东外语外贸大学法律语言研究所硕士研究生翁金翠的比对分析。当时在其学校网站"要事传真"栏目读到新闻,说翁金翠"参考了复旦大学苏杰教授所写的文本分析文章……做了自己的思考并用个人语言特征分析和 DIA(语篇信息分析)的相关理论对……进行交叉对比分析……得出了初步结论,即两个作品风格迥异,可以排除一人所为",曾引为学界友军,为不能读到其文章而感到遗憾。该新闻网页犹在,谁知其 2013 年通过答辩的学位论文竟然全面剽窃我的文章,作为她的原创研究。以法律语言研究之名,行蔑法攘窃之事,名令智昏,一至于此。其导师法律语言研究所所长杜金榜教授,不顾其校方网站报道的他亲自参与的学术沙龙的基本事实,签名背书其原创性,令人瞠目。根据《中国法律语言学研究会第 12 期工作简报》,广东外语外贸大学青年学者翁金翠曾参加在吉隆坡召开的"国际法律语言学区域研讨会",做了题为"从 DIA 和 Idiolect 角度鉴别韩寒代笔事件中争议作品的作者身份"的发言,"引起与会者的浓厚兴趣和反响"。广东外语外贸大学法律语言研究所后来关于作者身份分析的研究生学位论文中每每将翁金翠的论文作为开创性的成功范例加以引述。恐积非成是,假将为真,特将以上三篇收入文集,以存事证,以肃学风。

从秀才到学究

出学校门进学校门,换过了几所学校,从学生变成了教师,没有改变的是读书人的身份。

"读书"是个耐人寻味的字眼。过去有所谓"渔樵耕读"之说。不事生产的读书,居然与打鱼、砍柴、种田并列,也成了一个行当,今天说起来未免有点心虚。

寻思读书与生产的共同点,其结果都是改变。不同在于,生产(比如制造)改变的是操作对象(原材料),读书改变的却是操作者本人(英语中把这称作 operational closure)。

检讨自己的秘密书架,回溯自己知识结构的形成过程,忽然有几分近乡情怯的犹疑,有几分贫士解衣的羞赧。

读万卷书,行万里路。人生就是阅历。柳青说:"人生的道路虽然漫长,但紧要处常常只有几步,特别是当人年轻的时候。"读书也是。一辈子读得的书虽然很多,但影响人生方向的常常只有几部,特别是当人年轻的时候。

影响我人生方向的第一本书是狄更斯的一部小说,书名叫《我们共同的朋友》。

中学时的人生理想是当一个小说家。因为世事洞明、人情练达的小说家,能够像神一样,创造一个真切的世界,让人阅历其间,若迷若悟。当时爱看翻译小说和古代小说,以为经过了空间和时间筛选,相对更为经典一些。偶尔读到王智量先生翻译的《我们共同的朋友》,对狄更斯一见倾服,心慕手追,写日记都模仿其风格。

后来高考报志愿时,尽管我为自己规划的未来是小说家,却对中文专业有些迟疑,觉得许多大作家都不是中文系出身。当时想起狄更斯是法律出身,幻想若能蹑其遗尘,遍观世象,或许在写作上也会有所进境,于是就报考了法律专业。就以这么个天真得近乎荒唐的理由,我进入了北京大学法律系。套用流行的句式,可谓"一读查理(狄更斯)误青春"。

在北大接受法学训练的同时,我得以放纵自己在文学方面的阅读兴趣,颇读了一些外国小说译本和中国古代小说。狄更斯的小说当然是几乎全部读了,其他印象比较深的如俄国的托尔斯泰、屠格涅夫和陀思妥耶夫斯基,法国的卢梭、雨果、巴尔扎克和福楼拜,美国霍桑、麦尔维尔、斯坦贝克、拉尔夫·艾里逊,等等。凡是觉得重要的作品都拿来读,做摘抄做笔记。后来又读了不少英文小说,觉得比较好读,反复读过多遍的,有《教父》和《傲慢与偏见》。为了挑选最值得读的作品,开始系统学习西方文学史,文学批评史。当时对一本小册子 E.M.福斯特的《小说面面观》学习得尤其认真,目标还是奔着小说创作去的。读中国古代文学批评著作也是如此,对金圣叹评点《水浒传》和《西厢记》尤为用心。由文学批评进而到美学,进而哲学,印象比较深的有泰纳的《艺术哲学》(傅雷译)、桑塔亚那的《美感》(缪灵珠译)、冯友兰的《中国哲学简史》。当然,由于学的是法学专业,也读了一些法哲学、法制史、法律思想史方面的经典著作。

就这样让自己的脑子成了各种文学、各种思想的跑马场,任其留下或深或浅的杂遝印迹。后来想系统地阅读文学、美学、哲学、史学各类经典著作,便先从"辨章学术,考镜源流"的目录学看起。读到张之洞《书目答问》的一段话:"由小学入经学者,其经学可信;由经学入史学者,其史学可信;由经学、史学入理学者,其理学可信;以经学、史学兼词章者,其词章有用;以经学、史学兼经济者,其经济成就远大。"①觉得找到了读书的次第与门径,于是决定先从被称为"小学"的语言文字之学开始。最早读的是王筠的《说文句读》和《说文释例》,然后是段玉裁的《说文解字注》和王念孙的《广雅疏证》。

当时与同宿舍的丁飞同学一起读中外名著,一起到琉璃厂中国书店淘国学书,一起买石头学篆刻。毕业后,丁飞同学成了一名检察官。而想要做一辈子学生的我则考取了汉语史的研究生,希望由小学出发,继续自己尽窥天下好书的纸上历险。

殊不知这起点竟成了终点,小学是我今天的专业。还套用那个句式,可谓"再读南皮(张之洞)误终身"。

研究生阶段,在接受语言文字学训练的同时,按照"由小学入经学"的路径,对经学也有所涉猎,主要是熟读、背诵了一些基本书,包括《大学》《中庸》《论语》《孟子》《诗经》,以及《尚书》《周易》的一部分。因为号称读书人,肚子里没有成篇的书(所谓"腹笥"),总觉得有点说不过去,而背诵这些书,是一百多年前读书人的最起码的要求。比如《红楼梦》里贾政要求:"只是先把《四书》一气讲明背

---

① 〔清〕张之洞编撰,范希曾补正《书目答问补正》,北京:中华书局,2018年,第286页。

熟,是最要紧的。"而贾宝玉则担忧盘算:"不过只有《学》《庸》《二论》是带注背得出的。至上本《孟子》,就有一半是夹生的,若凭空提一句,断不能接背的。"①

学习、背诵这些经典时,我用的是世界书局1936年据清代武英殿本合并影印、上海古籍出版社1980年代按世界书局本原大影印的本子。这些书,有朱熹的双行小字注,《尚书》则是蔡沈注。之所以用朱熹的注,只是因为那是明清之际主流知识阶层的必背内容,纯粹是从便于理解当时文献的角度出发的。当然,也参考清代以降各家的注,如马瑞辰《毛诗传笺通释》、程树德《论语集解》、焦循《孟子正义》、孙星衍《尚书今古文注疏》等,将自己觉得重要的内容批注在所读本子之上。时间久了容易忘记,大概每一两年都要再过上一遍。

后来对《三国志》文本进行考据时,体会到"由经学入史学"这句话在文献校释方面的意义。因为陈寿以及裴松之注中所引各家,对于基本典籍都是烂熟于心,各种引用触目皆是。如果不熟悉作者所熟悉的经典,在校点训释方面就会存在很多问题。

自己读书杂乱,进益不多,不过可以告诉年轻同学的是,前人所说的"由小学入经学,由经学入史学"的深造门径,我的切身体会是,古之人不予欺也。

有心栽花花不发。一心想当作家的法律系学生最终成了文献学者,终于把秀才作成了学究。阅读大量经典所启发的不是创作,而是述而不作。

---

① 〔清〕曹雪芹、高鹗《红楼梦》,北京:中华书局,2009年,第494页。

翻空出奇的文学创作与征实考信的文献整理似乎迥不相侔,不过兼而擅之者亦时或有之,甚至在更高的层面上创作能力亦为考据之资。

近几年从事西方校勘学、版本学理论著作的译介工作,读了一些西方考据家的著作,对英国诗人、古典校勘家A.E.豪斯曼甚为倾服。豪斯曼的才气、学问有点儿像钱锺书,既有脍炙人口的创作,又有令人叹服的考据,而且,即便是考据著作,也是出语精警,言辞犀利。人们对校勘的性质有着广泛的错误印象,许多人将文本校对当作校勘。校勘绝非如此机械。豪斯曼把校勘比作狗抓跳蚤,要求的是敏感与准确。他套用拉丁成语"诗人是天生的,不是教会的",说:"校勘家是天生的,不是教会的。"[1]也许在某种程度上,校勘与诗是相通的。校勘是在现有文本证据的基础上,试图准确理解、把握原作者的措辞命意。孟子说:"故说《诗》者,不以文害辞,不以辞害志;以意逆志,是为得之。"[2]而路德维希·比勒尔则说:"校勘家穿透作者的思想,想其所想,几乎与作者合为一人。他也许与后来发现的文献证据相矛盾,但即使如此,他也是像作者同时代的一个合契同情的亲密朋友一样对作品提出了有价值的意见。A.E.豪斯曼正是我们这一代所公认的这样一位校勘家,他是如此伟大的一位校勘家,因为,他是如此伟大的一位诗人。"[3]

由此看来,作为文献整理研究者,似乎也不必为自己时不时蠢

---

[1] 〔英〕A.E.豪斯曼《用思考校勘》,苏杰编译《西方校勘学论著选》,上海:上海人民出版社,2009年,第26页。
[2] 〔清〕焦循《孟子正义》,北京:中华书局,1987年,第638页。
[3] 〔爱尔兰〕路德维希·比勒尔《文法学家的技艺:校勘学引论》,苏杰编译《西方校勘学论著选》,第145页。

动的文艺的心而感到羞惭。

  去年曾参加一位颇负才名的文献学专业的硕士研究生的论文答辩。那位同学在后记中说,比那篇论文更能代表他三年心血的是他的一部长篇小说。我诚恳地表达了自己的羡慕之意,心头涌起了许多感慨。从秀才到学究,二十几年过去了,小说家的心并没有死掉,还在希望有机缘重拾旧梦。

(原刊《南方周末》2015 年 5 月 21 日)

后　　记

　　2014年曾将以前所写部分文章汇为一编,题为《中西古典语文论衡》,附骥于《六合丛书》。这次复旦大学古籍所成立四十周年征集撰著以为纪念,便借机将2014年以来十年间所发表的部分文字收为一集,向大家汇报请教,内容仍然是关于中西语文学的学习和研究,题为《中西语文学丛稿》,算是前集的续集。

　　这里的语文学,其实就是中国传统所谓小学,具体来讲包括古代语言研究和古代文献整理研究。与语文学相对应的英语单词是philology,也被译为文献学;甚至中文"文献学"这一学科名称,就是由近代日本人用以对译philology而来。"语文学""文献学"是philology之一体两面。东西方概念比较中所彰显的道理与中国"由小学入经学者其经学可信"的传统治学路径相互印证,隔海呼应。说详第一篇《语文学的精神是什么》。

　　当然,"语文学"一语,还有其他含义和用法。上海市有个语文学会,成立于1956年,是上海最早兴办的学术团体之一,其宗旨是"推动语文规范,提升城市精神",显然与我们所说的语文学有所不同。其所谓"语文学"更接近"语言学"。20世纪50年代上海学者的这种用法似乎并没有得到广泛的响应。比如就没有所谓"北京市语文学会""江苏省语文学会",而相应的全国性的组织叫作"中国语言学会"。

　　1990年上海古籍出版社"十大"系列丛书推出了《十大语文学家》,这十大家包括《说文解字》的作者许慎、《方言》的作者扬雄,以及清代朴学的代表人物段玉裁、王念孙等。书题"语文学"与我们所说庶乎近之。不过,这个20世纪90年代的用法隐隐然有这样一种意味:语文学是语言学的初级阶段,是所谓"前科学",有种马车之于汽车的技术过时落后的感觉。那时学界瞩目的专业奖项是"中国社会科学院青年语言学家奖",吴金华先生早年曾以《三国志》校诂系列论文获得该奖项,是他十分看重的荣誉。

　　那么我们古籍校诂方面是不是与时俱进,早已远迈前贤?恐怕并非如此。当年吴先生负责古籍所特色学科古典文献学的学科建设工作,有一次在向学校汇报工作时,有专家批评说,这做的还是乾嘉那一套。没等吴先生辩解,与会的朱维铮先生说,我们现在的问题是做不到乾嘉那一套。英国古典学家豪斯曼曾对类似的错误认识出言讽刺:"据说校勘学有进步,最轻佻的伪学者都学会了用很傲慢的口吻谈论'旧的不科学的时代'。"语言学并不能覆盖语文学。语文学家寝馈典籍,终身以之的精神,值得我们学习和发扬。詹姆斯·特纳《现代人文学科被遗忘的源头——语文学》一书对一源多流的学科发展历史进行了梳理和阐发,而保罗·德曼和萨义德的同题论文《回归语文学》,则从不同的角度指向了同一个方向。这些都提示我们,在理论中流连忘返的古典研究各路人马有必要在语文学的旗帜下再次集结,从传统学术中汲取力量。

后　记

　　将古代语言研究与古代文献整理骈行并进的两项工作（吴先生晚年论文集的题目就是《古文献整理与古汉语研究》），用稍嫌过时同时又略带舶来意味的"语文学"一语统而括之，并非矫情矜异，而是意在会通，希望为不同时空下名义纷歧的古典研究传统找到一个通用的概念接口，请读者放在中西比较、古今对照的语境下谅而察之。

　　过去十年间的研究工作主要围绕着所承担的全国高校古籍整理委员会项目"《歧路灯》整理与研究"和教育部人文社会科学研究规划基金项目"西方校勘学理论与方法研究"而展开的，为完成这两个项目所写的文章占了本集的绝大部分篇幅。

　　《〈三重门〉作者身份的语言学分析》等三篇是2012年韩寒被质疑代笔进而引发网络论战之际所写的文章，之所以阑入本编，是出于以下几点考虑：

　　一，这三篇文章用西方法律语言学的"语言指纹"方法考证争议文本的作者身份，内容契合本编题旨。确定某个文本的作者身份是考据学经常要解决的问题，比如《金瓶梅》作者究竟是谁，聚讼至今，仍未有定论。以今论古，未免让人有"万事看从今日别，九原叫起古人难"之叹，古人长埋地下，已无从诘问了。韩寒作为当代文坛影响力巨大的青年作家，其作品是否有人代笔，却是一个可以质问核验有着明确答案的问题，对于验证相关理论方法的有效性来说意义尤为重大。

　　二，当年微博论战类似无遮大会，我将相关文本电子资料公诸网络，广邀读者予以验证反驳，也算经受了批判检视，自问其严肃性并不逊于期刊论文。几篇文章在微博发表后，迭经转发，读者甚众。《文汇报》2012年3月12日发表《作家"代笔门"引出从语言学角度确定文本作者的方法——"语言指纹"断案靠谱吗》一文予以报道评论。2012年4月25日广东外语外贸大学法律语言研究所网站报道研究生学术沙龙活动,翁金翠"参考了复旦大学苏杰教授所写的文本分析文章""做了自己的思考并用个人语言特征分析……"印证了《〈三重门〉作者身份的语言学分析》的结论。期间我也曾应邀撰写文章《语言指纹:识别作者身份》,发表于《中国研究生》2012年第5期。比较起来,三篇网络文章影响更大,学术性也更强,故本编收文时舍期刊而取网络。

三,用文本分析方法讨论韩寒"代笔"事件,后来成为一些研究生学位论文的选题,这些学位论文在引用我们的文章时,多有未当,甚至存在全面的抄袭,因而有必要立此存照,以正本源。2017年赣南师范大学硕士学位论文《韩寒"代笔"事件文体分析方法批判》,综述时甚至对当时匿名网络文章都多有征引,唯独对我们的相关论述,只征引了《中国研究生》所发一文,并没有如实反映论战的情形。这也还罢了。关键是文中引述了几位对我第一篇文章的批评,却只字不提我在第二、第三篇文章中已经给予了认真而且充分的回应。2013年广东外语外贸大学翁金翠的硕士学位论文《文学作品的作者身份鉴别》(指导教师为国内法律语言学领军学者杜金榜教授),也是关于韩寒作品"代笔"问题的专题讨论,只是出于某种考虑,题目未曾明确显示而已。这是一篇用英文写的论文。其核心部分就是利用我介绍的理论,采用我找到的具体证据,得出和我相同的结论,等于笨拙地用英语重复了我的论证,却整篇没有提及我的名字。而杜金榜教授竟然也完全忘记了前一年其校方网站"要事传真"所报道的事实(他本人也出席了那次学术沙龙),放任其指导的学生公然剽窃,令人遗憾。

会通中西,交融古今,独立不倚。回顾几十年来在复旦古籍所坚持的这些学术原则,不能忘记的是章培恒先生和吴金华先生的教诲。

1998年我来到复旦古籍所攻读博士学位,记得那些年欢迎新生的座谈会上,章先生总是强调要学好外语,说我们虽然做的是中国的学问,但是要有世界的眼光。后来我开展西方校勘学译介工作,章先生还特地给予指导和支持。2021年夏天章先生逝世十周年纪念座谈会召开之际,曾有小诗一首纪念:

绛帐频遥忆,端阳祭十年。
细谈豪爽事,咸服典型篇。
薪火传斯学,宗风想昔贤。
至今慷慨气,犹绕短长笺。

吴金华先生教导门下子弟,经常强调两点,一是要有文献功底,二是要有语言学理论素养。对此我拳拳服膺,亦步亦趋,现在也经常与年轻的同学们一起温故知新,勉为传承。2023年吴老师逝世十周年,也曾有小诗纪念:

先生辞世后,倏忽十年长。
讲座思遗语,推文接瓣香。
风流真魏晋,学问老章黄。

笔底嶙峋气，摩之意已苍。

雌黄旧籍，偶为韵语，也是步趋先师。诗虽鄙俚，情意则真。谨讽诵旧句，感念前贤，并向各位读者请教。

在文集的编校过程中，友生刘琪同学、王彭亮同学协助核对了引文，责任编辑杜怡顺先生也费了许多心力，谨此表示衷心感谢。

甲辰仲秋于美兰湖畔

图书在版编目(CIP)数据

中西语文学丛稿/苏杰著. -- 上海：复旦大学出版社,2025.5. -- (复旦大学古籍所成立四十周年纪念学术丛书). -- ISBN 978-7-309-17898-2

Ⅰ. H0-53

中国国家版本馆 CIP 数据核字第 2025F61R87 号

中西语文学丛稿
苏　杰　著
责任编辑／杜怡顺
复旦大学出版社有限公司出版发行
上海市国权路 579 号　邮编：200433
网址：fupnet@fudanpress.com　http://www.fudanpress.com
门市零售：86-21-65102580　　团体订购：86-21-65104505
出版部电话：86-21-65642845
江阴市机关印刷服务有限公司

开本 890 毫米×1240 毫米　1/32　印张 12.625　字数 271 千字
2025 年 5 月第 1 版
2025 年 5 月第 1 版第 1 次印刷

ISBN 978-7-309-17898-2／H・3489
定价：78.00 元

如有印装质量问题，请向复旦大学出版社有限公司出版部调换。
版权所有　　侵权必究